T0123672

Sammlung Metzler
Band 261

Jeffrey L. Sammons

Heinrich Heine

J. B. Metzlersche Verlagsbuchhandlung
Stuttgart

CIP-Titelaufnahme der Deutschen Bibliothek

Sammons, Jeffrey L.:
Heinrich Heine / Jeffrey L. Sammons.
– Stuttgart : Metzler, 1991
(Sammlung Metzler ; Bd. 261)
ISBN 978-3-476-10261-4
NE: GT

ISSN 0058-3667
ISBN 978-3-476-10261-4
ISBN 978-3-476-03963-7 (eBook)
DOI 10.1007/978-3-476-03963-7

SM 261

© 1991 Springer-Verlag GmbH Deutschland
Ursprünglich erschienen bei J. B. Metzlersche Verlagsbuchhandlung
und Carl Ernst Poeschel Verlag GmbH in Stuttgart 1991

Inhalt

Abkürzungen

B	Heinrich Heine: Sämtliche Schriften. Hrsgg. von Klaus Briegleb u. a. München 1968-76.
Cahier Heine 1	Cahier Heine. Hrsgg. von Michael Werner. Paris 1975.
Cahier Heine 2	Cahier Heine 2. Ecriture et genèse. Hrsgg. von Michael Werner. Paris 1981
Cahier Heine 3	Cahier Heine 3. Ecriture et contraintes. Hrsgg. von Michel Espagne, Almuth Grésillon und Catherine Viollet. Paris 1984.
CG	Colloquia Germanica
DD	Diskussion Deutsch
Der späte Heine	Der späte Heine 1848-1856. Literatur – Politik – Religion. Hrsgg. von Wilhelm Gössmann und Joseph A. Kruse. Hamburg 1982.
DHA	Heinrich Heine: Historisch-kritische Gesamtausgabe der Werke (Düsseldorfer Ausgabe). Hrsgg. von Manfred Windfuhr u. a. Hamburg 1973 ff.
DU	Der Deutschunterricht
DVLG	Deutsche Vierteljahrsschrift für Literaturwissenschaft und Geistesgeschichte
EG	Etudes Germaniques
GL&L	German Life and Letters
GQ	German Quarterly
GR	Germanic Review
GRM	Germanisch-romanische Monatsschrift
Heine. Epoche – Werk – Wirkung	Heinrich Heine. Epoche – Werk – Wirkung. Hrsgg. von Jürgen Brummack. München 1980.

VII

Heinrich Heine. Hrsgg. von Koopmann	Heinrich Heine. Hrsgg. von Helmut Koopmann. (Wege der Forschung, Band 289.) Darmstadt 1975.
Heinrich Heine. Artistik und Engagement	Heinrich Heine. Artistik und Engagement. Hrsgg. von Wolfgang Kuttenkeuler. Stuttgart 1977.
Heinrich Heine. Dimensionen seines Wirkens	Heinrich Heine. Dimensionen seines Wirkens. Ein internationales Heine-Symposium. Hrsgg. von Raymond Immerwahr und Hanna Spencer. Bonn 1979.
Heinrich Heine im Spannungsfeld von Literatur und Wissenschaft	Heinrich Heine im Spannungsfeld von Literatur und Wissenschaft. Symposium anläßlich der Benennung der Universität Düsseldorf nach Heinrich Heine. Hrsgg. von Wilhelm Gössmann und Manfred Windfuhr. [Essen] 1990.
Heinrich Heine 1797–1856	Klaus Briegleb u. a. Heinrich Heine 1797-1856. Internationaler Veranstaltungszyklus zum 125. Todesjahr bei Eröffnung des Studienzentrums Karl-Marx-Haus Trier. Trier 1981.
Heinrich Heine und das neunzehnte Jahrhundert	Heinrich Heine und das neunzehnte Jahrhundert. Signaturen. Neue Beiträge zur Forschung. Hrsgg. von Rolf Hosfeld. Berlin 1986.
Heinrich Heine und die Zeitgenossen	Heinrich Heine und die Zeitgenossen. Geschichtliche und literarische Befunde. Hrsgg. von Akademie der Wissenschaften der DDR, Zentralinstitut für Literaturgeschichte und Centre National de la Recherche Scientifique, Centre d'Histoire et d'Analyse des Manuscrits Modernes. Berlin und Weimar 1979.
Hjb	Heine-Jahrbuch
Hrsg.	Herausgeber(in)
Hrsgg.	Herausgegeben

HSA	Heinrich Heine Säkularausgabe. Hrsgg. von Nationaler Forschungs- und Gedenkstätten der klassischen deutschen Literatur in Weimar und Centre National de la Recherche Scientifique in Paris. Berlin und Paris 1970 ff.
Internationaler Heine-Kongreß	Internationaler Heine-Kongreß Düsseldorf 1972. Referate und Diskussionen. Hrsgg. von Manfred Windfuhr. Hamburg 1973.
JDSG	Jahrbuch der deutschen Schillergesellschaft
JFDH	Jahrbuch des Freien Deutschen Hochstifts
LiLi	Zeitschrift für Literaturwissenschaft und Linguistik
Mende, Studien	Fritz Mende: Heinrich Heine. Studien zu seinem Leben und Werk. Berlin 1983.
MLN	Modern Language Notes
Monatshefte	Monatshefte für deutschen Unterricht, deutsche Sprache und Literatur
RLC	Revue de littérature comparée
SG	Studi Germanici
Spencer, Dichter, Denker, Journalist	Hanna Spencer. Dichter, Denker, Journalist. Studien zum Werk Heinrich Heines. Bern u. a. 1977.
Streitbarer Humanist	Heinrich Heine. Streitbarer Humanist und volksverbundener Dichter. Hrsgg. von Karl Wolfgang Becker, Helmut Brandt und Siegfried Scheibe. Weimar [1973]
SuF	Sinn und Form
WB	Weimarer Beiträge
WW	Wirkendes Wort
ZfdPh	Zeitschrift für deutsche Philologie
Zu Heinrich Heine	Zu Heinrich Heine. Hrsgg. von Luciano Zagari und Paolo Chiarini. Stuttgart 1981

Einführung

Das Verhältnis der deutschen Literaturwissenschaft und der deutschen Kultur überhaupt zu Heinrich Heine hat sich im letzten Vierteljahrhundert grundlegend geändert. In der Vergangenheit ist sein Ansehen im Ausland oft höher als in seiner Heimat gewesen. Die ausländische Neigung, ihn gleich hinter Goethe unter die hervorragenden deutschen Dichter einzustufen, wurde von vielen Deutschen verständnislos wahrgenommen. Zwar ist die deutsche Rezeptionsgeschichte nicht so eindeutig negativ verlaufen, wie sie oft dargestellt wird. Es stimmt aber, daß seit Heines eigenen Tagen bis in die Zeit des Faschismus und teilweise darüber hinaus ein Strang der mehr oder weniger empörten, sowohl moralischen bzw. ästhetischen wie politischen bzw. vaterländischen Ablehnung in den verschiedensten Schattierungen die Rezeption bezeichnet hat. Auch von Liberalen und Demokraten wurde er lange Zeit mißtrauisch bis ablehnend betrachtet. Nur in der linksradikalen, später auch in der sozialdemokratischen Tradition wurden seine satirischen Streitschriften und sein revolutionäres Kämpfen anerkannt. Vielfach wurde sein Ruf durch Tausende von Liedkompositionen in die Welt getragen. Auch im Ausland wurde er in erster Linie durch seine Lyrik, besonders der frühen Lyrik des »Buch der Lieder«, und die frühe Prosa der »Reisebilder« bekannt, doch sind seine Satire und sein Witz oft eher im Ausland als in der Heimat gewürdigt worden. Als aber die deutsche Lyrik sich in der Zeit des Modernismus der Jahrhundertwende vertiefte und verkomplizierte, wurde Heines bewußt schlichte, oft als sentimental und am Rande des Kitschigen spielend mißverstandene Lyrik unter Literaturkennern vollends ungenießbar, eine Abwertung, die auch nach dem zweiten Weltkrieg wenigstens im westlichen Teil Deutschlands seine Rehabilitierung eine Zeitlang verzögerte.

Diese Rehabilitierung hat in der DDR ihren Anfang genommen, wo man eher an sozialistische Traditionen der Heinerezeption anknüpfen konnte. Es mehrten sich Ausgaben und Studien; im Selbstverständnis der DDR wurde die Pflege Heines zu einem Kennzeichen des revolutionären Fortschritts im Gegensatz zum reaktionären Westen. Anfang der sechziger

Jahre aber regte sich das Interesse auch in der Bundesrepublik; nach etwas zögernden Anfängen schwoll die Beschäftigung mit Heine, teilweise durch die Studentenbewegung und die Umwälzung in der Germanistik der späten sechziger und frühen siebziger Jahre beschleunigt, zu heute fast unübersehbaren Ausmaßen an, während das offiziöse Interesse in der DDR merklich zurückging. (Der Beitrag Österreichs und der Schweiz zur Heine-Renaissance ist auffallend gering.) Heute liegt das Schwergewicht des Heine-Studiums eindeutig im Westen Deutschlands, vor allem im Heine-Institut in Düsseldorf, wo man allerdings mit den Forschungszentren in der Bibliothèque Nationale in Paris und den NFG in Weimar eng zusammenarbeitet.

Dieser Vorgang hat allerdings eine Umschichtung des Erkenntnisinteresses an Heine mit sich gebracht. Die Lyrik, besonders die der ersten Phase, die einst Heines Weltruhm begründete, ist stark in den Hintergrund gedrängt worden. Sogar die reife Lyrik der Spätzeit wird in der deutschsprachigen Forschung nur gelegentlich gewürdigt. Die »Reisebilder« bleiben zwar immer noch im Blick, aber eher als sozialkritische bzw. politische Texte denn als Kunstwerke. Sonst aber hat sich das Interesse eindeutig auf die ideologiekritischen, politischen, und revolutionären Schriften konzentriert: die Berichte aus dem nachrevolutionären Frankreich, die Analysen der romantischen Literatur und des Vermächtnisses der deutschen Philosophie, die »Zeitgedichte« und »Deutschland. Ein Wintermärchen« (etwas weniger sein Gegenstück »Atta Troll«), und vor allem die radikale Phase der vierziger Jahre, als Heine für kurze Zeit der einzige Schriftsteller von Rang wurde, der mit Karl Marx verbunden war. Obwohl Heine sich ständig und stolz als Dichter bezeichnete, obwohl er durch seine ganze Laufbahn hindurch Gedichte schrieb, obwohl sogar sein sozialpolitisches Wahrnehmungsvermögen bewußt das eines Dichters gewesen ist, wird in der zeitgenössischen Heine-Forschung manchmal sein Dichtertum fast verleugnet, als ob damit eine Ästhetisierung, eine bürgerliche Verdrängung seiner sozialkritischen Bedeutung, seiner revolutionären Vorbildlichkeit verbunden wäre. Hier liegt übrigens immer noch eine wenn nicht scharfe, doch vorhandene Trennungslinie zwischen der deutschen und der ausländischen Heine-Forschung.

In dieser Epoche ist mehr über Heine gelernt worden als in der ganzen vorherigen Geschichte der Forschung. Es ist aber möglich, daß diese Phase der Aneignung Heines sich allmählich ihrem Ende nähert, daß neue Perspektiven ausgearbeitet werden und, wie das nun einmal in der Literaturwissenschaft herkömmlich ist, vieles, das als gesichert bzw. selbstverständlich angesehen worden ist, zu altern anfängt. Zweck des vorliegenden Bandes ist es, einen ersten Zugang zum Thema und zu dessen ausufernder Sekundärliteratur zu ermöglichen. Bibliographisch angeführt ist nicht notwendigerweise immer das »Beste« über Heine, in einigen Fällen nicht einmal das für eine Vertiefung in einen Aspekt des Themas Unentbehrliche, sondern eine Auswahl, anfechtbar wie jede andere, die die Weiterführung der Untersuchung ermöglicht. Die Hinweise beschränken sich in der Regel auf Arbeiten des letzten Vierteljahrhunderts, ab und zu wird in besonderen Fällen auf ältere Quellen aufmerksam gemacht. Vor allem ist auf eine mit einer gewissen Skepsis verbundene Genauigkeit des Wissens geachtet worden. Da Heine seit anderthalb Jahrhunderten Thema des öffentlichen Diskurses ist, sind bei seinem ausgeprägten Hang zur Selbstfiktionalisierung viele Mißverständnisse entstanden. Der ungeheure Aufwand der modernen Forschung ist nicht überall verarbeitet worden. Manche teilweise vom Dichter selbst ausgebrüteten Enten fliegen immer noch herum. Immer wieder gelangen auch bei renommierten Verlagen Schriften zum Druck, die Unbewiesenes oder schlicht Falsches über Heine enthalten, und diese Mißverständnisse und Irrtümer pflanzen sich dann in der allgemeinen Rezeption immer wieder fort. Die erste Pflicht des sich über Heine Informierenden ist es, sich ein Bild von unserem teilweise ungesicherten oder lückenhaften Wissen über ihn zu machen.

Sonst möchte der Autor dieses Bandes eine erste Einführung in den derzeitigen Stand der Forschung bieten, und zwar möglichst ohne Polemik, ohne seinen eigenen Standpunkt ungebührlich hervorzukehren. Nun aber ist eine neutrale, ideologiefreie Darstellung Heines wohl unvorstellbar. Seine schriftstellerische Laufbahn war eine Kette von erbitterten, manchmal grausamen Streitigkeiten, von Skandalen, von Herausforderungen an das damalige wie das heutige Publikum, von fragwürdigen Handlungen und sogar selbstzerstörerischen Entscheidungen. Darüber ohne Urteil, ohne Standpunkt zu beziehen, referieren zu wollen, ist weder möglich noch zulässig. Der Leser sollte sich aber bei Benutzung aller Materialien über Heine, auch dieses Bandes, im Selbstdenken üben, sich nicht vorgeformte Gestaltungen Heines aufoktroyieren lassen. Dazu ist es immer empfehlenswert, zu den Texten selber zurückzugehen, sich als selbständig Lesender und Forschender mit ihnen in Beziehung zu setzen.

New Haven/Conn. Winter 1990

1. In Deutschland 1797–1831

1.1. Ausgaben und Hilfsmittel

Heine-Ausgaben gibt es in fast unzähligen Mengen und in jeder Aufmachung. Nur wenige kommen aber für die ernsthafte Beschäftigung mit Heine in Betracht. Zunächst nennen wir einige ältere Ausgaben, die jetzt überholt sind, die aber in der Geschichte der Heine-Rezeption eine wichtige Rolle gespielt haben und in älteren Arbeiten zitiert werden:

Sämtliche Werke. Hrsgg. von *Adolf Strodtmann*. 21, 2 Supplement-Bände. Hamburg 1861–84. Die erste rechtmäßige Gesamtausgabe.

Sämtliche Werke. Hrsgg. von *Ernst Elster*. 7 Bände. Leipzig und Wien 1887–90. Die erste kritische Ausgabe. Eine beachtliche Leistung für seine Zeit, lange Zeit der Standard. Eine zweite Ausgabe, Werke, 4 Bände, Leipzig 1925, kam wegen der Wirtschaftskrise nur auf die Hälfte des geplanten Umfangs, stellt aber soweit eine Verbesserung dar.

Werke. Hrsgg. von *Hermann Friedemann, Helene Herrmann, Erwin Kalischer, Raimund Pissin* und *Veit Valentin*. 15 Bände in 5. Berlin 1908. 2. Auflage 1927. Eine weniger bekannte, doch durch ihre gediegenen Einleitungen hervorragende Ausgabe.

Sämtliche Werke. Hrsgg. von *Oskar Walzel, Jonas Fränkel, Ludwig Krähe, Albert Leitzmann* und *Julius Petersen*. 10 Bände. Leipzig 1910–15. Philologisch durchgesehen, besonders in bezug auf die Lyrik; von vielen Wissenschaftlern vorgezogen. Der recht brauchbare Registerband, Leipzig 1920, ist inzwischen zu einer antiquarischen Seltenheit geworden.

Werke und Briefe. Hrsgg. von *Hans Kaufmann*. 10 Bände. Berlin 1961–64. Taschenbuchausgabe in 14 Bänden, München 1964. Eine praktische Interimsausgabe für die Zeit, als die modernen kritischen Ausgaben in Vorbereitung waren. Oft zitiert, nicht nur von DDR-Wissenschaftlern.

Heute kommen für wissenschaftliche bzw. Studienzwecke nur drei Ausgaben in Betracht:

Historisch-kritische Gesamtausgabe der Werke (Düsseldorfer Ausgabe). Hrsgg. von *Manfred Windfuhr* u. a. 15 Bände, teilweise Doppelbände. Hamburg 1973 ff. (DHA).

Heinrich Heine Säkularausgabe. Hrsgg. von Nationalen Forschung-
und Gedenkstätten der klassischen deutschen Literatur in Weimar
und Centre National de la Recherche Scientifique in Paris. Bisher 27
Bände, teilweise mit Kommentarbänden versehen. Berlin und Paris
1970 ff. (HSA).
Sämtliche Schriften. Hrsgg. von *Klaus Briegleb* u. a. 6 Bände in 7. München 1968–76. Taschenbuchausgabe in 12 Bänden, München und
Wien, 1976; Frankfurt am Main, Berlin und Wien, 1981. (B).

Die Doppelarbeit an zwei konkurrierenden kritischen Ausgaben ist ein Ergebnis der Teilung Deutschlands. DHA und HSA
unterscheiden sich hauptsächlich in fünf Punkten: 1. in der Anordnung der Texte, eine Frage, die bei Heines Publikationsstra-
tegien immer schwer zu entscheiden ist und über die man verschiedener Meinung sein kann. 2. ist die DHA eine vollständige, sämtliche Varianten und Textbefunde verzeichnende kritische Ausgabe, während die HSA nur die inhaltlich bedeutsamen Varianten verzeichnet. 3. wo keine Autorhandschriften
vorhanden sind, »restituiert« die DHA den Text nach Heines
bekannten, z. T. eigenartigen orthographischen Gewohnhei-
ten. Dieses arbeitsintensive Verfahren – sämtliche Restitutionen
müssen im Apparat verzeichnet werden – ist sehr umstritten.
4. die DHA behandelt die französischen Versionen von Heines
Texten als Varianten, die HSA als selbständige Werke, sodaß
die Bände 13–19 eine abtrennbare französische Ausgabe nach
dem Stand der Mitte des 19. Jahrhunderts darbietet. Diese Ent-
scheidung ist von einigen Beobachtern kritisiert worden, von
anderen, namentlich französischen Germanisten, begrüßt.
5. die HSA enthält (Band 20–27) die Briefe von und an Heine,
die DHA nicht.
Zweifellos ist der wichtigste Beitrag der HSA die Briefabtei-
lung, die einzige Abteilung, bei der alle Kommentarbände erschienen sind, sowie auch als willkommenes Hilfsmittel ein Registerband (27 R). Hier werden die Briefe an Heine zum ersten
Mal vollständig gedruckt. In der Zahl der bekannten Briefe, in
Datierungs- und Identifikationsfragen stellt die HSA einen
deutlichen Fortschritt über die bisherige Gesamtausgabe der
Briefe dar:
Briefe. Hrsgg. von *Friedrich Hirth*. 6 Bände. Mainz, 1950–51.
Leider hat uns die HSA uns nicht vollständig von Hirths Ausgabe emanzipiert, daß sich der Kommentar, wie überhaupt in
dieser Ausgabe, auf das notwendigste Faktenwissen beschränkt
und auf keine Probleme einläßt. Das ist insofern bedauerlich,
als Hirth zwar ein äußerst fleißiger und kenntnisreicher, aber

auch merkwürdig spekulierender, kombinierender und biographisch erfinderischer Gelehrter gewesen ist, der zur Masse der Mißverständnisse und Falschmeldungen über Heine mächtig beigetragen hat. Immer wieder in der Heine-Forschung müssen seine Angaben korrigiert werden. Da er aber so viel Information im Vergleich zur HSA bietet, werden die Heine-Forscher immer noch gelegentlich einen Blick in seine Ausgabe werfen wollen; nur ist bei der Benutzung von Hirths Kommentar größte Vorsicht angebracht.

Sonst ist die HSA etwas enttäuschend. Einband und Papier machen keinen besonders haltbaren Eindruck. Es scheint an einer wirksamen Korrektur zu fehlen, daß Erratalisten regelmäßig nachgeliefert werden müssen. Mit dem Abschluß der Briefbände und der kommentarlosen Textbände hat sich das Erscheinungstempo der Ausgabe deutlich verlangsamt, während die DHA in absehbarer Zeit abgeschlossen sein dürfte. Vor allem wirkt der jeder Diskussion peinlich vermeidende Kommentar im Vergleich zum fast zur Überfülle mit neuen Forschungsergebnissen und erschöpfenden Erläuterungen angereicherten Kommentar der DHA ziemlich dürftig. Mit Ausnahme der Briefbände der HSA also wird die DHA die Standardausgabe zu wissenschaftlichen Zwecken für die absehbare Zukunft bleiben.

Für Studien- oder Lesezwecke sind aber die dicken Bände der DHA zu unhandlich; dafür ist B die einzig empfehlenswerte Gesamtausgabe. Der Text folgt hauptsächlich der Ausgabe von Walzel u. a. und ist mit Ausnahme des Aufsatzes über Ludwig Markus, für den eine mangelhafte Vorlage angezogen worden ist, im allgemeinen zuverlässig. Leider ist der Kommentar nicht sehr leserfreundlich konzipiert. Die fast dreitausend Seiten Kleindruck sind unübersichtlich gestaltet, verweigern oft die rudimentärsten Auskünfte und enthalten nicht wenige sachliche Fehler. Auf einen Kommentar zur besonders kommentarbedürftigen »Lutezia« ist fast verzichtet worden; da wurden die minimalen Anmerkungen zur schon fünfzehn Jahre vorher erschienenen DDR-Ausgabe Hans Kaufmanns größtenteils abgeschrieben. Andererseits ist das Prinzip, daß der Kommentar dem Leser den Zugang zum Text erleichtern soll und ihm zur eigenen Urteilsbildung verhelfen soll, hier völlig verworfen. Statt dessen wird mit einer in der Textedition wohl beispiellosen Aggressivität dem Leser durch monographenlange, oft in einem äußerst schwerfälligen Stil geschriebene Aufsätze einseitige, tendenziöse, und in einigen Fällen recht exzentrische Interpretationen aufgezwungen. Das Wertvolle und Fördernde, das zweifellos vorhanden ist, läßt sich aus dem Wust so schwer bergen, daß der Benutzer gut beraten wäre, seine Information anderswo zu holen. Zur Zeit allerdings gibt es zu B keine Alternative.

Heines Gespräche sind in einer vorzüglichen Ausgabe gesammelt und kommentiert:

> Begegnungen mit Heine. Berichte der Zeitgenossen. In Fortführung von H. H. Houbens »Gespräche mit Heine«. Hrsgg. von *Michael Werner*. 2 Bände. Hamburg 1973.

Besonders wertvoll an dieser Ausgabe ist Werners Versuch, die Zuverlässigkeit der jeweiligen Quellen abzuwägen. U. a. dient sie als eine erste Einführung in die mit Skepsis zu betrachtenden Memoirenschriften von Heines Familienmitgliedern. Der gründliche Forscher möchte auch einen Blick in die Vorlage werfen, die lange ein Standardwerk der Heine-Forschung geblieben ist:

> Gespräche mit Heine. Hrsgg. von *H. H. Houben*. Frankfurt am Main 1926.

Weniger bekannt aber auch nicht ohne Wert ist eine zur gleichen Zeit erschienene Sammlung:

> Heinrich Heine Gespräche. Briefe, Tagebücher, Berichte seiner Zeitgenossen. Hrsgg. von *Hugo Bieber*. Berlin 1926.

Ein unentbehrliches Vademekum des Heinestudiums ist das tägliche Verzeichnis von allen Ereignissen in Heines Leben: Anfang, Fortgang und Abschluß seiner Schriften, Reisen, Besuchen, Briefen, Lektüre usw.:

> *Fritz Mende*: Heinrich Heine. Chronik seines Lebens und Werkes. Berlin 1970. Zweite, bearbeitete und erweiterte Auflage, Berlin 1981, Stuttgart 1981. Taschenbuchausgabe: Heine Chronik. Daten zu Leben und Werk, München 1975.

Die zweite Berliner Ausgabe ist der reduzierten Münchner Ausgabe vorzuziehen. Recht brauchbar als schlichtes gedächtnisstützendes Hilfsmittel ist der zusammengestellte Selbstkommentar Heines in der bekannten Serie »Dichter über ihre Dichtungen«:

> Heinrich Heine. Hrsgg. von *Norbert Altenhofer* in Zusammenarbeit mit *Rosemarie Altenhofer*. 3 Bände. München 1971.

Unter den Biographien unserer Zeit sind besonders zu erwähnen:

Manfred Windfuhr: Heinrich Heine. Revolution und Reflexion. Stuttgart 1969, [2]1976.
Jeffrey L. Sammons: Heinrich Heine. A Modern Biography. Princeton 1979.
Wolfgang Hädecke: Heinrich Heine. Eine Biographie. München 1985.

Als sehr gründliche Einführung ins Leben und Werk mit wertvollen bibliographischen Hinweisen ist jedem Interessenten ob Anfänger oder Experten zu empfehlen:

Gerhard Höhn: Heine-Handbuch. Zeit, Person, Werk. Stuttgart 1987.

Nicht zu empfehlen wegen äußerster Unzuverlässigkeit sind:

Walter Wadepuhl: Heinrich Heine. Sein Leben und seine Werke. Köln und Wien 1974, [2]München 1977.
Fritz J. Raddatz: Heine. Ein deutsches Märchen. Hamburg 1977, [2]1979.
Lew Kopelew: Ein Dichter kam vom Rhein. Heinrich Heines Leben und Leiden. Berlin 1981.

Auswahl der allgemeinen bzw. umfassenden Studien:
Barker Fairley: Heinrich Heine. Eine Interpretation. Stuttgart 1965.
Hans Kaufmann: Heinrich Heine. Geistige Entwicklung und künstlerisches Werk. Berlin und Weimar 1967.
Willfried Maier: Leben, Tat und Reflexion. Untersuchungen zu Heinrich Heines Ästhetik. Bonn 1969.
Helmut Koopmann: Heinrich Heine: In: Deutsche Dichter des 19. Jahrhunderts. Ihr Leben und Werk. Hrsgg. von Benno von Wiese. Berlin 1969. S. 149–73.
Jeffrey L. Sammons: Heinrich Heine, the Elusive Poet. New Haven und London 1969.
Albrecht Betz: Ästhetik und Politik. Heinrich Heines Prosa. München 1971.
Karl-Heinz Fingerhut: Standortbestimmungen. Vier Untersuchungen zu Heinrich Heine. Heidenheim 1971.
Wolfgang Kuttenkeuler: Heinrich Heine. Theorie und Kritik der Literatur. Stuttgart u. a. 1972.
Erhard Weidl: Heinrich Heines Arbeitsweise. Kreativität der Veränderung. Hamburg 1974.
Helge Hultberg: Heine. Leben, Ansichten, Bücher. Kopenhagen 1974.
Benno von Wiese: Signaturen. Zu Heinrich Heine und seinem Werk. Berlin 1976.
Norbert Altenhofer: Chiffre, Hieroglyphe, Palimpsest. Vorformen tie-

fenhermeneutischer und intertextueller Interpretation im Werk Heines. In: Texthermeneutik. Aktualität, Geschichte, Kritik. Hrsgg. von Ulrich Nassen. Paderborn u. a. 1979. S. 149–93.

Friedrich Sengle: Heinrich Heine. In: F. S.: Biedermeierzeit. Deutsche Literatur im Spannungsfeld zwischen Restauration und Revolution 1815–1848. Band 3: Die Dichter. Stuttgart 1980. S. 468–591.

Wolfgang Koßek: Begriff und Bild der Revolution bei Heinrich Heine. Frankfurt am Main und Bern 1982.

Almuth Grésillon: La règle et le monstre: le mot-valise. Interrogations sur la langue, à partir d'un corpus de Heinrich Heine. Tübingen 1984.

Rolf Hosfeld: Die Welt als Füllhorn: Heine. Das neunzehnte Jahrhundert zwischen Romantik und Moderne. Berlin 1984.

Norbert Altenhofer. Die exilierte Natur. Kulturtheoretische Reflexionen im Werk Heines. In: Naturplan und Verfallskritik. Zu Begriff und Geschichte der Kultur. Hrsgg. von Helmut Brackert und Fritz Wefelmeyer. Frankfurt am Main 1984. S. 180–211.

Stefan Bodo Würffel: Der produktive Widerspruch. Heinrich Heines negative Dialektik. Bern 1986.

Klaus Briegleb: Opfer Heine? Versuche über Schriftzüge der Revolution. Frankfurt am Main 1986.

Clemens Rauschenberg: Emanzipation als Synthese. Zur Kritik der radikalen Vernunft in Heinrich Heines Philosophie der Revolution. Frankfurt am Main 1987.

Bibliographien mit Anspruch auf Vollständigkeit:

Gottfried Wilhelm unter Mitarbeit von *Eberhard Galley*: Heine Bibliographie. Teil I: Primärliteratur 1817–1953. Teil II: Sekundärliteratur 1822–1953. Weimar 1960.

Siegfried Seifert: Heine-Bibliographie 1954–1964. Berlin und Weimar 1968.

Siegfried Seifert und *Albina A. Volgina*: Heine-Bibliographie 1965–1982. Berlin und Weimar 1986.

Das Heine-Jahrbuch (Hjb), das seit 1962 in Hamburg erscheint, führt eine möglichst vollständige Jahresbibliographie.

Kritische Bibliographien bzw. Forschungsberichte:

Jost Hermand: Streitobjekt Heine. Ein Forschungsbericht 1945–1975. Frankfurt am Main 1975 (stellenweise tendenziös bis zur Ungerechtigkeit).

Michael Werner: Sozialgeschichtliche Heine-Forschung 1970 bis 1978. In: Internationales Archiv für Sozialgeschichte der deutschen Literatur 5 (1980). S. 234–50.

Gotthart Wunberg mit *Rainer Funke*: Heinrich Heine (1797–1856). Deutsche Literatur des 19. Jahrhunderts (1830–1895): Erster Bericht: 1960–1975. Jahrbuch für internationale Germanistik, Reihe C, Forschungsberichte, Band 1. Bern u. a. 1980. S. 123–40.

Jeffrey L. Sammons: Heinrich Heine. A Selected Critical Bibliography, 1956–1980. New York und London 1982.
Joseph A. Kruse: Heine in der Bundesrepublik 1972–1987. 15 Jahre Heine-Rezeption. In: Hjb 28 (1989). S. 13–30.

1.2. Kindheit und Jugend 1797–1819

Über Heines Kindheit und Jugend – etwa die ersten zwanzig Jahre seines Lebens – sind wir dürftig informiert. Die geschichtliche und politische Beschaffenheit seiner Düsseldorfer Umgebung ist hinlänglich bekannt. Durch die akribischen Mühen moderner Wissenschaftler wissen wir viel mehr über seine Vorfahren auf beiden Seiten als er selbst es wissen konnte. Ein paar neue Streiflichter sind auf seine Mutter, seinen Vater und seine Brüder gefallen. Aber abgesehen von einigen wertvollen Forschungsergebnissen – z. B. über seine Benutzung der Düsseldorfer Bibliothek – haben wir wenig über sein Familienleben, seine religiöse Erziehung, seine schulischen Erlebnisse, und erst recht seine innere Entwicklung dazugelernt. Nach wie vor stammt das meiste aus den »Geständnissen« und den fragmentarischen, posthum erschienenen »Memoiren« sowie aus verstreuten Anspielungen in verschiedenen anderen Texten. Diese Äußerungen sind, auch wo sie sich als autobiographisch geben, ausnahmslos höchst stilisiert und fiktionalisiert, Metaphorisierungen und Symbolisierungen des eigenen Ichs, für den um das Verständnis Heines ringenden Betrachter zwar höchst interessant, nicht aber »faktisch« im gewöhnlichen Sinn des Wortes.

Das bleibt bis zu einem gewissen Grad der Fall durch sein ganzes Leben hindurch. Der Biographie Heines, soweit sie gewissenhaft Spekulationen und Sentimentalitäten vermeidet, fehlt es an der Intimität, die sich in den Lebensbeschreibungen vieler anderer berühmter Persönlichkeiten finden läßt. Auch in seinem Leben fehlt die Intimität. So gesellig Heine auch war, so blieben innige Freundschaften selten und meist kurzlebig; oft gediehen sie besser durch die Post als im persönlichen Umgang. Die meisten Liebesbeziehungen eines der berühmtesten Liebesdichter Europas, soweit es sie überhaupt gegeben hat, sind blaß und beiläufig. Zwar scheint Heine dauernd von sich selber zu reden, seine vermeintliche »Subjektivität« blieb jedoch lange Zeit ein Ärgernis. Aber das ist zum großen Teil eine optische Täuschung; der Wortschwall in der ersten Person Singular ist eher eine Strategie des sich Verbergens. Dieser Umstand scheint einerseits zu psychologischen Untersuchungen einzuladen, macht sie andererseits recht schwierig. Die sozialpsychologischen bzw. psychoanalytischen Untersuchungen haben eben erst begonnen und sind auch zu weit auseinanderstrebenden Ergebnissen gekommen:

Kurt Weinberg: Die Entsublimierung des Unheimlichen im Werk Heines. In: Heinrich Heine. Dimensionen seines Wirkens. S. 84–95.
Manfred Schneider: Die kranke schöne Seele der Revolution: Heine, Börne, das »Junge Deutschland«, Marx und Engels. Frankfurt am Main 1980.
Irene Guy: Sexualität im Gedicht: Heinrich Heines Spätlyrik. Bonn 1984.
Franz Futterknecht: Heinrich Heine. Ein Versuch. Tübingen 1985.
Peter Rühmkorf: Suppentopf und Guillotine. Zu Heinrich Heines Frauengestalten. In: Hjb 24 (1985). S. 255–78.

Diese Situation mahnt zur Vorsicht im Umgang mit dem Biographischen. Es kursieren immer noch biographische Einzelheiten, die als gesichert weitergegeben sind, aber entweder aus der dichterischen Umgestaltung des eigenen Ichs, Irreleitungsstrategien Heines oder spekulativen Kombinationen anderer, deren Versuchscharakter inzwischen vergessen worden ist, stammen.

Nirgends zeigt sich das deutlicher als in der Schwierigkeit, seinen Geburtstag festzustellen. Heute wird allgemein angenommen, daß er am 13. 12. 1797 geboren wurde. Die ganze Verwirrung darüber geht letzten Endes auf Heine selber zurück, der mit dem Datum seiner Geburt sein Leben lang gespielt hat, indem er sich meistens jünger machte und ein Datum am Endes des Jahres 1799 angab. Sämtliche Erklärungen des Versteckspiels gehen ebenfalls auf Winke Heines zurück. Die These von seiner unehelichen Geburt, die nicht ohne Grund ausgearbeitet wurde, hat sich als unhaltbar erwiesen, nachdem Philip F. Veit schon 1958 nachgewiesen hat, daß Heines Eltern am 1. 2. 1797 geheiratet haben. Auch andere Erklärungen, etwa daß die Eltern ihn vor der militärischen Dienstpflicht bewahren wollten, stoßen auf Schwierigkeiten. Heine scheint einen Grund gehabt zu haben, das Datum seiner Geburt zu verunklaren; wir wissen nur nicht, welchen. Andererseits wird das Versteckspiel ganz offen gespielt; wir sollen wissen, daß wir es nicht wissen.

Zum Geburtstagsproblem:
Philip F. Veit: Heine's Birth: Illegitimate or Legitimate? In: GR 33 (1958). S. 276–84.

Derselbe: Die Rätsel um Heines Geburt. In: Hjb 1 (1962). S. 5–25.
Walter Wadepuhl: Heines Geburtsjahr. In: W. W.: Heine-Studien.
Weimar 1956. S. 9–32 (mit Vorsicht zu gebrauchen).

Das Düsseldorf, in das Heine geboren wurde, war eine Stadt von
16000 Einwohnern, Hauptstadt des Herzogtums Jülich-Berg, das
formal dem Kurfürstentum von der Pfalz angehörte, aber damals
unter französischer Besatzung stand. Die Franzosen sind 1801 ab-
gezogen; 1806 überließ Maximilian Joseph, Kurfürst von der Pfalz
und erster König von Bayern, Jülich-Berg Napoleon, der es in das
Großherzogtum Berg verwandelte, einen von drei französischen
Staaten, die er auf deutschem Boden geschaffen hat (die anderen
waren das Königtum Westfalen und das Großherzogtum Frankfurt). Als Großherzog ernannte er seinen Schwager Joachim Mu-
rat, der aber 1808 König von Neapel wurde, worauf Napoleon die
Regierung Bergs persönlich in die Hand nahm, wenn auch im
Namen seines vierjährigen Neffen Napoleon Louis. Nach dem
Untergang Napoleons kam Berg 1815 zu Preußen.

Zur Düsseldorfer Heimat:
Gerhart Söhn: Der rheinische Europäer Heinrich Heine aus Düssel-
dorf. Düsseldorf 1986.
Joseph A. Kruse: Heine und Düsseldorf. Düsseldorf 1984.
Eberhard Galley: Harry Heine als Benutzer der Landesbibliothek in
Düsseldorf. In: Hjb 10 (1971). S. 30–42.

Der für Heine zentrale Aspekt dieser politisch wechselreichen
Umgebung ist die französische Präsenz. Nicht nur wurde die
Tatsache, daß er unter französischer Besatzung geboren wurde,
im späteren Leben wichtig, da sie sein Aufenthaltsrecht in
Frankreich garantierte; der Geist der französischen Kultur und
vor allem der französischen Revolution pflanzte sich früh als
eine Alternative, eine Erweiterung seiner auch recht ausgeprägten deutschen Identität in sein Bewußtsein. Seine frühe Bildung
verdankte er einem nach französischem Vorbild eingerichtetem
Lycée, dessen Lehrkörper hauptsächlich aus aufgeklärten katholischen Geistlichen bestand. Diese kulturelle Zweipoligkeit
erzeugte eine Spannung, nicht nur mit seinem deutschen Publikum, sondern eine produktive in seinem eigenen Geist, die bis
Ende seines Lebens andauerte und hauptsächlich für den umfas-
senderen Standpunkt, der seine Weltanschauung oft kennzeich-
net, verantwortlich ist. Seine von sich und anderen oft be-
schworene »Weltbürgerlichkeit« ist fast ausschließlich eine Sache dieser deutsch-französischen Amalgamierung; andere Völker haben da wenig mitzureden.

13

Während Heine oft seine Treue zu den französischen Idealen der Freiheit und Gleichheit beteuert, bekommt diese demokratische Überzeugung eine besondere Färbung durch seine lebenslängliche Beschäftigung mit der Figur Napoleons. Der dreizehnjährige Heine bekam den Kaiser im November 1811 bei einem Besuch in Düsseldorf mit eigenen Augen zu sehen, eine Szene, die er in »Ideen. Das Buch Le Grand« in den Frühling als ernstgemeinte Parodie vom Ritt Christi in die Stadt Jerusalem verlagert. Das komplizierte, oft diskutierte Verhältnis zu Napoleon hat im Grunde zwei Aspekte, die Heine logisch wenn nicht immer rhetorisch auseinanderhält: die tief zweideutige geschichtliche Figur mit ihrem tyrannischen Verrat an der Revolution und ihren katastrophalen imperialistischen Abenteuern, und die mythische Figur, die als inkarnierter Volkswille in der Gestalt eines mächtigen, sogar göttlichen Einzelnen die Revolution in die Welt hinausträgt und dann von den aristokratischen, gegenrevolutionären Mächten, vor allem England, schändlich hintergangen und gedemütigt wird, wobei die Hoffnung auf seine metaphorische Auferstehung nie ausstirbt. Problematisch an Heines Napoleonbegeisterung ist die Sehnsucht nach dem rettenden Genie der Macht, das die Demokratie nicht so sehr durch das Volk als für das Volk gegen die Aristokratie durchsetzt, ein politischer Begriff, der als »Cäsarismus« bezeichnet worden ist.

Zu Heine und Napoleon:
Paul Holzhausen: Heinrich Heine und Napoleon I. Frankfurt am Main 1903.
Volkmar Hansen: Johannes der Täufer. Heines bedingter Bonapartismus. In: Der späte Heine. S. 69–96.
Jörg Traeger: Napoleon, Trajan, Heine. Zur Malerei des Ersten Kaiserreichs in Frankreich. In: Jahres- und Tagesberichte der Görres-Gesellschaft 1984. S. 71–86. Erweitert mit Illustrationen als: Napoleon, Trajan, Heine. Imperiale Staatsmalerei in Frankreich. In: Das antike Rom in Europa. Vortragsreihe der Universität Regensburg. Hrsgg. von Hans Bungert. Regensburg 1986. S. 141–206.
Zum Cäsarismus:
Georgio Tonelli: Heinrich Heines politische Philosophie (1830–1845). Hildesheim und New York 1975. Bes. S. 53–58.

Es wird oft behauptet, Heines Begeisterung für die französische Revolution bzw. für Napoleon sei von den Erleichterungen, die die Juden unter französischer Herrschaft erfahren haben, motiviert worden. Dafür gibt es aber kaum einen Beleg. In seinen Kindheits- und Jugenderinnerungen spielen politische Einzelheiten eine auffallend geringe Rolle. Weder die Vorteile, die seine Heimat aus der französischen Herrschaft bezog – etwa die modernisierte Verwaltung und die napoleonische Gesetzgebung – noch die Nachteile – vor allem die unaufhörlichen Truppenaushebungen, die schon Anfang 1813 zu ausgedehnten Volksaufständen führten, und die durch Napoleons Kontinentalsperre verursachte Wirtschaftskrise, die Heines eigene Familie schwer betraf – haben nennenswerte Spuren in seinem Bewußtsein hinterlassen. Überhaupt gehört Heines Beziehung zum Judentum zu den schwierigsten Themen der Forschung. Zunächst läßt sich die religiöse Atmosphäre seines Familienhauses kaum befriedigend rekonstruieren. Da er bis zu seiner Taufe am Ende der Studentenzeit immer Harry genannt wurde, kennen wir nicht einmal seinen jüdischen Namen; die oft wiederholte Behauptung, es sei Chaim gewesen, ist nur eine Vermutung. Die Familie befand sich mitten in einem bedeutsamen Generationswechsel im deutschen Judentum, das einerseits durch die Bewegung aus der Orthodoxie zur Reform, andererseits durch die Bereitschaft zur Taufe, besonders unter den Gebildeten, soweit sie als unerläßlich für das gesellschaftliche und berufliche Fortkommen schien, aufgerüttelt wurde. Es ist wahrscheinlich, daß die wichtigsten Feste in seinem Haus gefeiert, daß gewisse Gebote, etwa in bezug auf den Sabbat, beachtet worden sind, von einer orthodoxen Lebensführung aber darf wohl nicht die Rede sein. Wiederholt macht Heine in einfachen jüdischen Dingen Fehler, die mit einer traditionellen Erziehung unvereinbar sind. Als Kind verbrachte er einige Zeit in einer hebräischen Chederschule; es ist aber zweifelhaft, ob er viel gelernt hat. Er besaß einige Elementarkenntnisse der hebräischen Sprache, aber nicht in dem Grad, daß er einen einfachen liturgischen Text hätte lesen können. Seine jüdischen Kenntnisse, die mit der Zeit, besonders in bezug auf die Geschichte, beachtlich wurden, hat er sich als Student und durch spätere Lektüre angeeignet; da sie nicht durch persönliche Erfahrung vermittelt wurden, blieben sie lückenhaft und exotisch.

Zu Heines jüdischen Kenntnissen:
Israel Tabak: Judaic Lore in Heine. The Heritage of a Poet. Baltimore, 1948.

Heines jüdisches Identitätsproblem ist so verwickelt, daß es kaum einen kurzen Abriß erlaubt. Selbstverständlich ist es zum Teil von außen bedingt: von der herkömmlichen Judenfeindschaft, die in der Gesellschaft immer noch vorhanden war; von den gelegentlichen Krawallen gegen die Juden, vor allem in den Jahren 1819 und 1830; von der Aufhebung der judenemanzipatorischen Maßnahmen der Napoleonszeit in der Restauration, einem Rückschritt, der unmittelbar zu Heines Taufe führte. Es wäre aber unrichtig, Heines Benachteiligung als Jude zu überbewerten. Die Neckereien aus seiner Kindheit, die in seinem Gedächtnis geblieben sind, waren nun einmal nicht so schlimm, und es gibt nicht wenige jüdische Zeitgenossen, die – in den meisten Fällen über die Taufe – gesellschaftlich und beruflich erfolgreich gewesen sind. Es war Heines militant oppositionelle und kritische Haltung, die die Feindschaft der Herrschenden und ihrer Verbündeten auf ihn gezogen hat; erst nachträglich kommt der Vorwurf des Jüdischen hinzu. Sein eigenes Verhältnis zum Judentum schwankte in den verschiedenen Phasen seines Lebens. In seiner Studentenzeit erwacht in ihm ein Interesse für die geschichtliche Problematik des Judentums. Das ist aber hauptsächlich ein Zeichen seiner Verbundenheit mit den Unterdrückten und seines Triebs zur Aufklärung und Modernisierung; denn damals und auch Jahre danach verhinderte seine stark antireligiöse Haltung jedes Verständnis für den jüdischen Glauben. Nach seiner Taufe betonte er oft seinen Protestantismus; in Frankreich versuchte er zeitweilig sein Judentum zu kaschieren, wobei ihn sogar wohlwollende Anspielungen darauf ärgerten. In den vierziger Jahren entwickelt sich, zunächst leise andeutend, dann vernehmlicher, eine positive Sicht des Judentums und eine Neigung, sich öffentlich damit zu identifizieren.

Zu Heines Judentum:

William Rose: Heinrich Heine. Two Studies of his Thought and Feeling. Oxford 1956.

Ludwig Rosenthal: Heinrich Heine als Jude. Frankfurt am Main 1973.

Hartmut Kircher: Heinrich Heine und das Judentum. Bonn 1973.

Joseph A. Kruse: »Ein Abkömmling jener Märtyrer . . .«. Heinrich Heine, die Juden und das Judentum. In: Emuna Nr. 3 und Nr. 4 (1977). S. 33–35, 21–30. Neudruck in: J. A. K.: Denk ich an Heine. Biographisch-literarische Facetten. Düsseldorf 1986. S. 130–51.

Alex Bein: Heinrich Heine, der »Schamlose«. In: Hjb 17 (1978). S. 152–74.

Jürgen Voigt: Ritter, Harlekin und Henker. Der junge Heine als romantischer Patriot und als Jude. Ein Versuch. Bern u. a. 1982.

S. S. Prawer: Heine's Jewish Comedy. A Study of his Portraits of Jews and Judaism. Oxford 1983.

Michael Werner: Heinrich Heine – über die Interdependenz von jüdischer, deutscher und europäischer Identität in seinem Werk. In: Ju-

den im Vormärz und in der Revolution von 1848. Hrsgg. von Walter
Grab und Julius H. Schoeps. Stuttgart und Bonn 1983. S. 9–28.

Norbert Altenhofer: Rabbi Faibisch Apollo. Zum Spiel der Identitäten
in Leben und Werk Heinrich Heines. In: Probleme deutsch-jüdi-
scher Identität 1 (1985). S. 7–27.

Lothar Kahn: Heine's Jewish Writer Friends: Dilemmas of a Generation, 1817–33. In: The Jewish Response to German Culture from the
Enlightenment the Second World War. Hrsgg. von Jehuda Reinharz
und Walter Schatzberg. Hannover und London 1985. S. 120–36.

Sander L. Gilman: The *Farceur*: Heine's Ambivalence. In S. L. G.: Jewish Self-Hatred. Anti-Semitism and the Hidden Language of the
Jews. Baltimore und London 1986. S. 167–88.

Jürgen Stenzel: Assimilation durch Klassik. Michael Beers »Der Paria«,
Heine, Goethe. In: JFDH (1987). S. 314–35.

Ein wichtiger wenn auch oft übersehener Aspekt der Identifizierung ist sein Versuch, sich fiktional-biographisch von der
häufig verachteten deutsch-jüdischen Umgebung abzuheben
und eine ideale Verbindung zur glänzenden sephardischen (spa-
nisch-portugiesischen) Kultur des Mittelalters herzustellen.

Dazu:
Philip F. Veit: Heine: The Marrano Pose. In: Monatshefte 66 (1974). S.
145–56.

Das Spiel mit einer gleichsam aristokratischen Herkunft zeigt
sich auch in seinem Bild der Mutter, Betty (Peira) van Geldern
(1771–1859), deren Namen er manchmal zweideutig als »v.
Geldern« schrieb; auch das weitverbreitete Gerücht in seinen
mittleren Jahren, seine Mutter sei eine Christin gewesen, läßt
sich fast mit Sicherheit auf ihn selber zurückführen. Betty
Heine stammte aus einer einst prominenten Familie von Hoffaktoren und erfolgreichen Ärzten, deren Lebensumstände sich
aber, teilweise aufgrund des frühzeitigen Todes ihres Vaters
und Bruders, verschlechtert hatte. Heine, der seine Eltern als
Aspekte seiner eigenen psychologischen Charakter-Mischung
allegorisiert, stellt die Mutter als eine geistig aufgeweckte, gebildete, freidenkerische und sogar manchmal antijüdische Frau
dar, deren mütterliche Liebe eher vernünftig-herb als gefühlvoll
gewesen sei. Andere Zeugnisse beweisen, daß Betty Heine verhältnismäßig belesen und musikalisch ausgebildet gewesen ist.
Es ist aber wahrscheinlich, daß Heine ihren intellektuellen
Rang etwas erhöht hat; sein erhaltener Briefwechsel mit ihr
zeugt zwar von einer ungebrochen kindlichen Liebe und Achtung, nicht aber davon, daß er sie zu einer Partnerin seines Denkens und Schaffens gemacht hätte.

Zur mütterlichen Familie:
Joseph A. Kruse: »Sehr viel von meiner mütterlichen Familie« (H. Heine). Geschichte und Bedeutung der van Gelderns. Mit 5 Abbildungen und 5 Stammtafeln. In: Düsseldorfer Jahrbuch 61 (1988). S. 79–118.

Betty Heine hatte in Düsseldorf einen Bruder, Simon van Geldern (1768-1833), einen schrulligen Privatgelehrten, in dessen Haus, »Arche Noae« benannt, der junge Harry alte Bücher und alten Familienkram durchstöbern durfte und wo er Spuren seines abenteuerlichen Großonkels, des selbsternannten »Doktor« und »Chevalier« Simon van Geldern (1720–74) finden konnte. Vieles, was Heine über den »Chevalier« zu wissen glaubte, war ungenau bzw. legendär; nichtsdestoweniger spielte diese Gestalt, der Europa, Nordafrika, und Palästina durchkreuzte, Voltaire kennenlernte und einen nicht unwichtigen Beitrag zur Judenemanzipation der vorrevolutionären Zeit lieferte, eine wichtige Rolle in der Phantasie des Jungen, indem sie über die Grenzen seiner eigenen Welt hinauswies.

Zum »Chevalier« van Geldern:
Fritz Heymann: Der Chevalier von [sic] Geldern. In: F. H.: Der Chevalier von Geldern. Eine Chronik der Abenteuer der Juden. Köln 1963. S. 245–359.
Ludwig Rosenthal: Heinrich Heines Großoheim Simon von [sic] Geldern. Ein historischer Bericht mit dem bisher meist unveröffentlichten Quellenmaterial. Kastellaun 1978.

Unser Bild von Heines Vater Samson (1764–1828) ist weniger scharf als das seiner Mutter, wohl deswegen, weil er für Heine ein psychologisches Problem darstellte. Zweifellos hat er den sanften, gutmütigen Mann innig geliebt, hat aber zur gleichen Zeit unter der Schwäche und Untüchtigkeit eines Vaters, der »wirklich ein großes Kind mit einer kindlichen Naivität« war, dessen Schönheit »etwas überweiches, karakterloses, fast weibliches« hatte (DHA 15: S. 81, 76), gelitten. Das wohl überzeichnete Porträt des Vaters als lustiger Lebemann mit Herren- und Militärallüren ist eine Projektion der sensualistischen, luxusliebenden Seite der eigenen Persönlichkeit. Samson Heines Vorfahren sind auch Hoffaktoren gewesen, aber die Zeit des Wohlhabens lag in der Vergangenheit und Heine wußte nichts davon. Samson, der in Hannover aufgewachsen und von Hamburg nach Düsseldorf gekommen ist, wo seine Braut seine Aufnahme in die jüdische Gemeinde energisch erkämpfen mußte, handelte hauptsächlich mit englischen Luxustuchen. Das war ein Geschäft, das gegen Wirtschaftskrisen und besonders die napoleonische Kontinentalsperre empfindlich war; der Untergang des Vaters ist anscheinend durch Epilepsie und fortschreitende Geistesschwäche beschleunigt worden. Er machte 1819 Bankrott, worauf er als vom Leben Besiegter zunächst in Oldesloe, dann in Lüneburg dahinvegetierte. (Zum Vater und seine Vorfahren s. DHA 15: S. 1217–32).

Samson Heine hatte fünf Brüder, die alle im Geschäftsleben tätig wurden; von ihnen hatte Harry nur zwei, Henry (1774–1855) und Salomon (1767–1844), gekannt. Mit Onkel Henry, der Bankier in Hamburg wurde und die Gutmütigkeit Samsons bei größerer Tüchtigkeit teilte, hatte Heine durchgehend freundliche Beziehungen. Mit Onkel Salomon aber, der die Autorität des Vaters notgedrungen usurpierte, trug Heine den Familienkonflikt aus, für den der Vater zu schwach und bedauernswert war. Salomon hat als Geldmakler in Hamburg angefangen und wurde zum Bankier von fabelhaftem Erfolg. Er handelte hauptsächlich mit Pfandbriefen und staatlichen Obligationen; daß er den Börsenmarkt sorgfältig vermied, mag zu seinem Glück beigetragen haben. Er wurde vielfacher Millionär; bei seinem Tod muß er zu den reichsten Bürgerlichen ganz Deutschlands gehört haben. Obwohl der fast Ungebildete in seinen Geschäftspraktiken äußerst klug und scharf war, ist seine Ehrlichkeit anscheinend niemals in Frage gestellt worden. Durch seine Freigebigkeit, kulturelle Unterstützung und wohltätigen Stiftungen wurde er ein geachteter Bürger der Stadt Hamburg; seine hilfreiche Tätigkeit zur Zeit des großen Hamburger Brandes im Mai 1842 erreichte fast heroische Ausmaße und ist lange im Gedächtnis der Stadt geblieben.

Zu Salomon Heine:
Erich Lüth: Der Bankier und der Dichter. Zur Ehrenrettung des großen Salomon Heine. Hamburg–Altona [1964].

Der aus Heines Sicht absurde Reichtum des Onkels verhexte den Dichter fast lebenslänglich. Zwar hat Salomon seit dem Bankrott des Vaters die Eltern unterstützt, das Studium Heines und seiner Brüder bezahlt und zuerst gelegentlich, später regelmäßig nicht unbeträchtlich zu Heines Einkommen bis ins 47. Lebensjahr des Dichters beigetragen. Heine aber wollte nicht von Almosen abhängig bleiben; er wollte einen Teil des Vermögens im eigenen Besitz. Die alte jüdische Tradition, daß die Vermögenden den Gelehrten der Familie unterstützen, mag hier eine Rolle gespielt haben; dazu kam Heines Überzeugung, daß dem großen Dichter eine Stellung als ebenbürtiger Partner des Mächtigen gebührt. Darüber hinaus wurde es mit der Zeit offensichtlich, daß er kaum eine Hoffnung hatte, den erwünschten Lebensstandard durch schriftstellerische Arbeit zu erwirtschaften, während er für einen bürgerlichen Beruf ungeeignet war. Seine diplomatische Unfähigkeit in persönlichen Beziehungen erschwerte das Verhältnis, da die Abwechslung von Anbiederung, Beleidigung und Drohung kaum jemals die beabsichtigte Wirkung erzielte. Auf Salomons Seite wurde die Freigiebigkeit mit mehr oder weniger deutlicher Mißbilligung verbunden. Nicht ganz so schwerwiegend war, daß sich Salomon die Schriftstellerei kaum als ernsthaften Beruf vorstellen konnte. Wichtiger war, daß sein Reichtum eine Haltung der Verbundenheit mit der herrschenden Ordnung mit sich brachte. Die Familie Heine befand sich im Gegensatz zu den heruntergekommenen van Gelderns in einem spektakulären gesellschaftlichen Aufstieg; nicht wenige Familienmitglieder wurden geadelt und innerhalb von ein paar Generationen hat es sogar zu einer Fürstin von Monaco gereicht. (Genealogische Tabellen bei *Söhn*, Der rheinische Europäer, s. o.) Bei dieser Entwicklung blieb Heine mit seinen revolutionären Angriffen auf Könige, Adel, Finanzkapital, Regierungen, Religion und herrschende Moral ein fataler Familienangehöriger.

Dieser bemerkenswerte Aufstieg in die herrschende Schicht zeigte sich übrigens auch in Heines näherer Verwandtschaft. Sein Bruder Gustav (1805–86) wurde, nach einigen anfänglichen Schwierigkeiten im Leben, Herausgeber einer regierungsfreundlichen Zeitung in Wien; dafür wurde er zum Ritter und 1870 zum Freiherrn von Heine-Geldern ernannt. Bruder Maximilian (1805–79) wurde Militärarzt in russischem Dienst, heiratete eine russische Adlige und wurde in den persönlichen Adel erhoben.

Zu Maximilian Heine:
Waltraud Müller-Dietz und *Heinz Müller-Dietz*: Zur Biographie Maximilian (von) Heines. In: Hjb 26 (1987). S. 135–68.

Die Schwester Charlotte (1800–99) heiratete einen Kaufmann, Moritz Embden; ihr Sohn wurde ein Baron von Embden und ihre Tochter eine Principessa della Rocca. Nur Heinrich Heine blieb in dieser Hinsicht Außenseiter, und zwar mit Nachdruck.

Allem Anschein nach wurde der junge Heine für eine kaufmännische Laufbahn bestimmt. Wie er sich ursprünglich dazu verhielt, wissen wir nicht; er scheint sich weder dagegen aufgelehnt noch an ein Universitätsstudium gedacht zu haben. In der Schule strengte er sich nicht besonders an und im Jahre 1814 hat er sie vorzeitig verlassen. Er besuchte ein Jahr lang eine Handelsschule in Düsseldorf, wo er wahrscheinlich das Fundament seiner englischen Sprachkenntnisse legte. September 1815 brachte ihn sein Vater nach Frankfurt, wo er zunächst Volontär in einem Bankhaus, dann bei einem Spezereiwarenhändler wurde. Diese Tätigkeit dauerte weniger als zwei Monate; daß er lernte, »wie man einen Wechsel ausstellt und wie Muskatnüsse aussehen« (DHA 15: 63), ist alles, was er darüber zu berichten weiß. Im Juni 1816 wurde er als Lehrling im Bankhaus von Onkel Salomon in Hamburg aufgenommen; es folgen dann zwei Jahre seines Lebens, über die wir fast völlig uninformiert sind. Im Mai 1818 richtet ihm Onkel Salomon in Hamburg ein Geschäft, »Harry Heine & Comp.«, ein, das mit unabgesetzten Waren aus dem Geschäft des Vaters handeln sollte. Es gibt eine Reihe von Anekdoten, die Heines Sorglosigkeit und Unauffindbarkeit bei der Handhabung dieses Geschäfts belegen sollen. Aber bei der andauernden wirtschaftlichen Krise und dem drohenden geschäftlichen Zusammenbruch des Vaters war das Unternehmen eine Totgeburt. Dem Anschein nach hat der strauchelnde Vater versucht, Wechsel auf den nichtexistenten Kredit des Sohnes auszustellen, in der Hoffnung, daß Salomon sie begleichen würde. Das führte dazu, daß Salomon die Bankrottierung sowohl des Vaters als auch des Sohnes in die Wege leitete.

Dazu:
Klaus H. S. Schulte: Das letzte Jahrzehnt von Heinrich Heines Vater in Düsseldorf. Notariatsurkunden über Samson Heines Geschäfte (1808–1821). In: Hjb 13 (1974). S. 105–31.

Es wurde also beschlossen, Heine auf die Universität zu schikken, um Jura zu studieren. Er mußte sein Latein aufpolieren und sich, da er die Schule frühzeitig verlassen hatte, für eine Aufnahmeprüfung vorbereiten. Im Herbst 1819 eröffnete sich ihm eine wichtige neue Epoche seines Lebens. Inzwischen ist seine Heimat, d. h., der Familiensitz, Hamburg bzw. Lüneburg geworden.

Dazu:
Joseph A. Kruse: Heines Hamburger Zeit. Hamburg 1972.
Derselbe: Heinrich Heine und Lüneburg. Lüneburg 1985.
Werner H. Preuß: Heinrich Heine und Lüneburg. Loreley am Lösegraben. Hamburg 1987.

21

1.3. Die Studentenzeit 1819-1825

Als Heine im Oktober 1819 an der erst im Jahr zuvor gegründeten Universität Bonn sein Studium aufnehmen wollte, ist er unverzüglich in eine Situation geraten, die den politischen Kontext dieser Epoche deutlich charakterisiert. Am 18. Oktober, noch vor seiner Immatrikulation, nahm er an einem Fackelzug zur Feier des Jahrestages der Leipziger Schlacht teil. Er ist deswegen vor das akademische Gericht zitiert worden; er hat sich im Verhör klug benommen, indem er den unerfahrenen Anfänger spielte und ausweichende Antworten gab. Dieser Vorfall zeigt einerseits seinen Willen, sich dem studentischen Leben anzupassen, andererseits, obwohl er bald das deutschnationale Engagement aufgeben sollte, die schon keimende Verpflichtung zur Freiheit und politischen Veränderung. Ganz ungefährlich war der Fall keineswegs, denn solche Kundgebungen waren erst im Monat zuvor durch die Karlsbader Beschlüsse, eine unmittelbare Reaktion der Regierungen auf die Ermordung des Dramatikers und russischen Agenten August von Kotzebue vom nationalistischen Studenten Karl Sand, strengstens verboten worden.

Die Karlsbader Beschlüsse gehören zu einer Kette von Maßnahmen, deren Zweck es war, die durch Aufklärung, Revolutionszeit, Romantik, Befreiungskriege, Nationalismus, bürgerliches Klassenbewußtsein, Wissenschaft und Industrialisierung ausgelösten politischen und gesellschaftlichen Energien möglichst einzudämmen, die vorrevolutionären Herrschaftsverhältnisse so weit wie möglich zu restaurieren und in einem statischen Zustand zu erhalten. Instrument dieser Politik, die Geschichte selbst zum Stillstand zu bringen, war der nach der Niederlage Napoleons auf dem Wiener Kongreß gestaltete Deutsche Bund, der aus fünfunddreißig Fürstentümern und vier freien Städten bestand – Heine redete immer von sechsunddreißig Königreichen – und durch den Bundestag mit Sitz in Frankfurt koordiniert werden sollte. In der Praxis aber wurde der Bund von den zwei stärksten Staaten, Preußen und Österreich, regiert und vom österreichischen Kanzler, Clemens Lothar Wenzel Fürst Metternich (1773–1859), verwaltet.

Eine Hauptwaffe dieser Macht war die Zensur. Nach den Karlsbader Beschlüssen mußten Schriften unter zwanzig Bogen (320 Seiten im Oktav) einer Vorzensur vorgelegt werden, was selbstverständlich nicht ausschloß, daß Schriften über zwanzig Bogen nach der Publikation verboten werden konnten. Diese Vorschriften wurden durch die folgenden drei Jahrzehnte hindurch immer straffer gezogen. Für einen Schriftsteller wie Heine stellte die Zensur ein die Ausdrucksfreiheit knebelndes Hindernis dar, das unerläßlich bekämpft bzw. umgangen werden mußte. Zwar hat Heine diesen Kampf manchmal spielerisch aufgenommen; auch behauptete er, einen seine wahren Gedanken maskierenden, esoterischen Stil entwickelt zu haben, womit er einige der schwierigsten Interpretationsprobleme für die Forschung geschaffen hat. Aber der Druck der Zensur von außen, als sie immer stärker wurde, mußte unvermeidlich zu einer inneren Zensur führen und auch den Schriftstellerberuf an sich behindern, was natürlich der Zweck dieser Maßnahmen gewesen ist. Aus verschiedenen Gründen möchten manche heutigen Literaturwissenschaftler die Bedeutung der Zensur herunterspielen. Aber eine etwas abgelegene Tatsache beweist, wie wichtig sie in Wirklichkeit gewesen ist. Im Jahre 1855 brachte ein Raubdrucker in Philadelphia namens John Weik eine nichtautorisierte Gesamtausgabe von Heines Werken heraus. Von dieser sechs-, später siebenbändigen Ausgabe wurden in Amerika hauptsächlich unter Deutschamerikanern 18 000 Exemplare abgesetzt. Mit Ausnahme des »Buchs der Lieder«, das mit seinen dreizehn Auflagen wohl diese Höhe gegen Ende seines Lebens erklimmte, hat sonst kein einziges Werk Heines in deutschen Landen diese Zahl erreicht. Der Vergleich zeigt, wie sehr seine Möglichkeiten als Schriftsteller durch die Zensur eingeengt worden sind und zu welchem Grad sie seine Rezeptionsgeschichte von vornherein deformiert hat.

Zur Zensur:

H. H. Houben: Verbotene Literatur von der klassischen Zeit bis zur Gegenwart. Berlin 1924, Bremen 1928. Neudruck Hildesheim 1965. Bd. 1, S. 385–429.

Ute Radlik: Heine in der Zensur der Restaurationsepoche. In: Zur Literatur der Restaurationsepoche 1815–1848. Forschungsreferate und Aufsätze. Hrsgg. von Jost Hermand und Manfred Windfuhr. Stuttgart 1970. S. 460–89.

Margarete Kramer: Die Zensur in Hamburg 1819 bis 1848. Ein Beitrag zur Frage staatlicher Lenkung der Öffentlichkeit während des Deutschen Vormärz. Hamburg 1975.

Michael Werner: Das »Augsburgische Prokrustesbett«. Heines Berichte aus Paris 1840–1847 (*Lutezia*) und die Zensur. In: Cahier Heine 1. S. 42–65.

Obwohl die bedrückende politische Situation die ganze Studienzeit Heines überschattete, blieb sie doch vorläufig im Hintergrund und behinderte seinen Bildungsgang kaum. Zwar interessierte er sich herzlich wenig für das ihm zugewiesene Jura-studium; lieber beschäftigte er sich mit Literatur und Geschichte. Das Bonner Jahr war ein relativ angenehmes; er hat Freunde gefunden und sich dem Studentenleben angepaßt, soweit das bei seinem Alter – mit seinen einundzwanzig Jahren war er beträchtlich älter als die meisten Erstsemester – und seinem etwas linkischen Gehaben gehen wollte. Besonders wichtig wurde seine Bekanntschaft mit dem Star der neugegründeten Universität, August Wilhelm Schlegel, der seine frühen Gedichte freundlich ermunternd durchgesehen hat. Später hat Heine den romantischen Literaturhistoriker scharf angegriffen, aber zu dieser Zeit zeigte er sich für Schlegels Ermutigung recht dankbar.

Nach zwei Semestern in Bonn wurde beschlossen, Heine nach Göttingen zu schicken, wo er sich im Oktober 1820 immatrikulierte, und zwar wohl deswegen, weil Göttingen für das Jurastudium einen guten Ruf hatte. Aber Heine fand Göttingen viel weniger angenehm als Bonn. Erstens war Göttingen die Universität des Königreichs Hannover, das in Personalunion mit der englischen Krone stand; formal war der König von England Rektor der Universität. Die Beziehung mit England, dem Verfolger Napoleons, war Heine von vornherein widerwärtig. Damit verwandt meinte er, einen ärgerlichen aristokratischen Ton unter der Studentenschaft zu spüren. Er fand Universität und Stadt kulturlos und die Studenten ohne Interesse an Literatur und Philologie. Schlimmer noch, Göttingen war eine Hochburg der sogenannten Historischen Rechtsschule, einer gegenrevolutionären Lehre, die das Bestehende als Ergebnis eines organischen Wachstums rechtfertigte; somit stand die Tendenz der juristischen Fakultät quer zu Heines Überzeugungen. Vorläufig löste er das Problem, indem er sich in eine Duellaffäre verwickeln ließ, worauf er Anfang 1821 genötigt war, die Universität auf ein halbes Jahr zu verlassen. Sein wiederholter Hang, in Duelle und Duellsituationen zu geraten, gehört zu den Eigenschaften, die eine psychologische Interpretation erhellen müßte. Ungefähr zur gleichen Zeit wurde er aus der Burschenschaft ausgeschlossen, wahrscheinlich als Ergebnis einer Aktion, die Burschenschaften judenfrei zu machen.

Dazu:

Eberhard Galley: Heine und die Burschenschaft. Ein Kapitel aus Heines politischem Werdegang zwischen 1819 und 1830. In: Hjb 11 (1972). S. 66–95.

Jost Hermand: Eine Jugend in Deutschland. Heinrich Heine und die Burschenschaften. In: Gegenseitige Einflüsse deutscher und jüdischer Kultur von der Epoche der Aufklärung bis zur Weimarer Republik. Hrsgg. von Walter Grab. Tel Aviv 1982. S. 111–33.

Nach der erzwungenen Pause kehrte Heine nicht wieder nach Göttingen zurück; die Familie beschloß, ihn zum Sommersemester 1821 nach Berlin zu schicken. Dieser Ortswechsel bedeutete eine wichtige und fruchtbare Wende in seinem Leben. Die Berliner Universität hatte in den ungefähr zehn Jahren ihres Bestehens so viele führende Kapazitäten angezogen, daß sie zur besten Universität Deutschlands geworden war, und das bedeutete wohl damals zur besten der Welt. Die preußische Hauptstadt war in einem atemberaubenden Wachstum begriffen, also eine Großstadt der Zukunft. Hier wohnte Heine zum ersten Mal an einem weltgeschichtlichen Machtzentrum; hier reifte und urbanisierte er sich zusehends. In Berlin machte er wichtige Bekanntschaften, vor allem die des pensionierten Diplomaten und gesellschaftskritischen Schriftstellers Karl August Varnhagen von Ense (1785–1858) und seiner geistreichen, als Jüdin geborenen Frau Rahel (1771–1833). Während Rahel Heines etwas bärenhafte Manieren polierte und ihn zu einer anständigen Würdigung ihres Idols Goethe überredete, wurde Varnhagen auf die Länge eine noch wichtigere Figur in seinem Leben. Ein ebenso dezidierter wie äußerst vorsichtiger Liberaler, blieb Varnhagen durch die Jahre hindurch Heine als vernünftiger Ratgeber in dauerhafter Freundschaft verbunden, ist ihm auch behilflich gewesen, soweit sein beschränkter Einfluß es ermöglichte, z. B. mit positiven Rezensionen. Wertvoll war auch die Bekanntschaft mit Karl Leberecht Immermann (1796–1840), die 1822 mit einer positiven Besprechung von Heines »Gedichten« angefangen hat. Darauf folgte ein Briefwechsel, der einige von Heines aufschlußreichsten Briefe enthält, besonders in poetologischer Hinsicht. Als Immermann, kaum daß er seine eigene Bestimmung als gesellschaftskritischer Romanschriftsteller gefunden hatte, 1840 unerwartet starb, betrauerte Heine den eher konservativen Satiriker als seinen »alte[n] Waffenbruder« (HSA 21, S. 380).

Dazu:

Wolfgang Kuttenkeuler: Heinrich Heine und Karl L. Immermann. Produktivität eines wechselseitigen Mißverständnisses. In: ZfdPh 91 (1972). Sonderheft Heine und seine Zeit. S. 90–110.

Symptomatisch dafür, daß er sich in Berlin noch auf der Suche nach einer eigenen Identität befand, ist seine Verbindung mit dem kurzlebigen aber zukunftsträchtigen »Verein für die Cultur und Wissenschaft der Juden«, einer Gruppe von relativ jungen, modern gesinnten jüdischen Gelehrten, die danach trachteten, die jüdische Bildung vornehmlich durch das geschichtliche Studium auf die Höhe der Zeit zu erheben. Obwohl Heine zeitweilig recht aktiv mitwirkte – es ist fast die einzige Tätigkeit im Verein mit anderen in seinem ganzen Leben – , konnte er die Aussichtslosigkeit, den Zustand der Juden mittels esoterischer Gelehrsamkeit verbessern zu wollen, ohne Schwierigkeit einsehen. Für ihn persönlich aber war das Erlebnis besonders wertvoll, weil es ihn zu einer Beschäftigung mit der jüdischen Geschichte anspornte, die damals und auch später für sein dichterisches Schaffen fruchtbar wurde.

Vorsitzender des Vereins war Eduard Gans (1798–1839), der sich einen Namen als Hegelianer machen sollte. Damit berühren wir eines der kompliziertesten und umstrittensten Themen in der ganzen Heine-Forschung, nämlich Heines Beziehung zu Hegel. Heine hat Hegels Vorlesungen besucht und ihn wohl auch persönlich kennengelernt, wie es damals akademische Sitte gewesen ist. (Es wird allerdings oft übersehen, daß Hegel zu Heines Berliner Zeit nicht über die Ästhetik las, die Heine erst, wenn überhaupt, nach ihrer postumen Erscheinung im Jahre 1835 hätte kennenlernen können.) Zwar hat Heine gegen Ende von »Zur Geschichte der Religion und Philosophie in Deutschland« Hegel als »de[n] größte[n] Philosoph[en], den Deutschland seit Leibnitz erzeugt hat« (DHA 8/1: 113) gelobt, widmet ihm aber nur einige Sätze. Sonst sind viele von Heines Hinweisen auf Hegel sowohl flüchtig wie geringschätzig. Es ist nicht einmal sicher, daß Heine überhaupt imstande war, Hegels notorisch schwierige Philosophie zu meistern. »Ehrlich gesagt«, schrieb er im Rückblick, »selten verstand ich ihn, und erst durch späteres Nachdenken gelangte ich zum Verständniß seiner Worte« (DHA 15, S. 33). Es ist möglich, daß er vieles von den Hegelianern seiner Bekanntschaft wie Gans oder Moses Moser (1796–1838), einem anderen Freund aus dem Kreis des Vereins, übernommen hatte. In den vierziger Jahren gibt es eine zweite Phase seiner Hegelrezeption, als er einige Kommentare studierte und ein Exemplar der zweiten Ausgabe der »Philosophie der Geschichte« mit Anmerkungen versehen hat. Der Einfluß der »Ästhetik« auf seine Ansichten über die Musik läßt sich in dieser Zeit feststellen. Eine eingehende, von unmittelbarer

Kenntnis der Texte zeugende Auseinandersetzung mit Hegel findet sich nirgendswo.

Trotzdem ist es ein Hauptanliegen der zeitgenössischen Forschung gewesen, einen tiefen Einfluß Hegels auf Heine festzustellen. Das steht im Gegensatz zur älteren Forschung, die nicht geneigt war, Heines philosophische Kompetenz überhaupt ernst zu nehmen. Die heutige Tendenz aber, ihn nicht so sehr als Dichter wie als revolutionären Denker zu begreifen, bringt das Bedürfnis mit sich, seinen philosophischen Rang möglichst hoch zu veranschlagen. Dazu kommt der Beweggrund, ihn als Wegbereiter des Linkshegelianismus sowie Bahnbrecher der progressiven bzw. revolutionären Hegelinterpretation als Mittelglied zwischen Hegel und Marx einzuordnen, um seine geschichtliche Bedeutsamkeit und dauernde Relevanz zu betonen. Es ist möglich, daß es mit der Zeit zu einer Revision dieser Sicht kommt. Feststehen dürfte jedenfalls, daß Heine zum mindesten atmosphärisch zu einem größeren Grad von Hegel und dem Hegelianismus beeinflußt worden ist, als sich auf den ersten Blick erkennen läßt.

Zu Heine und Hegel:

Wolfgang Heise: Zum Verhältnis von Heine und Hegel. In: Streitbarer Humanist. S. 225–54. Auch als: Heine und Hegel. Zum philosophisch-ästhetischen Standpunkt Heines. In: WB 19, Nr. 5 (Mai 1973). S. 5–36, und W. H.: Realistik und Utopie. Aufsätze zur deutschen Literatur zwischen Lessing und Heine. Berlin 1982. S. 254–87.

Georgi Michailowitsch Fridlender: Heinrich Heine und die Ästhetik Hegels. In: Streitbarer Humanist. S. 159–71. Auch in: WB 19, Nr. 4 (April 1973). S. 35–48.

Manfred Windfuhr: Heine und Hegel. Rezeption und Produktion. In: Internationaler Heine-Kongreß. S. 261–80.

Heinz Hengst: Idee und Ideologieverdacht. Revolutionäre Implikationend des deutschen Idealismus im Kontext der zeitkritischen Prosa Heinrich Heines. München 1973.

Eduard Krüger: Heine und Hegel. Dichtung, Philosophie und Politik bei Heinrich Heine. Kronberg 1977.

Michael Baumgarten und *Wilfried Schulz*: Topoi Hegelscher Philosophie der Kunst in Heines »Romantischer Schule«. In: Hjb 17 (1978). S. 55–94.

Jochen Zinke: Heine und Hegel. Stationen der Forschung. In: Hegel-Studien 14 (1979). S. 295–312.

Jean Pierre Lefebvre. Der gute Trommler. Heines Beziehung zu Hegel. Hamburg 1986.

Die vier Berliner Semester waren eine Zeit der Bildung im echten Sinne des Wortes. Trotzdem bestand die Familie darauf, daß Heine sein Studium im verhaßten Göttingen abschließen sollte. Nach acht tief langweiligen Monaten bei seiner Familie in Lüneburg kehrte er im Januar 1824 nach Göttingen zurück, wo er sich resigniert bestrebte, die fehlende Liebe zum Jurastudium durch Fleiß und Ausdauer auszugleichen. Etwa drei Wochen vor seiner Promotion ließ er sich am 28. Juni 1825 in aller Stille und fast geheim von einem Dorfpfarrer in Heiligenstadt auf die Namen »Christian Johann Heinrich« taufen. Verantwortlich dafür war natürlich die schleichende Restaurierung der gesetzlichen Benachteiligung der Juden seit dem Wiener Kongreß. Unmittelbarer Anlaß war ein Ende 1822 bekanntgegebenes, implizit gegen Eduard Gans gerichtetes preußisches Gesetz, das Juden von akademischen Lehrämtern ausschloß; Heine dachte damals und auch später an die Möglichkeit einer akademischen Laufbahn. Die Heimlichkeit, mit der er diesen Schritt unternahm, ist ein Zeichen seiner Verlegenheit und Erbitterung. Zwar bezeichnete er sich gerne als Protestant, daß er wie sämtliche deutsche Liberale und Radikale der Zeit die Reformation als eine entscheidende Stufe in der Befreiungsgeschichte der Menschheit betrachtete. In seiner Seele aber nagte ein Gefühl des Verrats, ein sein Selbstbewußtsein kränkender Verdacht, sich zu einer unwürdigen Tat zwingen lassen zu haben. Sein oft zitierter, übrigens unveröffentlichter Aphorismus, »Der Taufzettel ist das Entréebillet zur europäischen Kultur« (B 6/1, S. 622), spiegelt seine wirkliche Empfindung ungenau wider. Geschrieben hatte er fast zwei Jahre vorher an seinen Freund Moser, den einzigen, dem er in dieser Sache sein Herz öffnete: »Keiner von meiner Familie ist dagegen, außer ich« (HSA 20, S. 113). Nachher bedauerte er den Schritt, besonders da er keinen Vorteil davon hatte. »Ich versichere Dich,« schrieb er an Moser Dezember 1825, »wenn die Gesetze das Stehlen silberner Löffel erlaubt hätten, so würde ich mich nicht getauft haben« (HSA 20, S. 227), und einen Monat später: »Ich bin jetzt bey Christ und Jude verhaßt. Ich bereue sehr daß ich mich getauft hab; ich seh noch gar nicht ein daß es mir seitdem besser gegangen sey, im Gegentheil, ich habe seitdem nichts als Unglück« (HSA 20, S. 234). Seinen Ärger reagierte er in merkwürdiger Weise ab, indem er in einem zwar unveröffentlichten Gedicht Gans wegen seiner Taufe als »Schurken« angriff, ungeachtet der Tatsache, daß Gans' Taufe erst ein halbes Jahr *nach* der Heines stattgefunden hat (DHA 1/1, S. 529). Trotz des Drucks von außen, trotz des möglichen Standpunkts, durch die Taufe zur modernen Zivilisation Anschluß zu finden, kommt Heine von seinem Gefühl nicht los, er habe sich selber eine Niederlage beigebracht.

Viel erfreulicher gestaltete sich das Promotionsverfahren, das mit einer öffentlichen Disputation am 20. Juli 1825 stattfand. Bei dieser Gelegenheit lieferte der von Heine gefürchtete, konservative Dekan der juristischen Fakultät, Gustav Hugo (1764–1844), eine lateinische Laudatio, worin er Heine unter die Juristen, die auch Verse gemacht hätten, einreihte und anmutig hinzufügte, er habe Gedichte drucken lassen, deren sich nicht einmal Goethe hätte schämen müssen.

Dazu, mit Text und Übersetzung:
Franz Finke: Gustav Hugos Laudatio auf Heine. In: Hjb 7 (1968). S. 12–17.

Verständlicherweise war Heine über diese unerwartete Anerkennung sehr vergnügt. Hugos Laudatio ist ein bedeutsames Zeichen dafür, was Heine während seiner Studentenjahre geleistet hat. Denn in diesen fünfundhalb Jahren ist aus dem linkischen Kaufmannssohn aus Düsseldorf eine sichtbare Figur der literarischen Landschaft geworden.

Zu Heines Studium:
Walter Kanowsky: Heine als Benutzer der Bibliotheken in Bonn und Göttingen. In: Hjb 12 (1973). S. 129–53.
Derselbe: Vernunft und Geschichte. Heinrich Heines Studium als Grundlegung seiner Welt- und Kunstanschauung. Bonn 1975.
Jürgen Hörisch: Heine in Göttingen. Geschichte einer produktiven Traumatisierung. In: Hjb 23 (1984). S. 9–21.

1.4. Frühe Lyrik

Es ist nicht ganz sicher, wann Heine angefangen hat, Verse zu schreiben. Seine ersten Versuche lassen sich schwer datieren, reichen aber – von einigen frühen Gelegenheitsversen abgesehen – wohl in die Zeit um 1816 zurück. Die ersten veröffentlichten Gedichte erschienen 1817 in einer lokalen Zeitschrift, »Hamburgs Wächter«, unter dem Pseudonym »Sy Freudhold Riesenharf«, einem Anagramm für »Harry Heine Dusseldorff«. Es ist nicht anzunehmen, daß ein bedeutendes Korpus früher Dichtungen verlorengegangen ist. Heine war nicht frühreif. Seine ersten Versuche zeugen von seinem Witz und einer gewissen sprachlichen Gewandtheit, versprechen aber keinen großen Dichter der Zukunft. Zweifellos besaß Heine eine angeborene Begabung; er hat sich aber weitgehend durch zielbewußte Anstrengung zum Dichter gemacht. Der für seine Lyrik charakteristische Eindruck der Leichtigkeit ist eine perfekte optische Täuschung. Er hat an seiner Lyrik mit Ausdauer und Gewissenhaftigkeit gearbeitet, er hat seine Gedichte revidiert, umgeschrieben, umgeordnet, gesichtet, wo nötig ausgeschieden. Als er noch sehr jung war, schrieb er an einen Freund: »Sei streng gegen Dich selbst; das ist des Künstlers erstes Gebot. Ich glaube, Dir hierin oft ein Beispiel gegeben zu haben« (HSA 20: 29). Seine Genauigkeit zeugt nicht nur von seinem künstlerischen Gewissen, sondern auch von seinem spannungsgeladenen Verhältnis zur literarischen Tradition.

Übernommen hat Heine seine grundlegenden Begriffe des Lyrischen von der Praxis einer Spätromantik auf der Schwelle zum Biedermeier. Vorbilder waren die volksliedhaften Formen von »Des Knaben Wunderhorn«, Uhland, Eichendorff, und vor allem Wilhelm Müller, der für den jungen Heine besonders wichtig war. Zur experimentellen hochromantischen Lyrik etwa Brentanos oder Novalis' hatte er kaum eine Beziehung; Hölderlin scheint er nicht einmal dem Namen nach gekannt zu haben. Unter seinen dichterisches Neuland suchenden Generationsgenossen hatte er von Mörike erwiesenermaßen keine Ahnung und mit Platen, wie wir sehen werden, ist er in katastrophale Mißverständnisse geraten. Dazu kommt der Einfluß von Goethe, besonders des »West-östlichen Divans«, der Heine durch seinen exotischen Sensualismus beeindruckt hat. Besonders wichtig ist das Vorbild von Byron.

Dazu:

Wilhelm Ochsenbein: Die Aufnahme Lord Byrons in Deutschland und sein Einfluß auf den jungen Heine. Bern 1905. Neudruck Hildesheim 1975.
Michael Perraudin: Heine, the German Byron. In: CG 19 (1986). S. 242–73.

Zu den dichterischen Quellen von Heines Lyrik:
Michael Perraudin: Heinrich Heine. Poetry in Context. A Study of *Buch der Lieder*. Oxford, New York und München 1989.

Für Heine ist das Spätromantische weitgehend identisch mit der »Poesie«. Dafür charakteristisch sind eine schlichte, allgemeinverständliche Sprache, eine innerhalb des Herkömmlichen gehaltene Form – die vierzeilige, gereimte Volksliedstrophe bleibt das allerdings variantenreiche Muster –, eine in ihren Möglichkeiten etwas beschränkte Metaphorik, die die Natur mit menschlichen Angelegenheiten in ein intimes Verhältnis setzt, der Ausdruck von echten, auch nachvollziehbaren Gefühlen, und vor allem eine kontrastierende Distanzierung – ob durch das Bild einer etwas statischen, vormodernen gesellschaftlichen Welt oder durch die Exotik z. B. eines fiktiven Indiens – zur rauhen Wirklichkeit, zur »niedrigen« Erfahrungswelt.

Heine hat früh eingesehen, daß diese Art Poesie in der modernen Welt nicht mehr tragbar war, daß ihre Fiktivität drohte, in Lüge umzuschlagen. Daher dekonstruierte er die Poesie von innen her, indem er sie selbstbewußt zitierte, sie ins Satirische abgleiten ließ, die Echtheit des inzwischen automatisierten, zu Gemeinplätzen gewordenen Gefühlstones durch die Stimmungsbrechung am Ende eines Gedichts in Frage stellte. Er modernisierte und dynamisierte die Poesie. Er ließ das Romantische nicht ohne Dissonanz in der modernen Gesellschaft ertönen. An Wilhelm Müller schrieb er: » In meinen Gedichten [...] ist nur die Form einigermaßen volksthümlich, der Inhalt gehört der conventionnellen Gesellschaft« (HSA 20, S. 250). Sein systematischer Abbau des romantischen Erwartungshorizonts in der Lyrik ist neuerdings dahin mißverstanden worden, daß er die Poesie selber als überholt verleugnen wollte, daß seine frühe Lyrik eine vorübergehende Phase auf dem Weg zum revolutionär engagierten Schriftstellertum gewesen sei. Viele Äußerungen Heines über das Unwiederbringliche der Poesie, ihre relative Unbedeutsamkeit in den notwendigen Kämpfen der modernen Welt, das »Ende der Kunstperiode« usw. legen eine solche Ansicht nahe. Aber das ist nur ein Pol einer Spannung, aus der seine Lyrik einen großen Teil ihrer Energien bezieht. Der andere Pol ist der anhaltende Wunsch, das in der Poesie Versprochene – die unentfremdete Welt der integrierenden Naturmetaphorik, die Echtheit der Gefühle, die Liebenswürdigkeit und Lebenstüchtigkeit des Dichters – könnte auch wahr sein. Es bleibt in Heines Lyrik von Anfang bis Ende die utopische Sehnsucht nach einem verlorenen Paradies, das einerseits nur noch in der Poesie, d. h., in der fiktionalen Einbildungskraft existiert, andererseits nur durch Poesie zum Ausdruck kommen kann.

Hauptsymbol dieses unwiederbringlich verlorenen, wenn auch tief zurückersehnten Paradieses wurde die unerreichbare Geliebte. Heines frühe Lyrik – und diese Phase reicht über sein dreißigstes Lebensjahr hinaus – variiert mit wenigen Ausnahmen das Thema der unglücklichen Liebe mit einer erfindungsreichen Beharrlichkeit, wie sie die deutschsprachige Dichtung seit dem Mittelalter nicht mehr gekannt hat. Die ältere Forschung suchte dieses Phänomen biographisch zu ergründen. Das entsprach einer damals weitverbreiteten Methode der biographischen Interpretation, hatte aber wohl auch den Zweck, den oft als frivol oder gar verlogen kritisierten Heine durch den Nachweis echter Erlebnisse nach dem Muster der Goetheschen Erlebnislyrik zu rehabilitieren. Somit wurde mit wissenschaftlichem Erfindungsgeist die Liebestragödie seiner Jugend aus der Dichtung rekonstruiert: die hoffnungslose Liebe zu seiner Cousine Amalie (1799–1838), die ihn kaum beachtet habe und die 1821 einen reichen Gutsbesitzer namens John Friedländer (1793–1863) heiratete; dann die Übertragung dieser Liebe auf die jüngere Schwester Therese (1807–80), die 1828 mit einem Hamburger Advokaten, Adolf Halle (1798–1866), vermählt wurde. Eine der wissenschaftlichen Leistungen, die die Grenze zum zeitgenössischen Verständnis Heines markiert, ist eine Untersuchung von William Rose, die zeigt, wie sehr der Roman der jugendlichen Liebestragödie eine Erfindung der Heineologen gewesen ist und bis zu welchem Grad die Gedichte schlicht chronologisch von diesen vermeintlichen Erlebnissen, wenn sie überhaupt stattgefunden haben, unabhängig entstanden sind:

William Rose: The Early Love Poetry of Heinrich Heine. An Inquiry into Poetic Inspiration. Oxford 1962.

Die Widerlegung der unmittelbaren biographischen Entstehung hatte nicht die Wirkung, die Lyrik einer eigentlichen, literaturkritischen Analyse zugänglich zu machen; vielmehr hat sie zum wachsenden Desinteresse beigetragen. Der Ausdruck »Petrarkismus« wurde in die Diskussion eingeführt:

Manfred Windfuhr: Heine und der Petrarkismus. Zur Konzeption seiner Liebeslyrik. In: JDSG 10 (1966). S. 266-85. Neudruck in: Heinrich Heine. Hrsgg. von Koopmann. S. 207–31.
Danilo Bianchi: Die unmögliche Synthese. Heines Frühwerk im Spannungsfeld von petrarkistischer Tradition und frühromantischer Dichtungstheorie. Bern u. a. 1983.

Dieser an sich brauchbare Begriff kann aber irreführend werden, sobald er dahin verstanden wird, daß Heine ohne innere Anteilnahme seine Gedichte aus vorfabrizierten Materialien konstruiert hätte. Dazu wäre auch zu bemerken, daß Heine

Petrarca ausdrücklich als idealistisch und spiritualistisch ablehnte, und daß seine Lyrik sich eher in die antipetrarkistische Tradition der Schelte und Beschimpfung der Geliebten einordnen läßt.

Zunächst ist der biographische Bezug wohl etwas zu scharf abgeschnitten worden. Es ist kaum zu bezweifeln, daß der junge Heine sich in Amalie verliebte; auch die Annahme seiner Liebe zu Therese ist nicht völlig aus der Luft gegriffen. Zu den anziehenden Merkmalen beider gehörte es nun einmal, daß sie Erbinnen Onkel Salomons waren, ein Aspekt, der nicht nur Heine, sondern möglicherweise noch mehr seine Eltern interessiert hätte. Zwar hat sich Heine kaum unmittelbar dazu geäußert, wie er überhaupt außerhalb der fiktionalen Welt seiner Dichtung recht wenig über seine Beziehungen zu Frauen zu reden pflegte. Aber in dieser wie in anderen Dingen bewahrte er sozusagen ein gebrochenes Schweigen; beiläufige Bemerkungen, versteckte Andeutungen, verspätete Anspielungen lassen uns unvollkommen und unsicher vermuten, was wir eigentlich nicht wissen sollen. Nun bilden die Gedichte nicht so sehr den Roman der unglücklichen Liebe als das Drama, wie diese Niederlage, diese Demütigung der Persona durch die Dichtung selber überwunden wurde. Die schmerzlichen Gefühle sind nicht *nur* gespielt, sondern *auch* echt: »Noch immer elend fühl' ich mich, / Als spielt ich noch immer Komödie« (DHA 1/1, S. 258). Die Liebe ist zwar trügerisch, sogar lebensgefährlich, spiegelt aber trotzdem die utopische Möglichkeit eines echt erhabenen, erfüllenden Seelenzustandes vor. Die wenigstens partielle Beherrschung dieser fast unerträglichen Spannung zwischen dem seelisch Notwendigen aber Unmöglichen und den skeptischen Einsichten in den wahren Zustand der gesellschaftlichen Beziehungen durch die gemeisterte Dichtkunst selber ist Sinn und Zweck des ersten Jahrzehnts von Heines lyrischer Produktion. Daher ist das Lied so oft Thema des Liedes; es ist eine Dichtung, die die noch gebliebenen Möglichkeiten der Dichtung selber prüft und erwägt.

In den meisten Fällen hat Heine seine Gedichte nicht einzeln geschrieben, sondern zu Gruppen und Zyklen komponiert. Die Gewohnheit, sie isoliert zu interpretieren, führt dazu, das Echo, den sich verschiebenden Standpunkt, den Polyperspektivismus des zyklischen Kontexts zu verkürzen. Es ist daher empfehlenswert, sie in der vom Dichter sorgfältig geschaffenen Anordnung aufzunehmen. Zwar ist diese Anordnung selber Ergebnis eines verhältnismäßig langen Prozesses der Revision und

Umstellung. Die komplizierten Stufen dieses Prozesses lassen sich in etwas gedrängter Weise wie folgt beschreiben:

Der erste Band »Gedichte«, Berlin 1822, enthält die Gedichte, die, stark revidiert und gesichtet, in der ersten Abteilung des »Buchs der Lieder«, betitelt »Junge Leiden«, mit den Unterabteilungen »Traumbilder«, »Lieder«, »Romanzen«, und »Sonette«, enthalten sind. An der Entstehungsgeschichte dieser Zyklen sieht man besonders gut, wie rasch und zielbewußt er den eigenen Ausdruckwillen gefunden und definiert hat, das Ungelungene, Konventionelle, sogar Kitschige weitgehend ausmerzte. Der Band »Gedichte« enthält auch einige Byron-Übersetzungen, die Heine nachher nicht mehr drucken ließ.

Im Lauf des Jahres 1822 sind in verschiedenen Zeitungen und Zeitschriften zahlreiche Gedichte, sowohl einzeln wie in Gruppen erschienen. Zusammen mit einigen ungedruckten erschienen sie 1823, ebenfalls in Berlin, als »Tragödien; nebst einem lyrischen Intermezzo« (zu den Tragödien s. S. 40–41). In der endgültigen Form im »Buch der Lieder« besteht dieser Zyklus einschließlich des »Prologs« aus 66 Gedichten; aus nicht ganz einsichtigen Gründen entwickelte Heine die Gewohnheit, seine Gedichte in Reihen von durch elf teilbaren Zahlen zu ordnen. Mit dem »Lyrischen Intermezzo« erscheint voll ausgebildet der Gedichttypus, der hauptsächlich mit seinem Namen verbunden ist und seinen weltweiten Ruhm begründet hat.

Im März 1824 sind in einer Berliner Zeitschrift, »Der Gesellschafter«, »Drey und dreyßig Gedichte von H. Heine« erschienen. Zusammen mit einigen gedruckten und vielen ungedruckten Gedichten wurde dieser Zyklus die Keimzelle von den als »Die Heimkehr« betitelten 88 Gedichten, ursprünglich 1826 im ersten Band der »Reisebilder« erschienen, dann kurz darauf umgearbeitet im »Buch der Lieder« zusammen mit fünf längeren Gedichten, »Götterdämmerung«, »Ratcliff«, »Donna Clara«, »Almansor«, und »Die Wallfahrt nach Kevlaar«. Mit »Heimkehr« ist Heines Rückkehr nach Lüneburg und vor allem nach Hamburg nach Abschluß seiner vier Berliner Semester gemeint, obwohl der Zyklus eher ein Drama in der retrospektiven Einbildungskraft inszeniert. Die folgende Abteilung im »Buch der Lieder« enthält Gedichte, die ursprünglich in den Text der »Harzreise« integriert waren.

Heine, der eine besondere Vorliebe für die Küste und Badeorte hatte, verbrachte die Sommer 1825 und 1826 auf der Insel Norderney, wo er mit einer für ihn ganz neuen Art der Lyrik experimentierte: zum ersten und fast auch zum einzigen Mal in seinem Leben hat er Verse in freien Rhythmen geschrieben. Die verhältnismäßig langen, unter dem Einfluß von Homer und der Bibel stehenden Gedichte der zwei »Nordsee«-Zyklen – Heine nannte sie nach einem Wort Varnhagens »kolossale Epigramme« (HSA 20, S. 271) –, rechnen mit den abgelebten Göttern der deutschen Klassiktradition wie auch mit der trügerischen Naturmetaphorik der Romantik ab. In der endgültigen Fassung enthält »Nordsee I« 10 Gedichte, »Nordsee II« 12, also ist die Summe wieder einmal durch elf teilbar. Als vollständige Zyklen sind sie ursprünglich in »Reisebilder I« (1826) bzw. »Reisebilder II« (1827) erschienen. Mit ihrer erreichten Meisterschaft, ihrer Dramatisierung eines bei allen erlittenen Schmerzen und Niederlagen errungenen dichterischen Sieges eignen sich diese Zyklen außerordentlich gut als abschließende Abteilungen des »Buchs der Lieder.«

Das »Buch der Lieder« ist Oktober 1827 bei Hoffmann und Campe in Hamburg erschienen. Weder Autor noch Verleger konnten damals den Erfolg dieser Publikation ahnen. Mit nur sieben Ausnahmen sind die darin enthaltenen Gedichte schon vorher gedruckt worden, in manchen Fällen sogar mehr als einmal. Dazu erschien das Buch in einer Flut von Lyrik; zu der Zeit schrieb jeder vom Volksschüler bis zum Staatsminister Verse; sogar der König von Bayern hat an der Sucht gelitten. Damals konnten nur wenige Beobachter, wie etwa Varnhagen oder Immermann, die besondere Qualität von Heines Lyrik erspüren. Dementsprechend wurde das »Buch der Lieder« zunächst kein buchhändlerischer Erfolg. Die erste Auflage von 2 000 Exemplaren reichte für zehn Jahre. Allmählich aber ist die Nachfrage gewachsen. Eine zweite Auflage erschien 1837, eine dritte 1839, eine vierte 1841. Die fünfte Auflage von 1844 war die letzte, die Heine korrigierte, weshalb sie als Ausgabe letzter Hand gilt. Noch acht Auflagen sind zu seinen Lebzeiten erschienen. Es ist wohl kein Zufall, daß diese Entwicklung vom Aufstieg des deutschen Kunstliedes begleitet wird; Schumanns »Dichterliebe« ist 1840 komponiert worden. Zweifellos haben die Liedkompositionen, deren Zahl heute auf mehr als 8 000 geschätzt wird, zum weltweiten Ruhm von Heines früher Lyrik beigetragen. Möglich ist es auch, daß die Vertonungen die Wahrnehmung der Texte eher erschwert haben, indem sie die Gedichte romantisieren, den gesprochenen, gesellschaftlichen Tonfall lyrisieren und meistens die sorgfältige Anordnung der Zyklen übergehen. (Heine hätte wohl diese Sorgen nicht geteilt; er bezeichnete regelmäßig seine Gedichte als »Lieder«, freute sich auch, als er vernahm, daß sie komponiert worden sind, obwohl er selber nur wenig Gelegenheit hatte, die Vertonungen anzuhören.)

Es ist also immer wieder, besonders von deutscher Seite, vermutet worden, der internationale Ruhm des »Buchs der Lieder« beruhe auf Mißverständnissen. Das ist mehr als wahrscheinlich; nur, dieser Ruhm ist zugleich eine Tatsache, die anerkannt werden muß. Der heute bevorzugte revolutionäre Schriftsteller Heine hätte bei aller Propagierung niemals die internationale Anerkennung erlangt, die dem lyrischen Dichter zuteil geworden ist. Auch heute noch ist der internationale Heine weitgehend und in erster Linie der Dichter des »Buchs der Lieder«. Noch immer erscheinen Jahr für Jahr unzählige Übersetzungen in Dutzenden von Fremdsprachen. Es kommt vielleicht eine Zeit, wo auch die deutsche Literaturwissenschaft die frühe Lyrik wieder ernst nimmt und sie nicht ganz dem Ausland überläßt.

Zum »Buch der Lieder«:
Entstehung: DHA 1/2, S. 575-86, 635-42, 748-59, 856-70, 994–1004.

S. S. Prawer: Heine. Buch der Lieder. London 1960.

Alberto Destro: L'attesa contraddetta. La svolta finale nelle liriche del »Buch der Lieder« di Heinrich Heine. In: Annali: Studi tedeschi 20, Nr. 1 (1977). S. 7–127.

Rolf Lüdi: Heinrich Heines Buch der Lieder: Poetische Strategien und deren Bedeutung. Frankfurt am Main u. a. 1979.

Erich Mayser: H. Heines »Buch der Lieder« im 19. Jahrhundert. Stuttgart 1978.

Alberto Destro: Das »Buch der Lieder« und seine Leser. Die Prämissen einer mißlungenen Rezeption. In: Zu Heinrich Heine. S. 59–73.

Thomas Bourke: Heines Stimmungsbrechung. In: T. B.: Stilbruch als Stilmittel. Studien zur Literatur der Spät- und Nachromantik. Frankfurt am Main u. a. 1980. S. 211–85.

Norbert Altenhofer: Ästhetik des Arrangements. Zu Heines »Buch der Lieder«. Text + Kritik Heft 18/19 (Vierte, völlig veränderte Auflage 1982). S. 16–32.

Zur Entwicklung von Heines Lyrik:
Laura Hofrichter: Heinrich Heine. Biographie seiner Dichtung. Göttingen 1966.

Jürgen Brummack: Heines Entwicklung zum satirischen Dichter. DVLG 41 (1967). S. 98–116.

Siegbert Prawer: Heines satirische Versdichtung. In: Der Berliner Germanistentag 1968. Vorträge und Berichte. Hrsgg. von Karl Heinz Borck und Rudolf Henss. Heidelberg 1970. S. 179–95.
Pierre Grappin: Heines lyrische Anfänge. Internationaler Heine-Kongreß. S. 50–78.
Helmut Brandt: Geschichtsbewußtsein und Poesie. Zum literarhistorischen Charakter der Lyrik Heinrich Heines. In: Streitbarer Humanist. S. 78–108.
Nigel Reeves: Heinrich Heine. Poetry and Politics. Oxford 1974.
Katharina Mommsen: Heines lyrische Anfänge im Schatten der Karlsbader Beschlüsse. In: Wissen aus Erfahrungen. Werkbegriff und Interpretation heute. Festschrift für Herman Meyer zum 65. Geburtstag. Hrsgg. von Alexander von Bormann u. a. Tübingen 1976. S. 453–73.
Manfred Durzak: »kein Kirchhof der Romantik«. Überlegungen zu Heines lyrischem Idiom und seinem historischen Stellenwert. In: Zu Heinrich Heine. S. 22–38.
Pierre Grappin: Les premiers poèmes de Heine. In: EG 42 (1987). S. 320–28.

1.5. Frühe schriftstellerische Versuche

Während Heine ständig an seinem wachsenden lyrischen Werk arbeitete, hat er sich gleichzeitig in anderen schriftstellerischen Gattungen versucht. Das bedeutet nicht notwendigerweise, daß er sich schon als berufsmäßigen Schriftsteller betrachtete; dieser Gedanke scheint ihm lange fern gelegen zu sein. Aber der Drang, sich auszudrücken, war schon in seinen Studentenjahren stark vorhanden, sowie auch der Wille, den »Kampf dem verjährten Unrecht, der herrschenden Thorheit und dem Schlechten« aufzunehmen (HSA 20, S. 62). Zunächst mußte er sich aber über seinen eigenen Standpunkt klar werden. Dazu diente eine Reihe von kleineren Essays und Besprechungen.

Der erste Versuch dieser Art ist ein Essay über »Die Romantik«, den er 1820, als er sich von seinem Bonner Jahr erholte, schrieb. Hier wollte Heine die romantische Poesie, die er, wie gesagt, mit der Dichtkunst überhaupt gleichsetzte, dadurch retten, daß er sie mit moderner Aufklärung und geistiger Freiheit in Einklang setzen wollte und statt »verworrene[r] und verschwimmende[r] Bilder« »plastische Poesie« mit »bestimmten Umrissen« verlangte; als Modelle weist er auf »unsre zwei größten Romantiker, *Goethe* und *A. W. v. Schlegel*« hin (B 1, S.

400). Das sind zweifellos noch unreife Gedankengänge, sie deuten aber schon auf Probleme, die ihn dann über Jahre beschäftigen sollte. In einer langen, 1821 in Berlin erschienenen Besprechung einer Tragödie, »Tassos Tod«, von einem befreundeten, inzwischen völlig vergessenen Autor, Wilhelm Smets (1796–1848), versuchte Heine, immer noch der herkömmlichen, normativen Theorie verhaftet, sich Klarheit über die Gattungsunterschiede zu verschaffen (B 1, S. 401–21). Progressiver schon ist seine Verteidigung der künstlerischen Gleichwertigkeit der Prosa in einer Rezension des »Rheinisch-Westfälischen Musen-Almanachs auf das Jahr 1821«. Damit griff er in eine Debatte ein, die damals noch lange nicht zur Ruhe gekommen war, indem er als ein angebliches Vorurteil seiner Großmutter den Standpunkt bekämpfte, »daß es eigentlich gar keine Poesie gibt, wo keine Reime klingen, oder Hexameter springen« (B 1, S. 422). Eine 1823 in Berlin erschienene Besprechung von den Gedichten Johann Baptist Rousseaus (1802–67) hat zunächst eine persönlichere Dimension. Heine war damals mit Rousseau befreundet, spürte aber schon den Bruch kommen, und zwar über den deutschen Nationalismus, der Heine mit vielen seiner Generation entzweien sollte. Hier erscheint aber auch ein Passus, der einiges Licht auf seine eigene Gewohnheit wirft, sich eine fiktive Persona zu erschaffen: »Was will ein Jüngling?[...]. Der Jüngling will eine Geschichte haben« (B 1, S. 425).

Zwei Versuche seiner Berliner Zeit lassen sich als Vorspiele zu seinen charakteristischen Werken betrachten. In den »Briefen aus Berlin«, die vom Februar bis Juli 1822 im »Rheinisch-Westfälischen Anzeiger« (Hamm) erschienen sind, sehen wir ihn zum ersten Mal als großstädtischen Flâneur, der mit subjektivem Esprit öffentliche und kulturelle Ereignisse kommentiert, und zwar anscheinend ganz unsystematisch: »Assoziation der Ideen soll immer vorwalten« (DHA 6, S. 9). Jedoch bei allem Jux und Schaum, bei aller Vorsicht vor der Zensur gelingt es dem jungen Heine, manchmal halb versteckt, kritische Perspektiven auf das hypertrophische Hof-, Theater- und Opernleben, das dem Volk die Freiheit ersetzen sollte, anzudeuten, und er hatte keine Scheu, öffentliche Persönlichkeiten mit Namen zu nennen, was ihn wieder einmal fast in eine Duellsituation gebracht hätte. Im Rückblick hielt er wenig von diesem Werk; in der ersten Auflage von »Reisebilder II« beschnitt er den Text um 75 %; in späteren Auflagen wurde es ganz weggelassen.

Zu den »Briefen aus Berlin«:
Entstehung: DHA 6, S. 361–66.
Gerd Heinemann: Die Beziehungen des jungen Heine zu Zeitschriften im Rheinland und in Westfalen. Münster 1974.
Jost Hermand: Heines »Briefe aus Berlin«. Politische Tendenz und feuilletonistische Form. In: Gestaltungsgeschichte und Gesellschaftsgeschichte. Literatur-, kunst- und musikwissenschaftliche Studien. Hrsgg. in Zusammenarbeit mit Käte Hamburger von Helmut Kreuzer. Stuttgart 1969. S. 284–305. Auch in J. H.: Der frühe Heine. Ein Kommentar zu den »Reisebildern«. München 1976. S. 22–42.

Der zweite Aufsatz, »Ueber Polen« (DHA 6, S. 55–80), der im Januar 1822 in Fortsetzungen im Berliner »Gesellschafter« erschien, ist schon ernsthafter und direkter. Es ist das erste Werk Heines, das seine Entstehung einer Reise verdankt. Er wurde von einem Kommilitonen, Graf Eugen von Breza (1802–60), eingeladen, ihn auf sein Familiengut zu begleiten und auch einige Zeit in Posen zu verbringen. In seinem Aufsatz versuchte Heine, das moderne Potential in der immer noch feudal strukturierten polnischen Gesellschaft abzuwägen und sich über die zukünftige Rolle der Juden als Ersatz für das fehlende Bürgertum Gedanken zu machen. Auch dieses Werk scheint Heines Anforderungen an sich selbst nicht genügt zu haben, da er es nie wieder drucken ließ.

Zu Heine und Polen:
Entstehung von »Ueber Polen«: DHA 6, S. 476–80.
Ernst Josef Krzywon: Heinrich Heine und Polen. Ein Beitrag zur Poetik der politischen Dichtung zwischen Romantik und Realismus. Köln und Wien 1972.
Maria Grabowska: Heine und Polen – die erste Begegnung. In: Internationaler Heine-Kongreß. S. 349–69.
Jost Hermand: Über Polen. Weltbürgertum und Nationalstaat. In: J. H.: Der frühe Heine (s. o.). S. 43–58.
Lucien Calvié: Henri Heine et la question polonaise (1822–1851). Romantisme, antiromantisme, hégélianisme, Révolution française et révolution sociale. In: Romantismes et socialismes en Europe (1800–1848). Hrsgg. von André Billay und Ulrich Ricken. Paris 1988. S. 43–55.

Das öffentliche Nachdenken über die Gattungstheorie in der Besprechung von Smets dürfte mit bald unternommenen Versuchen in den herkömmlichen dramatischen und epischen Gattungen zusammenhängen. Mit diesen sollte er aber wenig Glück haben. Die Versuche mit dem Drama und dem Roman sind aber aus unterschiedlichen Gründen mißlungen. Der Roman lag

Heine wirklich nicht. Dreimal hat er es unternommen, einen Roman zu schreiben, dreimal ist er gescheitert. Auch in seiner Literaturkritik spielt der zeitgenössische Roman, zumal in Frankreich, eine auffallend geringe Rolle. Beim Drama andererseits ließ sich Heine vielleicht zu schnell entmutigen. Seine Tragödien leiden an der mangelhaften Konzeption eines unerfahrenen Schriftstellers; formal und sprachlich sind sie gar nicht hoffnungslos.

Die erste Tragödie, »Almansor«, wurde 1820 gleichzeitig mit dem Aufsatz über die Romantik begonnen und erst im November 1821 vollendet. Wie eng sie mit den Gedanken in diesem Aufsatz zusammenhängt, zeigt sich in einer Zeile im Prolog: »Romantisch ist der Stoff, die Form ist plastisch« (B 1, S. 276). Almansor, ein spanischer Mohr, der gegen die erzwungene christliche Herrschaft rebelliert, verliebt sich in die dem neuen Glauben ergebeneren Zuleima; nach vielen aus der dramatischen Tradition wohlbekannten Komplikationen entführt er sie und springt mit ihr von einer Klippe in den Tod. Das Drama zeigt eine merkwürdige und nicht ganz gelungene Verquickung vom Thema der unglücklichen Liebe, von der Almansor eigentlich besessen ist, mit dem überpersönlichen, quasipolitischen Groll gegen das spiritualistische, repressive Christentum, denn Heines unterdrückte Mohren sind zweifellos metonymische Darstellungen der modernen Juden. Sonst aber ist »Almansor« nicht ohne zukunftsträchtige Elemente. Ein komischer Strang des Dramas weist auf Heines große satirische Begabung hin, und die unheimlich prophetischen Zeilen: »dort wo man Bücher / Verbrennt, verbrennt man auch am Ende Menschen« (B 1, S. 284–85) kann heute wohl niemand ohne Schaudern lesen.

Zu »Almansor«:
Charlene A. Lea: ALMANSOR by HEINRICH HEINE. In: C. A. L.: Emancipation, Assimilation and Stereotype: The Image of the Jew in German and Austrian Drama (1800–1850). Bonn 1978. S. 27–33.
Mounir Fendri: Halbmond, Kreuz und Schibboleth. Heinrich Heine und der islamische Orient. Hamburg 1980.

Die zweite Tragödie, »William Ratcliff« (B 1, S. 339–75), wurde Anfang 1822 in einigen Wochen vollendet. Wie »Almansor« wurde es in fünffüßigen Jamben geschrieben, aber die Sprache ist härter und gedrängter. Der Held der in Schottland spielenden Schicksalstragödie ermordet die Verlobten seiner Geliebten Maria MacGregor, wird aber vom derzeitigen Kandidaten im

Kampf besiegt, woraufhin er Maria, ihren Vater und sich selbst tötet – eine Handlung, die von den Gespenstern seines Vaters und der Mutter Marias, die auch unglücklich Liebende gewesen sind, völlig manipuliert wird. Das Drama ist hauptsächlich von psychologischem Interesse, als Projektion vom Phantasieleben des enttäuschten jungen Dichters, denn die entlehnte Mode der Schicksalstragödie ist von einer derartigen Unsinnigkeit, daß es einem schwerfällt, das Werk sonst ernstzunehmen. Heines eigene Bewertung war allerdings anders.

Die beiden Dramen sind im April 1823 als »Tragödien; nebst einer lyrischen Intermezzo« erschienen. Die mit ungewöhnlicher Bescheidenheit als »Intermezzo« bezeichneten Gedichte haben Weltruhm erlangt, während die Tragödien in Vergessenheit geraten sind; nicht einmal die Heine-Forschung beachtet sie mehr als streifend. Der Theaterdirektor Ernst August Klingemann (1771–1831), der inzwischen als Autor der »Nachtwachen von Bonaventura« identifiziert ist und 1829 die Erstaufführung von Goethes »Faust« veranstalten sollte, versuchte im August 1823 »Almansor« auf die Bühne in Braunschweig zu bringen. Das Stück wurde aber durch ein Mißverständnis über die Identität des Autors ausgepfiffen. Darauf hat Heine »Almansor« aufgegeben und das Stück nie wieder zu seinen Lebzeiten drucken lassen. »William Ratcliff« hat er dagegen immer wieder versucht, zur Aufführung zu bringen, allerdings erfolglos; er nahm ihn 1851 in die dritte Auflage der »Neuen Gedichte« auf, versah ihn mit einer Vorrede, worin er sich rühmt, schon in diesem Text »die große Suppenfrage« angerührt zu haben (B 1, S. 340). Das bezieht sich auf eine Szene in einer Diebesherberge, wo der Wirt die Menschen »In zwei Nationen, die sich wild bekriegen; / Nämlich in Satte und in Hungerleider« einteilt (B 1, S. 353), ein zwar beachtenswertes Zeugnis für die gesellschaftskritische Einsicht des jungen Heine, aber keine Stelle, die den Sinn des ganzen Dramas trägt. In späteren Zeiten ist »William Ratcliff« ab und zu aufgeführt worden und ist mehrmals als Operntext verwendet worden, u. a. 1869 von César Cui und 1895 von Pietro Mascagni. Hin und wieder machte sich Heine Gedanken über weitere dramatische Pläne, es wurde aber nichts mehr ausgeführt.

Zu Heines Dramen:
Entstehung: B 1, S, 784–88.
Heinrich Mutzenbecher: Heinrich Heine und das Drama. Hamburg 1914.

Sein früher Versuch mit dem Roman war noch anspruchsvoller, sein Scheitern noch enttäuschender; denn die Dramen sind bei allen Schwächen doch fertig geworden, der Roman dagegen sperrte sich jeder Bemühung, ihn zu vollenden. »Der Rabbi von Bacherach«, an dem Heine im Frühling und Frühsommer 1824 arbeitete, hängt offensichtlich mit seiner Tätigkeit beim jüdischen Verein und den damit verbundenen geschichtlichen Studien zusammen. Er ist ein historischer Roman in der Nachfolge von Walter Scott mit mittelalterlichen jüdischen Materialien. Der Rabbi der Geschichte hat in Spanien studiert, wo er sich fortschrittliche Ansichten angeeignet hat; möglicherweise sollte ein Thema des Romans der Konflikt einer liberaleren Religion mit dem orthodoxen Glauben werden. Die Erzählung fängt mit dem Osterfest (Pesach) an, als Fremde die Leiche eines toten Kindes ins Haus des Rabbi einschmuggeln; der Rabbi, der gleich merkt, daß ein Pogrom bevorsteht, flieht mit seiner schönen Frau nach Frankfurt. Daß er seine Gemeinde dabei im Stich läßt, scheint ihn gar nicht anzufechten und gehört zu den unlösbaren Problemen des Fragments. Es ist wahrscheinlich, daß der Roman daran steckengeblieben ist. Heine kommt in seinen Briefen wiederholt auf das Fragment zu sprechen, gibt aber kein Anzeichen, daß er weitergekommen ist. In späteren Jahren behauptete er, der Großteil des Textes sei bei einem Brand im Haus seiner Mutter verlorengegangen, was aber zweifelhaft ist. Wie wir sehen werden, hat er viele Jahre später den Roman wieder aufgenommen und ihn stark ins Satirische gebogen. Die moderne Forschung glaubt, daß von den drei Kapiteln das dritte und möglicherweise ein Teil des zweiten bei dieser späteren Phase entstanden sind; Windfuhr (s. u.) datiert allerdings das Konzept des zweiten Kapitels auf den Frühling 1825.

Zu den Textproblemen:

Franz Finke: Zur Datierung des »Rabbi von Bacherach.« In: Hjb 4 (1965). S. 26–32. Neudruck in: Heinrich Heine. Hrsgg. von Koopmann. S. 49–55.

Manfred Windfuhr: »Der Rabbi von Bacherach«. Zur Genese und Produktionsästhetik des zweiten Kapitels. In: Hjb 28 (1989). S. 88–117.

Über die Gründe für den Abbruch des Romans ist viel gerätselt worden. Vermutlich ließ Heines bevorstehende Taufe das für das Unternehmen erforderliche jüdische Engagement schwer aufrechterhalten. Aber er ist auch in sehr verwickelte textinterne Schwierigkeiten geraten, wovon der moralisch folgenlose Verrat des Rabbi nur ein Beispiel ist. Wahrscheinlich war Hei-

nes damaliges Verhältnis zum Judentum, trotz seines stark er-
wachten Interesses, noch nicht klar genug, um eine solche Aufgabe zu bewältigen.

Zum »Rabbi von Bacherach«:
Entstehung: B 1 S. 827–42.
Lion Feuchtwanger: Heinrich Heines Fragment: »Der Rabbi von Ba-
cherach«. Eine kritische Studie. München 1907. Neudruck Frankfurt
am Main 1985.
Hartmut Kircher: »Wie schlecht geschützt ist Israel...«. Zur Szene am
Frankfurter Ghetto-Tor in Heines »Rabbi von Bacherach«. In: Hjb
11 (1972). S. 38–55.
Margaret A. Rose: Über die strukturelle Einheit von Heines Fragment
»Der Rabbi von Bacherach«. In: Hjb 15 (1976). S. 38–51.

1.6. Reisen und »Reisebilder« 1824–1831

Im September 1824, um sich von seinen verhaßten Studien
auszuruhen, unternahm Heine eine Fußreise durch den
Harz. Von Göttingen ging er über Nörten und Northeim
nach Osterode und Clausthal, wo er am 18. die Silberberg-
werke des Königreichs Hannover besuchte. Er setzte seine
Reise nach Goslar fort und am 20. bestieg er den Brocken, wo
er auf einige Kommilitonen stieß. Am nächsten Tag ging es
über Ilsenburg und Wernigerode hinunter, dann weiter nach
Eisleben. Am 27. erreichte er Halle und am 28. besuchte er
den für Schicksalstragödien berühmten Dramatiker Adolf
Müllner (1774–1829) in Weißenfels. Am 30. kam er in Jena
an und am 1. Oktober in Weimar, wo er am nächsten Tag
Goethe besuchte, nachdem er sich brieflich mit der gehörigen
Demutsgeste vorgestellt hatte: »Ich will gar nicht beschwer-
lich fallen, will nur Ihre Hand küssen und wieder fort gehen«
(HSA 20, S. 175). Dann ging es über Erfurt und Gotha mit einem Besuch der Wartburg nach Kassel, wo er Bekannte, darunter den malenden Bruder der Brüder Grimm, Ludwig Emil
(1790–1863), aufsuchte. Um den 11. Oktober war er wieder
in Göttingen zurück. Aus dieser wohl anstrengenden, aber
keineswegs merkwürdigen, sogar fast ereignislosen Fußreise
hat Heine die ihm geeignete Prosagattung und eine Großtat
der Weltliteratur erschaffen.

Das Ereignis, das für einen anderen, konventioneller ver-
anlagten Schriftsteller wohl den Höhepunkt der Reisebe-

schreibung bedeutet hätte, der Besuch bei Goethe, erscheint bei Heine gar nicht. Der als Fragment bezeichnete Text der »Harzreise« bricht mit dem Abstieg vom Brocken ab und springt dann zu einer Retrospektive in Hamburg über. Obwohl einige erhaltene Bruchstücke (DHA 6, S. 228–33, 647–49) den Schluß nahelegen, daß Heine das Werk noch fortsetzen wollte, enthalten auch sie kein Wort über den Besuch bei Goethe. Überhaupt hat sich Heine kaum dazu geäußert, und dann nur in verschlüsselter Weise an seine nächsten Freunde. Wir wissen nicht, was eigentlich vorgefallen ist; einige Anekdoten, die Heines Bruder Max viel später in Umlauf setzte, dürfen wir getrost beiseite lassen. Heines Verhältnis zu Goethe ist äußerst kompliziert und perspektivenreich gewesen. Da es für Heines Selbstverständnis notwendig war, sich Klarheit über dieses Verhältnis so weit wie möglich zu verschaffen, gehört er zu den Zeitgenossen, die am eindringlichsten über Goethe nachgedacht haben. Für die Germanistik ist dieses Verhältnis wegen Goethes einzigartiger Stellung in der deutschen Kultur offenbar ein schwieriges Thema gewesen. Die konservative, dem herkömmlichen Kanon der deutschen »Klassik« ergebene Kritik verübelt Heine seinen manchmal respektlosen Widerstand gegen Goethe; die westliche Linke lobt ihn dafür; die orthodoxen Marxisten, für die Goethes Stellung als vorbildlicher Klassiker noch intakt bleibt, betonen vielmehr Heines Nähe zu ihm, seine Übereinstimmung mit und Weiterführung von goetheschen Positionen.

Zum Problem Heine und Goethe bzw. der deutschen Klassik:

Ulrich Maché: Der junge Heine und Goethe. Eine Revision der Auffassung von Heines Verhältnis zu Goethe vor dem Besuch in Weimar (1824). In: Hjb 4 (1965). S. 42–47. Neudruck in: Heinrich Heine. Hrsgg. von Koopmann. S. 156–63.
Fritz Mende: Zu Heinrich Heines Goethe-Bild. In: EG 23 (1968). S. 212–31. Neudruck in: Mende, Studien. S. 89–106.
Derselbe: Heinrich Heine an einen Goetheaner. In: SG N.F. 10 (1972). S. 343–54.
Helmut Koopmann: Heine in Weimar. Zur Problematik seiner Beziehungen zur Kunstperiode. In: ZfdPh 91 (1972), Sonderheft Heine und seine Zeit. S. 46–66.
Wolfgang Hecht: Wandlungen von Heines Antikebild. In: Streitbarer Humanist. S. 132–43.
Hanna Spencer: Heines Spiel mit Goethes Erbmantel. In: Seminar 9 (1973). S. 109–26. Neudruck in: Spencer, Dichter, Denker, Journalist. S. 37–51.

Karl Robert Mandelkow: Heinrich Heine und die deutsche Klassik. In: K.R. M.: Orpheus und Maschine. Acht literaturgeschichtliche Arbeiten. Heidelberg 1976. S. 63-85.

Sara Ann Malsch: Die Bedeutung von Goethes Pantheismus und seiner satirischen Brechung für Heines Demokratiebegriff. In: Hjb 17 (1978). S. 35–54.

Robert C. Holub: Heinrich Heine's Reception of German Grecophilia. The Function and Application of the Hellenic Tradition in the First Half of the Nineteenth Century. Heidelberg 1981.

George F. Peters: »Der große Heide Nr. 2«. Heinrich Heine and the Levels of his Goethe Reception. Bern u. a. 1989.

Ulrich Pongs: Der göttliche Romantiker. Zu Heines Goethe-Bild. In: Zeitschrift für Germanistik 9 (1988). S. 199–203.

Für die junge Generation von Schriftstellern war der alte Goethe eine Belastung; er schien ihnen den Platz in der Sonne zu usurpieren, besonders da er für sie keine Sympathie hegte, ihnen keine Ermunterung zeigte. Politisch war er eher Legitimist, der gegen das Freiheitsstreben der Jüngeren, etwa in Sachen Pressefreiheit, opponierte. Man fand ihn kalt, indifferent, ein marmornes selbstgemeißeltes Denkmal der eigenen Größe. Notwendigerweise teilte Heine diese Ansichten zu einem gewissen Grad. Goethe, schrieb er 1830 in den »Englischen Fragmenten«, »ist achtzig Jahr dabey alt geworden, und Minister und wohlhabend – armes deutsches Volk! das ist dein größter Mann!« (DHA 7/1, S. 271). Goethes Alterswerke verglich er in der »Romantischen Schule« mit Statuen im Louvre, »die eben so vollendet, eben so herrlich, eben so ruhig sind und ebenfalls mit Wehmuth zu fühlen scheinen, daß ihre Starrheit und Kälte sie von unserem jetzigen bewegt warmen Leben abscheidet, daß sie nicht mit uns leiden und jauchzen können, daß sie keine Menschen sind, sondern unglückliche Mischlinge von Gottheit und Stein« (DHA 8/1, S. 155). Mit seinem berühmten Begriff der »Kunstperiode« präzisierte Heine ein Gefühl, daß mit Goethe eine Epoche der ästhetischen Selbstgenügsamkeit, der politisch abstinenten oder gar objektiv reaktionären künstlerischen Autonomie zu Ende gehe. Dieser von Heine mehrmals wiederholte Gedanke erscheint zum ersten Mal in einer langen, nachdenklichen Besprechung einer der einflußreichsten Literaturgeschichten der Zeit, Wolfgang Menzels »Die deutsche Literatur« von 1828. »Das Prinzip der goetheschen Zeit«, schreibt Heine, »die Kunstidee, entweicht, eine neue Zeit mit einem neuen Prinzipe steigt auf, und seltsam! wie das Menzelsche Buch merken läßt, sie beginnt mit Insurrektion gegen Goethe« (B 1, S. 455).

Aber gerade hier zeigt sich die Mehrdimensionalität von Heines Standpunkt. Eine bittere Fehde mit Menzel lag in der Zukunft; zu diesem Zeitpunkt stimmt Heine mit dem noch liberalen »Literaturpapst« weitgehend überein. Der Angriff auf Goethe geht ihm allerdings zu weit. In nicht wenigen Beziehungen waren Goethes Feinde seine eigenen: in der Ablehnung des Nationalismus, im nichtchristlichen Pantheismus spinozistischer Prägung, in bezug auf das ständig von orthodoxer Seite perhorreszierte »Heidentum«, die diesseitige, sensualistische Lebensbejahung, die mit einer Grundüberzeugung Heines im Einklang stand. An Varnhagen schreibt er 1827: »Der jetzige Gegensatz der Göthischen Denkweise, nemlich die deutsche Nazionalbeschränktheit und der seichte Pietismus sind mir ja am fatalsten. Deßhalb muß ich bey dem großen Heiden aushalten, quand même« (HSA 20, S. 307). Privat schreibt er schon 1825: »Ich liege also im wahrhaften Kriege mit Göthe und seinen Schriften [...]. Doch [...] diese Kriege werden sich nie äußerlich zeigen, ich werde immer zum göthischen Freykorps gehören« (HSA 20, S. 200). Vor allem war es Heines eigenem dichterischen Selbstbewußtsein unmöglich, einen großen Dichter zu mißachten: »die Menzelsche Lehre ›Goethe sei kein Genie, sondern ein Talent‹ wird nur bei wenigen Eingang finden [...]. Aber selbst wenn Menzel Recht hätte, würde es nicht geziemt haben, sein hartes Urteil so hart hinzustellen. Es ist doch immer Goethe, der König, und ein Rezensent, der an einem solchen Dichterkönig sein Messer legt, sollte doch eben so viel Courtoisie besitzen wie jener englische Scharfrichter, welcher Karl I. köpfte, und ehe er dieses kritische Amt vollzog, vor dem königlichen Delinquenten niederkniete und seine Verzeihung erbat« (B 1, S. 454). Heine begriff vollkommen die damalige Bevorzugung Schillers wegen seiner moralischen Ernsthaftigkeit und ließ sie bis zu einem gewissen Grad gelten, nur meinte er, »Goethe wäre im Stande gewesen, einen ganzen Friedrich Schiller mit allen dessen Räubern, Piccolominis, Luisen, Marien und Jungfrauen zu dichten« (B 1, S. 453). Von diesem Standpunkt ist Heine bei aller Kritik an Goethe, aller besessenen Konkurrenz mit dem Goetheschen Ruhm, niemals abgerückt.

Daß Heine den Besuch bei Goethe in der Beschreibung seiner Harzreise einfach ausgelassen hat, könnte man nicht nur als ein Ausweichmanöver, sondern auch als eine Unabhängigkeitserklärung des jungen Dichters interpretieren. Es hat sich sogar als möglich herausgestellt, in der »Harzreise« eine versteckte, feindlich gestimmte Parodie Goethes zu finden:

Jost Hermand: Werthers Harzreise. In: J. H.: Von Mainz nach Weimar (1793–1919). Studien zur deutschen Literatur. Stuttgart 1969. S. 129–51. Als: Die Harzreise. Unmut gegen Goethe. In J. H.: Der frühe Heine. Ein Kommentar zu den »Reisebildern«. München 1976. S. 59–80.

Deutlicher zeigt sich in der »Harzreise« jedenfalls, wie sich Heine aus der Romantik herausentwickelt, wie er eine in mancher Hinsicht romantische Form und romantische Stimmungselemente in den Dienst eines progressiven, emanzipatorischen, auch urbaneren Geistes umfunktioniert. Es ist reizvoll, »Die Harzreise« mit Eichendorffs fast gleichzeitig erstandener Erzählung »Aus dem Leben eines Taugenichts« zu vergleichen. In beiden Texten finden wir die episodenhafte Struktur einer letzten Endes kreisförmigen Wanderung, in beiden die lyrischen Einlagen, in beiden die Berufung auf eine milde, auch weitgehend domestizierte Natur, in beiden das literatur- bzw. gesellschaftssatirische Element. Noch wichtiger sind aber die Unterschiede. Heines Erzähler redet in der ersten Person, fiktionalisiert aber sich selbst und seine Erlebnisse weitgehend, wodurch eine Vermischung von Erzählung und Bericht entsteht, die das Romantische durch realistische Beobachtungen und Überlegungen aktualisiert. Nicht nur die natürliche Landschaft, sondern auch die industrielle der Bergwerke und die schon touristische des Brockens kommen in den Blick. Der Humor ist witzig, ja kritisch statt tolerant geworden. Eichendorffs christlich-transzendente Dimension ist einer reinen Diesseitigkeit gewichen. Wie im »Buch der Lieder« erholt sich der Dichter von seiner Verdrießlichkeit als unwilliger Student und immer noch unglücklich Liebender durch seine dichterische Meisterschaft, seine anschaulich gemachte Überlegenheit über Philister, Gelehrte, Mitstudenten, Touristen, ein naives Landmädchen und sogar über die Natur selber. Das Politische kommt hier nicht so explizit zum Ausdruck wie in den späteren »Reisebildern«, klingt aber ständig als Bewußtsein einer hintergründigen Dynamik mitten in der Stumpfheit des metternichschen Zeitalters an: »Wir leben in einer bedeutungsschweren Zeit«, bemerkt der Erzähler beim Anblick der ehemaligen, jetzt heruntergekommenen Reichshauptstadt Goslar: »tausendjährige Dome werden abgebrochen, und Kaiserstühle in die Rumpelkammer geworfen« (DHA 6, S. 100).

Zur »Harzreise«:
Entstehung: DHA 6, 518–30.

Helge Hultberg: Heines »Die Harzreise«. In: Hjb 9 (1970). S. 58–69. Neudruck in: Heinrich Heine. Hrsgg. von Koopmann. S. 348–61.

Renate Möhrmann: Der naive und der sentimentalische Reisende. Ein Vergleich von Eichendorffs »Taugenichts« und Heines »Harzreise«. In: Hjb 10 (1971). S. 5–15.

Norbert Altenhofer: Harzreise in die Zeit. Zum Funktionszusammenhang von Traum, Witz und Zensur in Heines früher Prosa. Düsseldorf 1972.

Kathleen L. Komar: The Structure of Heine's »Harzreise«. Should We Take the Narrator at His Word? In: GR 56 (1981). S. 128–33.

Azade Seyhan: Poetic Discourse as Metanarrative: The Critical Map of Heine's »Harzreise«. In: GQ 59 (1986). S. 19–33.

Heinz-Dieter Weber: Heines Harzreise und der Tourismus. In: DU 38, Nr. 1 (1986). S. 51–64.

Mit der Publikation der »Harzreise« hatte Heine zunächst einige Schwierigkeiten, da Freunde sich das Werk für einen Almanach erbeten haben, der dann nicht erschienen ist. Endlich erschien es in Fortsetzungen Januar und Februar 1826 im Berliner »Gesellschafter«; Änderungen, die sich der Herausgeber Friedrich Wilhelm Gubitz (1786–1870) angeblich in Hinsicht auf die Zensur erlaubt hatte, führten zu Streitigkeiten. Daraufhin sah sich Heine nach einem Verleger für einen Band Reisebilder um. Gerade um diese Zeit – Anfang 1826 – lernte er im Hamburger Buchladen von Hoffmann und Campe den Verleger Julius Campe (1792–1867) kennen. Campe, Neffe des prominenten Aufklärungsschriftstellers Joachim Heinrich Campe (1746–1818), war seit 1823 alleiniger Inhaber der Firma Hoffmann und Campe, aus der er in kurzer Zeit den führenden Verlag ganz Deutschlands für liberale und radikale Schriften geschaffen hatte. Als Heine seinen Vorschlag für einen Band Reisebilder mit dem unverfälschten Text der »Harzreise« vorbrachte, stimmte Campe mit dem Angebot eines anständigen Honorars sofort zu. »Reisebilder I« erschien auch recht bald im Mai 1826; zusammen mit der »Harzreise« enthielt der Band in der ersten Auflage »Die Heimkehr« und die erste Abteilung der »Nordsee«-Gedichte. Als Gefälligkeit an den jungen Autor hat Campe auch das »Buch der Lieder« übernommen, mit der Hoffnung aber, daß Heine nicht zu viel Zeit mit Versen verschwenden würde; es erschien im Oktober 1827. Campe verlangte weitere Bände Reisebilder; gleich damals begann sein jahrelanges Streben, Heine zu weiterer und vor allem schnellerer Produktivität anzustacheln.

Das Verhältnis zwischen Heine und Campe war unwahrscheinlich stürmisch und streiterfüllt. Der Leser ihres Briefwechsels muß sich manchmal darüber wundern, daß sie es bei der Sprache, die sie sich gegenseitig erlaubt haben, dreißig Jahre lang miteinander aushielten. Campe hat verschiedene Versuche gemacht, das Verhältnis in ein freundschaftliches und intimeres zu verwandeln, während Heine mehr oder minder auf Distanz geblieben ist. Es gab ja auch echte Krisen in dem Verhältnis, vor allem nach der Revolution von 1848, als Campe, verärgert über Heines hinhaltende Reaktion auf die Aufhebung der Zensurmaßnahmen, drei Jahre lang im beharrlichen Schweigen sich weigerte, seine Briefe zu beantworten. Pläne für eine Gesamtausgabe wurden auch zu einem jahrelang hin und her geworfenen Zankapfel. Die Gesamtausgabe ist auch zu Heines Lebzeiten nie erschienen; erst nachdem amerikanische und holländische Raubdruckausgaben auf den Markt gekommen waren, begann die rechtmäßige Gesamtausgabe 1861 zu erscheinen; als sie fertig wurde, war nicht nur Heine sondern auch Campe längst gestorben. Vor allem führten zwei Streitpunkte immer wieder zu Klagen auf Heines Seite: das Honorar und die Zensur. Er beschwerte sich immer wieder über Campes Angebote, geriet mit ihm in endlose und meistens erfolglose Verhandlungen, drohte immer wieder, zu anderen Verlegern abzuspringen. Dazu verlangte er ständig, daß seine Bücher nicht der Zensur unterworfen werden durften; als Campe es trotzdem tat und die Texte mit Änderungen und Auslassungen – oder »verstümmelt«, wie Heine sich regelmäßig ausdrückte – erschienen, wurde er durch diese Verletzung seiner schriftstellerischen Freiheit und Ehre sehr erbittert.

In dieses lange mißverstandene Verhältnis hat erst die moderne Forschung einige Klarheit gebracht. Solange nur Heines Seite sichtbar blieb, hat Campe als Karikatur des geizigen, den armen Schriftsteller ausbeutenden kapitalistischen Verlegers dagestanden; als seine Seite des Briefwechsels zugänglich wurde, sah er eher als das Opfer eines rücksichtslosen, jedes Mitgefühl verweigernden, den Realitäten des literarischen Marktes und der politischen Situation trotz seitenlangen Belehrungen des Verlegers sich stur verschließenden Schriftstellers aus. Die Wahrheit ist etwas komplizierter. Campe ist sicher ein tüchtiger, zäher, manchmal etwas durchtriebener Geschäftsmann gewesen; z.B. haben scharfblickende Bibliographen ein paar Fälle entdeckt, wo er stillschweigend Auflagen von Heines Werken druckte, die er eigentlich hätte bezahlen müssen.

Andererseits war Heine ein äußerst schwieriger Partner. Er machte sich ständig Illusionen über seine Popularität und den Erfolg seiner Schriften. Seine Forderungen in bezug auf die Zensur waren zwar verständlich aber vollkommen undurchführbar. Die Zensur war nicht völlig zu umgehen, wie Campe, der sich mit ihr jahrzehntelang mit einer unerschöpflichen Erfindungsgabe herumbalgte, es am besten wissen mußte. Verhaftung oder die Schließung seines Geschäfts waren ständige Gefahren, und es ärgerte ihn, daß Heine dafür kein Verständnis zeigte: so etwa klagte er in seinem charakteristisch drastischen Stil, daß Heine ihm »ein Vorwort dazu [den »Französischen Zuständen«] gesandt, das mich in des Teufels Küche liefern soll [...] wo Sie trifftig genug bemerken *ich sitze hier in sicherer Ferne* – *Ich soll in unsicherer Nähe das Bad bezahlen?*« (HSA 24: 147). Heines Beschwerden darüber, daß Campe ihn verhungern lasse, sind gegenstandslos. Heine gehörte nicht nur zu seinen bestbezahlten Autoren, sondern zu den bestbezahlten deutschen Schriftstellern seiner Zeit überhaupt. Mit der Legende vom armen, ausgebeuteten Dichter Heine muß gründlich aufgeräumt werden; er war ein finanziell erfolgreicher Schriftsteller, der mit seinen Werken das Einkommen eines höheren Beamten erreichte.

Wichtig und lehrreich dazu:
Michael Werner: Genius und Geldsack. Zum Problem des Schriftstellerberufs bei Heinrich Heine. Hamburg 1978.

Es ist sicher, daß Campe an Heine nicht reich geworden ist, und möglich, daß Heine wenigstens zu seinen Lebzeiten alles in allem ein Verlustgeschäft blieb. Campe scheint überhaupt seinen Lebensunterhalt nicht an den chronisch verbotenen Literaturwerken, die er aus politischer Verpflichtung verlegte, verdient zu haben, sondern eher an neutraler Fachliteratur. Das Problem war vielmehr, daß der langsame, sorgfältige, gewissenhaft revidierende Dichter Heine nie die damals erforderliche Produktivität eines Berufsschriftstellers erreichen konnte. Daher Campes inständige Bitten, mehr Bücher zu schreiben; daher Heines seinen Verleger störende Gewohnheit, seine Texte zwei- oder mehrmals in verschiedenen Formaten drucken und sich dafür honorieren zu lassen, eine Gewohnheit übrigens, die den Heine-Philologen einen Großteil ihrer Arbeit verschafft. Dabei mußte immer die Notwendigkeit beachtet werden, die Bücher so auszufüllen, um sie über 20 Bogen (320 Seiten) zu bringen und dadurch von der Vorzensur zu befreien.

Zu Heine und Campe:
Paul Laveau: Julius Campe als Briefpartner Heines. In: Streitbarer Humanist. S. 301–19.
Edda Ziegler: Julius Campe – Der Verleger Heinrich Heines. Hamburg 1976.
Gerd Ueding in Zusammenarbeit mit *Bernd Steinbrink*: Hoffmann und Campe. Ein deutscher Verlag. Hamburg 1981. Bes. S. 326–51.

Campes Drängen auf einen zweiten Band der »Reisebilder« war erfolgreich, weil es Heines eigenen Interessen entsprach. Der Band, der im April 1827 erschien, enthält die zweite Abteilung der »Nordsee«-Gedichte, die verkürzten »Briefe aus Berlin«, und zwei neue Prosawerke: »Ideen. Das Buch Le Grand« und »Die Nordsee. Dritte Abteilung«. »Das Buch Le Grand« ist das Meisterstück von Heines früher Erzählkunst. Dieser Text, scheinbar assoziativ und episodenhaft aneinandergereiht, ist, wie durch aufmerksame Interpretation ersichtlich geworden ist, bis ins letzte Detail hinein streng, sorgfältig und sinnvoll komponiert. Es handelt sich um eine fiktive Autobiographie in der Form eines an eine schöne, mitfühlende wenn auch geistig etwas überforderte Dame gerichteten Monologs, in dem Heine Erinnerungen und Erfahrungen aus seiner Kindheit und Jugend dichterisch umformt und sie in einen historisch-politischen Zusammenhang stellt. Die unglückliche Liebe ist immer noch virulent und bildet vordergründig für den beschränkten Verstand der »Madame« das Thema der Erzählung; sie wird, wenn auch nicht überwunden, so doch relativiert, diesmal durch politisch-emanzipatorische Erwägungen. Die Achsen der historischen Erinnerungen sind der Zusammenbruch der feudalen Ordnung in Jülich-Berg und der einprägsame Besuch Napoleons in Düsseldorf. Der einquartierte französische Trommler Le Grand ist höchstwahrscheinlich eine fiktive Figur, bewußt dem Grafen Thoranc nachgebildet, der in Goethes Jugend in seinem Vaterhaus einquartiert war und in »Dichtung und Wahrheit« eine wichtige Rolle im Reifungsprozeß des jungen Goethe spielt. Le Grand allegorisiert den großen Napoleon und dessen »Grande Armée« sowie die große Sache der Revolution und, durch seine Gefangenschaft und seinen leidvollen Tod, deren wenigstens vorläufige Niederlage. Da er kein Deutsch kann, kommuniziert er seine revolutionäre Botschaft durch rhythmisches Trommeln, d. h. durch Poesie. Heines eigene politische Kampflust ist in diesem Text zusehends schärfer geworden. Das 12. Kapitel besteht fast ausschließlich aus Strichen, wie sie damals gebraucht wurden, um zensierte Stellen zu ersetzen. Stehenge-

blieben sind nur die vier Wörter: »Die deutschen Censoren [...]
Dummköpfe« (DHA 6, S. 201). Danach wurde es verboten,
zensierte Stellen durch Striche kenntlich zu machen.

Zu »Ideen. Das Buch Le Grand«:
Entstehung: DHA 6, S. 784–87.

Jürgen Jacobs: Zu Heines »Ideen. Das Buch Le Grand«. In: Hjb 7
(1968). S. 3–11.

Götz Großklaus: Heinrich Heine: Ideen. Das Buch Le Grand. Eine
textsemantische Beschreibung. In: Zur Grundlegung der Literaturwissenschaft. Hrsgg. von S. J. Schmidt. München 1972. S. 169–96.

Jost Hermand: Heines »Ideen« im »Buch Le Grand«. In: Internationaler Heine-Kongreß. S. 370–85. Neudruck in: J. H.: Der frühe Heine.
Ein Kommentar zu den »Reisebildern«. München 1976. S. 102–18.

Jost Schillemeit: Das Grauenhafte im lachenden Spiegel des Witzes.
Zum historischen Kontext einer ästhetischen Idee in Heines »Buch Le
Grand«. In: JDFH (1975). S. 324–45.

Norbert Altenhofer: Die verlorene Augensprache. Marginalien zum
Problem der »Wirkung« Heinescher Texte. In: DD 8 (1977). S. 304–
17.

Jocelyne Kolb: The Sublime, the Ridiculous, and the Apple Tarts in Heine's *Ideen. Das Buch Le Grand.* In: GQ 56 (1983). S. 28–38.

Dieter Hörhammer: Heinrich Heines *Ideen. Das Buch Le Grand.* In:
D.H.: Die Formation des literarischen Humors. Ein psychoanalyti-
scher Beitrag zur bürgerlichen Subjektivität. München 1984. S. 212–
34.

George F. Peters: Memory and Myth: The Narrator's Salvation in Heine's *Ideen. Das Buch Le Grand.* In: Rocky Mountain Review 38
(1984). S. 169–78.

Inge Rippmann: Gotthelfs »Bonjour« – ein Stiefbruder von Heines »Le
Grand«. Zum napoleonischen »Sagenkreis«. In: Hjb 28 (1989). S.
118–42.

Daß Heine mit der »Nordsee. Dritter Abteilung« einen Pro-
saaufsatz durch denselben Titel mit zwei lyrischen Zyklen verbindet, ist ein Zeichen des Übergangs von der Lyrik zur Prosa,
den er damals programmatisch vollziehen wollte.

Wichtig dazu:

Wolfgang Preisendanz: Der Funktionsübergang von Dichtung und Publizistik bei Heine. In: Die nicht mehr schönen Künste. Grenzphä-
nomene des ästhetischen. S. 343–74. Hrsgg. von H. R. Jauß. München 1968. Neudruck in: W. P.: Heinrich Heine. Werkstrukturen
und Epochenbezüge. München 1973. S. 21–68.

Zentrales Anliegen des etwas weniger durchkomponierten Aufsatzes ist eine kontrastierende Analyse von den zwei großen

Männern der Zeit, Goethe und Napoleon, wobei Heine das Heidentum des ersteren und das episch-tragische Heldentum des letzteren feiert. Vorabdrucke des Abschnitts über Napoleon erschienen 1827, also fast gleichzeitig mit »Reisebilder II«, im »Mitternachtblatt für gebildete Stände« (Braunschweig) und in den »Neuen allgemeinen politischen Annalen« (München). Diese dreifache Veröffentlichung zeugt davon, für wie wichtig Heine seine Ansicht über Napoleon damals hielt. Für die Veröffentlichung in »Reisebilder II« hat er seine Freunde eingeladen, polemische Schriften beizutragen. Nur Immermann ist diesem merkwürdigen Angebot nachgekommen, und zwar mit einer Reihe von gesellschafts- bzw. literaturkritischen Xenien, wovon einige Heine bald in einen der größten Skandale seines Lebens verwickeln sollte (s. u.).

Zu »Nordsee. Dritter Abteilung«:
Entstehung: DHA 6, S. 724–28.
Ernst Feise: Form and Meaning of Heine's Essay »Die Nordsee«. In: Monatshefte 34 (1942). S. 223–34.

Zu den ersten zwei »Reisebilder«-Bänden:
Eward [eigentlich *Edward*] *A. Zlotkowski*:
Heinrich Heines [sic] Reisebilder: The Tendency of the Text and the Identity of the Age. Bonn 1980.

Da Heine fürchtete, »Reisebilder II« könnte für ihn unerfreuliche Folgen haben, fand er einen zeitweiligen Aufenthalt im Ausland ratsam. Er überredete Onkel Salomon dazu, eine Reise nach England zu finanzieren. Diese Reise führte zu einer heftigen Auseinandersetzung mit dem Onkel, da Heine einen Kreditbrief über eine große Summe, wahrscheinlich 200 Pfund, den er nur vorzeigen sollte, sogleich zu Geld machte. Vom April bis Mitte August 1827 hat er die meiste Zeit in London verbracht, mit Abstechern nach den Seebädern von Brighton, Margate und Ramsgate. Er fuhr über Holland und Norderney nach Hamburg zurück, wo er Mitte September ankam. Diese Reise war lehrreich, aber nicht eigentlich angenehm. Er mußte in der Rolle eines ausländischen Touristen bleiben, da er, obwohl er Englisch lesen konnte, es weder verstand noch sprach. Auch brachte er ein starkes Vorurteil gegen England und die Engländer mit. England war der niederträchtige Sieger über Napoleon und daher für Heine eigentlich der Hauptmotor der aristokratischen Konterrevolution in Europa. Er kleidete seine Wahrnehmungen der industriellen Entfremdung in Bilder von dehumanisierten, roboterhaften Menschen: »ich halte sie für leidige Automaten, für Maschinen, deren inwendige Triebfeder der Egoismus. Es will mich dann bedünken, als hörte ich das schnurrende Räderwerk, womit sie denken, fühlen, rechnen, verdauen und beten – ihr Beten, ihr mechanisches anglikanisches Kirchengehen mit dem vergoldeten Gebetbuch unterm Arm, ihre blöde langweilige Sonntagsfeier, ihr linkisches Frömmeln ist mir am widerwärtigsten; ich bin fest überzeugt, ein fluchender Franzose ist ein angenehmeres Schauspiel für die Gottheit, als ein betender Engländer!« (B 5, S. 417). »Sie haben weder Gehör noch Farbensinn [...]; es ist sehr leicht möglich, daß sie Roßäpfel und Apfelsinen nicht durch den bloßen Geruch von einander unterscheiden können« (DHA 13/1, S. 79). Wie andere Deutsche konnte auch er kaum begreifen, daß Shakespeare ein Engländer gewesen sein sollte: »Es wird mir flau zu Mute, wenn ich bedenke, daß er [...] dem widerwärtigsten Volke angehört, das Gott in seinem Zorn erschaffen hat« (B 4, S. 173). Es ist also nicht verwunderlich, daß Heine in England hauptsächlich das Widerwärtige wahrnahm: die Armut der Arbeiterklasse, die Scharen von Bettlern und Prostituierten, eine öffentliche Hinrichtung, den Schmutz und das Gedränge. Mit einiger Zurückhaltung interessierte er sich für den radikalen William Cobbett (1762–1835), er betrachtete fasziniert die im geknebelten Deutschland undenkbare Freiheit der öffentlichen Debatte im Unterhaus und aus Gründen, die nie völlig geklärt worden sind, bewunderte er den gemäßigt liberalen Premierminister George Canning (1770–1827), der gegen Ende seines Aufenthalts starb. Aber im britischen Parlamentarismus konnte er das demokratische Potential nicht erblicken; er betrachtete es lediglich als ein zur Verteidigung der Klassenherrschaft konstruiertes System, was es damals auch weitgehend war.

Zu Heine und England:
Entstehung der »Englischen Fragmente«: DHA 7/2, S. 1656–76.
Gerhard Weiß: Heines Englandaufenthalt (1827). In: Hjb 2 (1963). S. 3–32.
S. S. Prawer: Coal-Smoke and Englishmen. A Study of Verbal Caricature in the Writings of Heinrich Heine. London 1984.
Heinz Brüggemann: Der bare Ernst aller Dinge. Heinrich Heine: London. In: H.B.: »Aber schickt keinen Poeten nach London!« Großstadt und literarische Wahrnehmung im 18. und 19. Jahrhundert: Texte und Interpretationen. Reinbek 1985. S. 114–39.
S. S. Prawer: Frankenstein's Island. England and the English in the Writings of Heinrich Heine. Cambridge / Eng. 1986.

Das Erlebnis reichte allerdings zu einer Reihe von Aufsätzen, die in der ersten Hälfte des Jahres 1828 in drei Periodika im Presseimperium des Freiherrn Johann Friedrich von Cotta (1764–1832) erschienen sind: den »Neuen allgemeinen politischen Annalen«, dem »Ausland« und dem »Morgenblatt für gebildete Stände«. Sie behandeln u. a. den Charakter der Engländer und deren Freiheitsbegriff; die Großstadt London; Sir Walter Scotts Biographie Napoleons, die Heine erzürnt rezensierte; Regierungspartei und Opposition; die aus den napoleonischen Kriegen erwachsende Nationalschuld, wobei Heine große Abschnitte eines wütenden Essays des Radikalen Cobbett zitiert; eine Gerichtsverhandlung über ein Kapitalverbrechen. 1831 erschienen diese Aufsätze, revidiert und um zwei andere über Wellington und die neue Religion der Freiheit erweitert, im vierten Band der »Reisebilder«.

Die Aufsätze über England sind in den »Neuen allgemeinen politischen Annalen« erschienen, weil Heine inzwischen, zusammen mit einem alten Liberalen, Friedrich Ludwig Lindner (1772–1845), Mitherausgeber der Zeitschrift geworden war – eine Stelle, die ihm Varnhagen vermittelt hatte und die er am 1. Januar 1828 aufnahm. Äußerlich gesehen war es ein Glücksfall, vom mächtigen Cotta zu einem anständigen Gehalt beschäftigt zu werden. Aber wie der etwas eifersüchtige Campe schon vorausgesehen hatte, war Heine dafür nicht geeignet. Die katholisch-klerikale, mitunter antisemitische Atmosphäre Münchens behagte ihm gar nicht und er spottete über die kulturellen Anmaßungen des »neuen Athen«. Er harmonierte nicht mit dem korrekten Lindner, mit dem es zu einem ernsthaften Krach kam, als Heine die Seiten der Zeitschrift einem Abenteurer zweifelhaften Ursprungs, dem sogenannten Johannes Wit von Dörring (1800–1863), der im Ruf stand, die liberale Sache verraten zu haben, zu einer Verteidigung des Herzogs von Braunschweig öffnen und einen eigenen ironisch-wohlwollenden Aufsatz über ihn drucken wollte (DHA 11, S. 223–24, Entstehung S. 905–10). Er verfaßte auch eine zugegebenermaßen heuchlerische Besprechung einer Tragödie des heimlich verachteten Michael Beer (1800–33, Bruder Giacomo Meyerbeers), weil Beer zu dieser Zeit ein Günstling des bayrischen Hofes war (B 1, S. 430–44). Denn Heine erstrebte eine Professur an der neuen Universität München, zu welchem Zweck er einen reaktionären, aus Düsseldorf stammenden Höfling, Eduard von Schenk (1788–1841), als Vermittler gewann. Über Cotta ließ Heine dem König die Botschaft zukommen, »der Verfasser selbst sey viel milder, besser und vielleicht jetzt auch ganz anders als seine früheren Werke. Ich denke der König ist weise genug die Klinge nur nach ihrer Schärfe zu schätzen, und nicht nach dem etwa guten oder schlimmen Gebrauch, der schon davon gemacht worden« (HSA 20, S. 334). In der Hoffnung auf diese Anstellung und da die Zeitschrift sowieso unbefriedigend ging und zeitweilig suspendiert werden sollte, hat Heine nach einem halben Jahr seine Stelle bei Cotta aufgegeben, um Italien zu bereisen. Bei jedem Aufenthalt erwartete er dort die Nachricht seiner Ernennung zum Professor, die nie erfolgt ist. Nur indirekt hat er vernommen, daß die Stelle an den nationalistischen, von ihm lebenslänglich karikierten Germanisten Hans Ferdinand Maßmann (1797–1874) vergeben worden war. Das Verwunderliche an dieser bis heute nicht geklärten Episode ist weniger, daß Heine den Posten, für den er kaum geeignet war, nicht bekommen hat, sondern warum er so zuversichtlich darauf hoffen konnte, warum er den reaktionären, klerikalen bayrischen Hof als Arbeitgeber dem liberalen Cotta vorzog, und was die wahre Rolle Schenks gewesen ist.

Heine hat München, zunächst von seinem Bruder Max begleitet, in der ersten August-Woche 1828 verlassen. Er reiste über Bozen nach Trient, von dort nach Brescia, Mailand, Genua und Pietrasanta, wo er ein Schiff nach Livorno bestieg. Im September hielt er sich in Lucca und den Bagni di Lucca auf. Darauf verbrachte er fast zwei Monate in Florenz, reiste dann über Bologna, Ferrara und Padua nach Venedig. Besorgniserregende Nachrichten und Vorahnungen über den Zustand seines Vaters ließen ihn nach Deutschland zurückkehren; in Würzburg erfuhr er am 27. Dezember, daß sein Vater bereits am 2. Dezember gestorben war. Anfang Januar 1829 kommt er bei seiner Mutter in Hamburg an. Auch mit dieser Reise folgt er, wie so oft, Goethe nach und weicht doch von dessen Vorbild ab. Er fährt wie Goethe nach Italien, wie Goethe über Innsbruck und den Brenner, aber nicht nach Rom, das er bewußt gemieden hat; statt dessen folgt er seiner Neigung nach der Küste. Auch die vermeintlich goethesche »Objektivität« gibt Heine explizit auf. Wie im Falle der »Harzreise« hat er nur einen Teil der italienischen Reise für seine Dichtung verwertet. Z. B. wissen wir über die acht Wochen, die er in Florenz verbrachte, so gut wie nichts. Die »Reise von München nach Genua« erschien in Fortsetzungen 1828 und 1829 in Cottas »Morgenblatt«, dann stark revidiert 1830 im dritten Band der »Reisebilder«, zusammen mit dem Erstdruck der »Bäder von Lukka«. Die ersten zwei Kapitel von der »Stadt Lukka« erschienen ebenfalls 1829 im »Morgenblatt«, der volle Text 1831 im vierten Band der »Reisebilder«.

Die »Reise von München nach Genua« folgt mehr oder weniger der Form eines konventionellen Reiseberichts, entbehrt allerdings fiktionaler Elemente nicht. In den Kapiteln 29–31 findet sich eine oft zitierte Stelle, wo Heine bei einem Besuch am Schlachtfeld von Marengo über sein Napoleonsbild nachdenkt, indem er dessen Rolle als Tyrannen und Unterdrücker fremder Völker zugesteht. Die moderne Forschung ist aber zu dem Schluß gekommen, daß Heine nicht in Marengo gewesen sein kann. Andere Erfahrungen und Begegnungen sind wohl auch erfunden, da seine Kontakte wie in England durch Unkenntnis der Sprache beschränkt blieben. Trotz der äußeren Form eines Reiseberichts sieht Heine mit den Augen eines Dichters. Alles, was er beobachtet oder beobachtet haben will, wird Sinnbild einer umfassenden Deutung des modernen Italiens. Das Land ist nicht wie für Goethe die Quelle der Bildung und der künstlerischen Inspiration, das Erlebnis nicht die Begegnung mit der römischen Antike, der blühenden Renaissance, der christlichen Pracht. Es ist ein schäbiges, heruntergekommenes Land, das vom österreichischen Imperialismus und der katholischen Kirche unterdrückt und erniedrigt worden ist. Unterirdisch aber gibt es einen revolutionären Strom, der sich verschlüsselt in der Volkskunst und im Tanz artikuliert und den besonders der Dichter Heine imstande ist, wahrzunehmen und zu entziffern. Indem er dieses Amt ausübt, formuliert er eine wichtige, manchmal allerdings unkritisch und unbesehen zitierte Selbstdefinition: »Ich weiß wirklich nicht, ob ich es verdiene, daß man mir einst mit einem Lorbeerkranze den Sarg verziere. Die Poesie, wie sehr ich sie auch liebte, war mir immer nur heiliges Spielzeug, oder geweihtes Mittel für himmlische Zwecke. Ich habe nie großen Werth gelegt auf Dichter-Ruhm, und ob man meine Lieder preiset oder tadelt, es kümmert mich wenig. Aber ein Schwert sollt Ihr mir auf den Sarg legen; denn ich war ein braver Soldat im Befreyungskriege der Menschheit« (DHA 7/1, S. 74).

Zur »Reise von München nach Genua«:
Entstehung: DHA 7/2, S. 581–612.
Michael Werner: Heines »Reise von München nach Genua« im Lichte ihrer Quellen. In: Hjb 14 (1975). S. 24–46.

Stefan Oswald: Heinrich Heine: *Reise von München nach Genua* – Ironisierung eines Genres. In: S. O.: Italienbilder. Beiträge zur Wandlung der deutschen Italienauffassung 1770–1840. (GRM Beiheft, Nr. 6.) Heidelberg 1985. S. 134–41.

Guillaume van Gemert: Heinrich Heine und der Wandel des Italienbildes. *Die Reise von München nach Genua* im Spiegel kontemporärer Auslandsreisen deutscher Dichter. In: Italienische Reise, Reisen nach Italien. Hrsgg. von Italo Michele Battafarano. [Gardolo di Trento] 1988. S. 297–301.

Günter Oesterle: Heinrich Heines *Reise von München nach Genua* – »ein träumendes Spiegelbild« vergangener und gegenwärtiger Zeit. Ebenda. S. 257–77.

Mit den »Bädern von Lukka«, einem der komischsten seiner Werke überhaupt, kehrt Heine zur pseudoautobiographischen Erzählfiktion des »Buchs Le Grand« zurück. Hauptgestalt der Erzählung ist ein jüdischer Emporkömmling namens Gumpelino, ein philisterhafter Neureicher, der in Italien versucht, sich durch katholisch-romantischen Ästhetizismus eine modische Bildung anzueignen. Da Gumpelino anscheinend einem Hamburger Bekannten Salomon Heines nachgebildet ist, ist es Heine ausnahmsweise gelungen, seinen Onkel zu unterhalten. Begleitet wird Gumpelino von dem nüchternen Lotteriekollekteur und Hühneraugenoperateur Hyazinth Hirsch, dessen beschränkte aber doch echte Ehrlichkeit mit dem Selbstbetrug des Bankiers kontrastiert. Der amüsiert beobachtende Erzähler beweist seine sensualistische, lebenstüchtige Überlegenheit, indem er seine Zeit mit der erfolgreichen Werbung um ein hübsches Mädchen verbringt.

In der Rezeptionsgeschichte aber sind die Vorzüge dieses Werks fast völlig vom Skandal aufgesogen worden, den Heine durch einen zunächst unterirdischen, dann am Ende des Werkes herausplatzenden Angriff auf den Dichter Graf August von Platen-Hallermünde (1796–1835) ausgelöst hat. Dieser Streit hatte seinen unmittelbaren Anlaß in den Xenien Immermanns, die Heine in den zweiten Band der »Reisebilder« aufgenommen hatte; einige persiflieren die Mode der von der persischen Poesie inspirierten orientalisierenden Dichtung, wodurch Platen sich persönlich angesprochen fühlen mußte. Platen, dessen tief neurotische Unsicherheit sich in einem krankhaften Ehrgeiz ausdrückte, und der kaum etwas über Heine wußte, außer daß er ein frecher Jude sei, ärgerte sich maßlos. In München murmelte er Drohungen und dichtete antisemitische Pasquille, wovon Heine möglicherweise etwas vernommen hatte. Dann schlug Platen mit einer »aristophanischen« Komödie, dem »Romantischen Oedipus« (1829) zu, worin er Immermann als einen unbedarften Romantiker »Nimmermann« abtut und gegen Heine mit schalen antisemitischen Witzen stichelt. In seinem unbändigen Zorn beabsichtigte Heine Platen durch seine Gegenschrift geradezu zu vernichten. Er stellt den protestantischen, eigentlich religiös indifferenten, politisch liberalen Grafen als reaktionären, den militant katholischen Kreisen Münchens verbundenen Aristokraten dar, während er zur gleichen Zeit die vermeintliche Armut des Grafen verhöhnt. Er griff Platens formale Experimente, seine Versuche, den romantischen Lyrismus durch metrische Strenge zu überwinden, als unzeitgemäßen, inhaltsleeren, klassisch-romantischen Ästhetizismus an. Er spottete über Platens größenwahnsinnige Aussprüche, seine vermeintliche Nachfolge Goethes, indem er deren pathologische Wurzeln scharfsinnig erspürte. Vor allem attackierte er Platens Lob der keuschen Männerliebe als eine lächerliche, spiritualistische, gehemmte Verzerrung des gesunden Griechentums; dabei quittierte er Platens antisemitische Witze mit homophobischen.

Obwohl Platen zweifellos von diesem maßlosen, durch einen untrüglichen Instinkt für die Schwächen des Gegners gekennzeichneten Angriff tief verletzt war, wurde das eigentliche Opfer der Fehde Heine selber. Das Werk hat einen Sturm der Entrüstung ausgelöst; sogar seine nächsten Freunde waren entsetzt. Heine, der unter chronischen Mißverständnissen über die Wirkung seiner Schriften litt, mußte allmählich einsehen, daß er einen strategischen Fehler begangen hatte, der seinen Ruf in einer kritischen Phase seiner Laufbahn wesentlich beschädigt hatte. In der heutigen Forschung ist es Sitte geworden, ihn in dieser Sache zu rechtfertigen, indem sein Angriff auf Platen beurteilt wird, wie Heine selber ihn beurteilt haben wollte: als Schlacht im revolutionären Kampf gegen die Aristokratie, die reaktionäre, katholisierende Romantik, die spiritualistische Lustfeindlichkeit und den veralteten Begriff der autonomen Kunst. Übersehen wird, daß der politisch liberale, eher heidnisch als christlich geneigte, streng antiromantische Platen ein untaugliches Objekt dieses Kampfes gewesen ist. Das Bedauerliche ist, daß es vieles gab, das die beiden potentiell hätte miteinander verbinden können, was ihnen aber verborgen blieb. Sicher hegte Heine, wie es an mehreren Stellen ersichtlich wird, eine ehrliche wenn auch konventionelle Abscheu gegen die Homosexualität; die vernichtende Art aber, in der er gezielt die Vorurteile des Publikums gegen Platen als Homosexuellen zu mobilisieren versucht, würde man keinem heuti-

gen Schriftsteller verzeihen, und es ist nicht uninteressant zu beobachten, daß schon das damalige Publikum nicht hereingefallen ist.
Nur langsam ist es zu einer ausgewogeneren Beurteilung dieser
traurigen Episode in Heines Leben gekommen.

Zu Heine und Platen:
Hans Mayer: Die Platen-Heine-Konfrontation. In: Akzente 20 (1973).
S. 273–86. Neudruck in: H. M.: Außenseiter. Frankfurt am Main
1975. S. 207–23.
Slobodan Grubačić. Heines Doppelstrategie: die literarische Exekution
Platens. In: Akten des 7. Internationalen Germanisten-Kongresses
Göttingen, 1985. Kontroversen, alte und neue. Band 2: Formen und
Formgeschichte des Streitens: der Literaturstreit. Hrsgg. von Franz Jo-
sef Worstbrock und Helmut Koopmann. Tübingen 1986. S. 215–19.
Jost Hermand: Heine contra Platen. Zur Anatomie eines Skandals. In:
Heinrich Heine und das neunzehnte Jahrhundert. S. 108–20.
Beachtenswert als eine engagierte Verteidigung Platens: *Hubert Fichte*:
»Deiner Umarmungen süße Sehnsucht«: Die Geschichte der Empfin-
dungen am Beispiel der französischen Schriften des Grafen August
von Platen-Hallermünde. Tübingen 1985.

Sonst zu den »Bädern von Lukka«:
Entstehung: DHA 7/2, S. 1057–90.
Dieter Arendt: Parabolische Dichtung und politische Tendenz. Eine
Episode aus den »Bädern von Lucca«. In: Hjb 9 (1970). S. 41–57.
Dierk Möller: Das poetisch durchorganisierte Ganze – »Die Bäder von
Lucca«; Analyse: »Die Bäder von Lucca«. In: D. M.: Heinrich
Heine. Episodik und Werkeinheit. Wiesbaden und Frankfurt am
Main 1973. S. 343–460.
Philip F. Veit: Heine's Polemics in *Die Bäder von Lucca*. In: GR 55
(1980). S. 109–17.

Thema der »Stadt Lukka«, die mit Ausnahme der ersten, schon
im »Morgenblatt« erschienenen zwei Kapitel ursprünglich im wenig beachteten vierten Band der »Reisebilder« erschien, ist die Religion, hauptsächlich der Katholizismus. Hier entwickelte Heine
eine kluge Taktik: die schärfsten und blasphemischsten Äußerungen werden der sarkastisch freidenkenden Irin Lady Mathilde in
den Mund gelegt, während der Erzähler selber versucht, einen
ausgewogeneren Standpunkt zu bewahren. Trotzdem ist dieser
Text der antiklerikalste von allen Werken Heines. Zunächst wird
die Kirche in ihrer politischen Rolle im reaktionären Bündnis von
Thron und Altar in der Restaurationszeit angegriffen. In Italien ist
die Kirche in erster Linie Bestandteil der militärischen Herrschaft;
zu einer von Soldaten bewachten religiösen Prozession bemerkt
der Erzähler: »zur Unterstützung der Religion gehören heut zu

Tage viel Bajonette« (DHA 7/1, S. 170). Die Religion überhaupt
bedeutete für Heine eine Hemmung des politischen Fortschritts:
»Ein Indifferentismus in religiösen Dingen wäre vielleicht allein
im Stande uns zu retten, und durch Schwächerwerden im Glauben
könnte Deutschland politisch erstarken« (DHA 7/1, S. 194). Vor
allem aber artikuliert sich in diesem Werk die Dichotomie von Spiritualismus und Sensualismus – in der späteren Terminologie Nazarenismus und Hellenismus –, die die zentrale politische Kategorie Heines werden sollte. Er verbindet nicht nur den Katholizismus, sondern das Christentum überhaupt mit einer lust- und le-
bensfeindlichen Verneinung der Genüsse dieser Welt, identifiziert
es zur gleichen Zeit als eine herrschaftsstabilisierende Ideologie,
die die Entbehrungen des Volkes rechtfertigt und es auf eine ima-
ginäre Entschädigung im Jenseits verweist. Damit zusammenhängend entwickelte Heine einen Geschichtsmythos, wodurch das
Christentum die gesunde, lebensfreundliche Naturreligion der
Antike und der heidnischen Völker unterdrückt und ihre Götter
dämonisiert habe. In der »Stadt Lukka« findet sich eine besonders
gewagte allegorische Darstellung von diesem, in Heines Sicht eigentlichen Sündenfall der menschlichen Geschichte. Das 6. Kapitel beginnt mit einem Zitat aus der »Ilias« von Homer, eine Beschreibung des Abendmahls der Götter; dann erscheint »ein blei-
cher, bluttriefender Jude, mit einer Dornenkrone auf dem
Haupte, und mit einem großen Holzkreuz auf der Schulter«,
der das Kreuz auf den Tisch wirft, die Götter erbleichen läßt,
und eine freudlose Zeit einführt: »Die Religion gewährte keine
Freude mehr, sondern Trost; es war eine trübselige, blutrün-
stige Delinquentenreligion« (DHA 7/1, S. 173). Variationen
dieses Ideenkomplexes werden von nun an Heines politisch-re-
volutionäres bzw. gesellschaftsanalytisches Denken zwanzig
Jahre lang beherrschen.

Zur »Stadt Lukka«:
Entstehung: DHA 7/2, S. 1486–90.
Bruno Cherubini: Heine und die Kirchen von Lucca. In: Hjb 10 (1971).
   S. 16–19.

Zu den italienischen »Reisebildern«:
Eberhard Galley: Politische Aspekte in Heines italienischen Reisebildern. In: Internationaler Heine-Kongreß. S. 386–98.
Norbert Altenhofer: Heines italienische Reisebilder. In: JFDH
   (1986).S. 293–316.

Schematische Übersicht über die vier Bände der »Reisebilder«:
   I. »Reisebilder von H. Heine. Erster Theil«. Hamburg 1826. Enthält
   »Die Heimkehr«, »Die Harzreise«; und den ersten »Nordsee«-

Zyklus. Die zweite Auflage von 1830 enthält noch dazu ein neues Vorwort und den zweiten »Nordsee«-Zyklus.

II. »Reisebilder von H. Heine. Zweiter Theil«. Hamburg 1827. Enthält den zweiten »Nordsee«-Zyklus, »Die Nordsee. Dritte Abtheilung«; »Ideen. Das Buch Le Grand« und die verkürzten »Briefe aus Berlin«. Die zweite Auflage von 1831 beseitigt den zweiten »Nordsee«-Zyklus und die »Briefe aus Berlin«, fügt stattdessen ein Vorwort und den Gedichtzyklus »Neuer Frühling« hinzu.

III. »Reisebilder von H. Heine. Dritter Theil«. Hamburg 1830. Enthält »Reise von München nach Genua« und »Die Bäder von Lukka«.

IV. »Nachträge zu den Reisebildern von H. Heine«. Hamburg 1831. Enthält ein Vorwort, »Die Stadt Lukka« und »Englische Fragmente«. Für die sonst unveränderte 2. Auflage von 1834 wurde der Titel auf Heines Wunsch in »Reisebilder. Vierter Theil« geändert.

Zu den »Reisebildern« im Allgemeinen:
Erich Loewenthal: Studien zu Heines »Reisebildern«. Berlin und Leipzig 1922. Neudruck New York und London 1967.
Günter Oesterle: Integration und Konflikt. Die Prosa Heinrich Heines im Kontext oppositioneller Literatur der Restaurationsepoche. Stuttgart 1972.
Götz Großklaus: Textstruktur und Textgeschichte: Die »Reisebilder« Heinrich Heines. Eine textlinguistische und texthistorische Beschreibung des Prosatyps. Frankfurt am Main 1973.
Marianne Schuller: Überlegungen zur Textkonstitution der Heineschen »Reisebilder«. In: LiLi 3, Nr. 12 (Dez. 1973). S. 81–98.
Slobodan Grubačić: Heines Erzählprosa. Versuch einer Analyse. Stuttgart u. a. 1975.
Ronald Schneider: »Themis und Pan«. Zu literarischer Struktur und politischem Gehalt der »Reisebilder« Heinrich Heines. In: Annali Istituto Universitario Orientale, Sezione Germanica. Nr. 3 (1975). S. 7–42.
Jost Hermand: Der frühe Heine. Ein Kommentar zu den »Reisebildern«. München 1976.
Klaus Pabel: Heines »Reisebilder«. Ästhetisches Bedürfnis und politisches Interesse am Ende der Kunstperiode. München 1977.
Ronald Schneider: Die Muse »Satyra«. Das Wechselspiel von politischem Engagement und poetischer Reflexion in Heines »Reisebildern«. In: Hjb 16 (1977). S. 9–19.
Maria-Eva Jahn: Techniken der fiktiven Bildkomposition in Heinrich Heines »Reisebildern«. Stuttgart 1979.
Jürgen Brummack: Erzählprosa ohne Fabel: Die Reisebilder. In: Heine. Epoche – Werke – Wirkung. S. 113–39.
Ralf H. Klinkenberg. Die Reisebilder Heinrich Heines. Vermittlung durch literarische Stilmittel. Frankfurt am Main und Bern 1981.
Karol Sauerland: Gattungsgeschichtliche Reflexionen zu Heines »Reisebildern«. In: Zu Heinrich Heine 79–88.

2. In Frankreich 1831–1848

2.1. Das gelobte Land der Freiheit 1831–1840

Gegen Ende des vierten »Reisebilder«-Bandes, im letzten Abschnitt der »Englischen Fragmente« betitelt »Die Befreyung«, heißt es: »Ja, ich wiederhole die Worte, womit ich diese Blätter eröffne: die Freyheit ist eine neue Religion, die Religion unserer Zeit. Wenn Christus auch nicht der Gott der Religion ist, so ist er doch ein hoher Priester derselben, und ein Name stralt beseligend in die Herzen der Jünger. Die Franzosen sind aber das auserlesene Volk der neuen Religion, in ihrer Sprache sind die ersten Evangelien und Dogmen verzeichnet, Paris ist das neue Jerusalem, und der Rhein ist der Jordan, der das geweihte Land der Freyheit trennt von dem Lande der Philister« (DHA 7/1, S. 269). Im Mai 1831 überquerte Heine selber den Jordan, um das neue Jerusalem zu besuchen; aus dem Besuch wurde ein zuerst freiwilliges, dann unfreiwilliges Exil für den Rest seines Lebens.

Daß Heine gerade zu diesem Zeitpunkt nach Frankreich übersiedelte, hat mehrere Gründe. Wiederholt hat er im privaten Kreis von dieser Möglichkeit gesprochen. Seine Situation in Deutschland wurde zusehends schwieriger. Seitdem er die Stelle bei Cotta aufgegeben hatte, besaß er kein regelmäßiges Einkommen; er machte halbherzige Versuche ein Unterkommen zu finden, wie etwa eine aussichtslose Bewerbung um die Stelle des Ratssyndikus in Hamburg. Spannungen mit Onkel Salomon erschwerten seine Lage. Die Zensur wurde immer drückender. Ende 1830 schrieb er auf Aufforderung Campes eine Einleitung zu einem Pamphlet, »Kahldorf über den Adel in den Briefen an den Grafen M. von Moltke«, von Robert Wesselhöft (ca. 1795–1852), einem liberalen Weimaraner, der als prominenter Arzt im amerikanischen Exil sein Leben beendet hat (DHA 11, S. 134–45; Entstehung S. 739–44). Die für Pressefreiheit und Konstitutionalismus und gegen den Adel gerichtete Einleitung wurde von der Zensur schwer verstümmelt.

Zu Wesselhöft:

Harold S. Jantz: The View from Chesapeake Bay: An Experiment with the Image of America. In: Proceedings of the American Antiquarian Society 79 (1969). Bes. S. 162–65.

Eine große Anziehungskraft übte andererseits die neue Ordnung in Frankreich aus, das Ergebnis der Revolution vom Juli 1830, als das Bürgertum den »roi citoyen« Louis-Philippe (1773–1850) als »König der Franzosen« (statt »König von Frankreich«) einsetzte.

Auffallend ist allerdings, daß es fast ein Jahr nach der Julirevolution dauerte, bis sich Heine zum Entschluß durchgerungen hat, sich nach Frankreich zu begeben, während andere deutsche Oppositionelle viel entschlossener darauf reagierten. In der Rezeption gibt es bis zum heutigen Tag einige Verwirrung über Heines Reaktion auf die Julirevolution. Zur Zeit der Revolution befand er sich auf Helgoland. Fast zehn Jahre später nahm er in sein Buch über Ludwig Börne (s. u. Abschnitt 2.5) eine Reihe von Briefen auf, die er angeblich im Sommer 1830 auf Helgoland geschrieben haben will. Ob diese Briefe, wie verschiedene Umstände – z. B. die falsche Datierung und der offensichtliche Zweck, den prophetischen Seherblick des begnadeten Dichters rückwirkend zu belegen – nahelegen, erst 1839/40 geschrieben worden sind, ob sie auf Aufzeichnungen und Entwürfe dieser Tage bzw. aus dem Herbst 1830 als Ansätze einer Schrift über die Julirevolution zurückgehen, oder ob sie als wesentliche Zeugnisse der Revolutionszeit anzusehen sind, wird immer noch in der Forschung debattiert. (Für eine Darstellung des Problems und eine erwägenswerte Lösung vgl. die Diskussion Helmut Koopmanns in DHA 11, S. 251–76.) Fest steht jedenfalls, daß Heine nicht blitzartig nach Paris gefahren ist, sondern einige Monate lang lustlos versuchte, in Deutschland ein Unterkommen zu finden.

Zu Heine und der Revolution von 1830:

Fritz Mende: Heinrich Heine und die Folgen der Julirevolution. In: Goethe-Almanach auf das Jahr 1968. Hrsg. von Helmut Holtzhauer und Hans Henning. Berlin und Weimar 1967. S. 182–207. Neudruck in: Mende, Schriften. S. 44–62.

Rutger Booß: Empire und Fiktion. Die Juli-Revolution und die Anfänge von Heines Pariser Berichterstattung. In: Heinrich Heine. Artistik und Engagement. S. 66–85.

Derselbe: Ansichten der Revolution. Paris-Berichte deutscher Schriftsteller nach der Juli-Revolution 1830: Heine, Börne u. a. Köln 1977.

Nach seinen eigenen Äußerungen zu urteilen war der entscheidende Impetus der Wunsch, sich der saint-simonistischen Bewegung anzuschließen. Im allgemeinen gehört der Saint-Simonismus in die Geschichte des französischen Frühsozialismus.

Er gründete sich ursprünglich auf die Schriften von Claude-Henri de Rouvroy, Comte de Saint-Simon (1760–1825), der überzeugt war, daß die aufkommende Industrie und Technologie die immer noch nach der feudalen Ständeordnung organisierte Gesellschaftstruktur obsolet werden lasse. Politische Macht und wirtschaftliche Produktivität sollten vereinigt werden; die Herrschaft sollte vom funktionslos gewordenen Adel auf die schöpferischen Kräfte der Arbeiter, der Wissenschaftler und Erfinder, der Industriekapitäne und der Finanzleute übertragen werden. Nach dem Tod Saint-Simons haben seine Jünger, darunter der Theoretiker Amand Bazard (1791–1832) und der organisatorische Führer oder »Père« Prosper Enfantin (1796–1864) die Schwerpunkte etwas verlagert. Die Lehre wurde zusehends zu einem utopischen Gebilde. Einerseits wurde eine stark hierarchische, autoritäre, mit fast militärischer Strenge gegliederte Gesellschaft entworfen – mit der Geschichte der *Demokratie* hat der Saint-Simonismus kaum etwas zu tun –, andererseits wurden besonders die Familie und die Beziehungen zwischen den Geschlechtern kritisch geprüft, mit dem Ergebnis, daß der Bewegung ein für gewisse Kreise haarsträubender Ruf der Propagierung der freien Liebe, der Vielweiberei und der »Emanzipation des Fleisches« vorausging. Nichtsdestoweniger wurde dem Saint-Simonismus in Deutschland viel Aufmerksamkeit geschenkt, darunter von Goethe und Varnhagen.

Wie es bei wichtigen Themen in Heines Leben so oft der Fall ist, bleiben sowohl die Chronologie wie auch die Intensität seiner Beschäftigung mit dem Saint-Simonismus recht unklar. Wieviel er von den saint-simonistischen Schriften gekannt hat, wissen wir nicht. Sicher ist, daß er den ersten Jahrgang von Bazards Vorträgen über die »Doctrine de Saint-Simon« von 1829 gelesen hat; wahrscheinlich hat er auch den zweiten Jahrgang von 1830 gekannt. Er kannte auch die Zeitung, die zum saint-simonistischen Organ geworden war, »Le Globe«, in der bald nach seiner Ankunft in Paris eine vielleicht von ihm selber angeregte Notiz über ihn erschienen ist. Er wurde mit einigen Würdenträgern der Bewegung, wie Enfantin, Michel Chevalier (1806–79) und Charles Duveyrier (1803–66), persönlich bekannt. Wir wissen, daß er einigen Sitzungen im Saal in der Rue Taitbout beigewohnt hat; er war auch am 22. Januar 1832 anwesend, als die Polizei den Saal schloß. Er bezeichnete sich gelegentlich als Anhänger und Priester dieser neuen Religion. Andererseits gibt es deutliche Zeichen, daß er sich bald vom kultischen Treiben der Bewegung distanzierte. Als der Père Enfantin

eine exzentrische Tracht anordnete und Europa and dann
Ägypten nach einer Mère durchsuchte, die geeignet gewesen
wäre, die Welt zusammen mit ihm zu regieren, ging das dem Satiriker Heine entschieden zu weit.

Allem Anschein nach interessierte er sich wenig für die politischen und wirtschaftlichen Theorien der Saint-Simonisten.
Vielmehr faßte er den Saint-Simonismus als eine neue, das Christentum verdrängende Religion auf, die die Materie, die sinnliche Befriedigung, die Begierden des Menschen im Diesseits
wieder in ihre Rechte setzen sollte. Zentral ist der Gedanke vom
Ende des Mangels, das durch die moderne Industrie und Technologie möglich geworden schien und sowohl Ideologien wie
Gesellschaftsstrukturen, die einen permanenten Knappheitszu-
stand voraussetzen, als überholt erscheinen ließ: »Wir haben die
Lande gemessen, die Naturkräfte gewogen, die Mittel der Industrie berechnet, und siehe wir haben ausgefunden: daß diese
Erde groß genug ist; daß sie jedem hinlänglichen Raum bietet,
die Hütte seines Glückes darauf zu bauen; daß diese Erde uns
alle anständig ernähren kann, wenn wir alle arbeiten und nicht
Einer auf Kosten des Anderen leben will; und daß wir nicht nö-
thig haben die größere und ärmere Klasse an den Himmel zu
verweisen« (DHA 8/1, S. 218). Durch die Verbindung des Sensualismus mit dem Industrialismus könne, so glaubte Heine,
»das materielle Wohlseyn der Völker« (HSA 21, S. 56) geför-
dert werden. Aus diesem Blickpunkt bekämpfte er auch die Radikalen und Republikaner, die er einer puritanischen, entsa-
gungsvollen Nivellierung auf die Ebene einer universellen Armut und Entbehrung bezichtigte: »Wir wollen keine Sanskülot-
ten seyn, keine frugale Bürger, keine wohlfeile Präsidenten: wir
stiften eine Demokrazie gleichherrlicher, gleichheiliger, gleich-
beseligter Götter. Ihr verlangt einfache Trachten, enthaltsame
Sitten und ungewürzte Genüsse; wir hingegen verlangen Nek-
tar und Ambrosia, Purpurmäntel, kostbare Wohlgerüche, Wol-
lust und Pracht, lachenden Nymphentanz, Musik und Comö-
dien« (DHA 8/1, S. 61). Das sind utopische Gedanken des 19.
Jahrhunderts, die auch in den Marxismus eingeflossen sind, sich
aber durch die ernüchternden ökologischen Erfahrungen unserer Zeit als in dieser Form unhaltbar erwiesen haben.

Gerade an dieser Stelle fügt Heine hinzu: »Die Saint-Simonisten haben etwas der Art begriffen und gewollt« (ebd.), und er
verweist sogleich auf den deutschen Pantheismus. Es wäre wohl
exakter zu behaupten, daß Heine nicht vom Saint-Simonismus
beeinflußt worden ist, sondern daß er in der Doktrin kon-

geniale, bei sich schon vorgebildete Ideen gefunden hat, denn seine charakterischen Gedankengänge lassen sich auf eine Zeit, lange bevor er mit dem Saint-Simonismus bekannt wurde, zurückverfolgen. Schwierig und vielleicht sogar unmöglich ist es, die Stränge des Saint-Simonismus von denen des Hegelianismus in seinem Denken zu entwirren. Er ließ sich nicht so sehr von außen beeinflussen, als daß er Erfahrenes, Erlerntes und Erborgtes zu einem eigenen Ideenkomplex verarbeitete und transformierte, der originell, einzigartig, aber auch ein wenig isoliert in seiner Zeit dasteht.

Zu Heine und dem Saint-Simonismus:

E. M. Butler: The Saint-Simonian Religion in Germany. A Study of the Young German Movement. Cambridge/Eng. 1926. Neudruck New York 1968. Bes. S. 88–169.

Georg G. Iggers: Heine and the Saint-Simonians: A Reexamination. In: Comparative Literature 10 (1958). S. 289–308.

Paul Konrad Kurz: Künstler Tribun Apostel. Heinrich Heines Auffassung vom Beruf des Dichters. München 1967. Bes. S. 82–100.

Dolf Sternberger: Heinrich Heine und die Abschaffung der Sünde. Hamburg und Düsseldorf 1972. Revidierte Neuauflage Frankfurt am Main 1976.

Werner Vordtriede: Der Berliner Saint-Simonismus. In: Hjb 14 (1975). S. 93–110.

Nigel Reeves: Heinrich Heine – Politics or Poetry? Hegel or Enfantin? A Review of Some Recent Developments in Research. In: Modern Language Review 75 (1980). S. 105–13.

Pierre Grappin: Lessing, Saint-Simon, Heine. Tijdschrift voor de studie van de Verlichting en van het vrije denken 10 (1982). S. 203–12.

Maria Fancelli: Elementi sansimoniani nella »Romantische Schule« di Heine. In: Mito e utopia nel romanticismo tedesco. Atti del Seminario Internazionale sul Romanticismo tedesco. Hrsgg. von Marino Freschi. Neapel 1984. S. 168–82.

Wolfgang Preisendanz: Heine, Saint-Simonismus und Kunstautonomie. In: Art social und art industriel: Funktionen der Kunst im Zeitalter des Industrialismus. Hrsgg. von Helmut Pfeiffer, Hans Robert Jauß und Françoise Gaillard. München 1987. S. 153–69.

Der mürrische, reizbare, auch mit sich selbst unzufriedene Heine erheiterte sich zunächst zögernd, aber dann merklich in der ersten Pariser Zeit. Nach etwa anderthalb Jahren schrieb er: »Fragt Sie jemand wie ich mich hier befinde, so sagen Sie: wie ein Fisch im Wasser. Oder vielmehr, sagen Sie den Leuten; daß, wenn im Meere ein Fisch den anderen nach seinem Befinden fragt, so antworte dieser: ich befinde mich wie Heine in Paris«

HSA 21, S. 40). Der Gewinn an Zuversicht und Selbstvertrauen rührt zu einem nicht geringen Grad von den freieren, urbaneren, zugänglicheren Gesellschaftsverhältnissen der Hauptstadt der europäischen Kultur her. Heine, der von Goethe wohl kühl empfangen worden war und im Kreis des eigenen Onkels bestenfalls gleichgültig gelitten wurde, entwickelte mit den Prominenten und Begabten einen Umgang staunenswerten Ausmaßes. Bekannt wurde er u. a. mit Rossini, Berlioz, Liszt, Chopin, Meyerbeer, Mendelssohn, Bellini und Wagner; Gautier, Gérard de Nerval, Dumas, Balzac, George Sand, Victor Hugo, Musset und Vigny; Hebbel, Grillparzer und Hans Christian Andersen; Baron James de Rothschild und Prinzessin Cristina di Belgiojoso; Karl Marx und Friedrich Engels. Kaum ein anderer deutscher Intellektueller seiner Generation konnte sich derartiger Verbindungen zu den großen Namen seiner Zeit rühmen. Trotzdem war Heine in einem gewissen Sinn in Frankreich nicht weniger isoliert als in Deutschland. Kaum eine dieser Bekanntschaften reifte zu einer Freundschaft dauernder Art. Trotz eines oft rührigen gesellschaftlichen Lebens kam er sich manchmal einsam vor. Er ließ sich weder amtlich noch geistig in Frankreich naturalisieren; wie es Exilierten oft geht, hat er sein Nationalbewußtsein eindringlicher im Ausland als in der Heimat empfunden. Das gesellschaftliche Leben Frankreichs erscheint ihm im Vergleich zum deutschen oberflächlich, weil er zu einer intimeren Dimension wenig Zugang gefunden hat. Bei aller Bewunderung für die Franzosen als dem Volk der Freiheit und der Revolution betrachtete er sie im Vergleich zu den tieferen, ernsteren, philosophischeren Deutschen mild herablassend. Mit der Zeit sollte das Gefühl des Heimwehs recht schmerzhaft werden.

Zu Heines französischen Kontakten:

Friedrich Hirth: Heinrich Heine und seine französischen Freunde. Mainz 1949 (wie bei allen Schriften Hirths mit Vorsicht zu gebrauchen).

Joseph Dresch: Heine à Paris (1831–1856) d'après sa correspondance et les témoinages de ses contemporains. Paris 1956.

René Cheval: Heinrich Heine zwischen Deutschland und Frankreich. Düsseldorf 1969.

Joseph A. Kruse u.a., Hrsgg. Heine in Paris 1831–1856. Düsseldorf 1981.

Jean-René Derré: Paris vu par Heine dans *De la France*. In: Paris au xixᵉ siècle. Aspects d'un mythe littéraire. Hrsgg. von Roger Bellet. Lyon 1984. S. 71–80.

Lucienne Netter: Heine et les français. Histoire d'une amitié. In: Recherches germaniques Nr. 15 (1985). S. 63–86.
Lucien Calvié: Henri Heine et l'exil. In: Recherches et travaux, Nr. 30. Littérature de l'exil. Grenoble 1986. S. 77–88.
Lloyd S. Kramer: Heine in Paris: Exile as Literary Identity and Career. In L.S.K.: Threshold of a New World. Intellectuals and the Exile Experience in Paris, 1830-1848. Ithaca and London 1988. S. 58–119.
Volkmar Hansen: Paris, gespiegelt in Heines Augen. In: Rom – Paris – London. Erfahrung und Selbsterfahrung deutscher Schriftsteller und Künstler in den fremden Metropolen. Hrsgg. von Conrad Wiedemann. Stuttgart 1988. S. 457–78.

Heine ist es dennoch ziemlich bald gelungen, in Frankreich eine öffentliche Persönlichkeit zu werden. Kommentare und Übersetzungen sind in französischen Zeitschriften erschienen, vor allem in der ehrwürdigen und einflußreichen »Revue des Deux Mondes«. Heine selber betrieb seine Public Relations in Frankreich mit Eifer. Vor allem lag es ihm daran, französische Übersetzungen seiner Werke zu veranlassen. Er hat keine der Übersetzungen selber angefertigt, keines seiner Werke, auch nicht die in erster Linie für ein französisches Publikum bestimmten, ursprünglich auf französisch geschrieben, hat aber die Übersetzungen überwacht und revidiert, mit dem Ergebnis, daß seine französischen Texte durch einen unverkennbaren Stil gekennzeichnet sind. Zweimal betrieb er fleißig die Herstellung von Ausgaben seiner gesammelten Werke auf französisch, einmal in den dreißiger Jahren, einmal gegen Ende seines Lebens. Diese Übersetzungen haben beträchtlich zu seinem Weltruhm beitragen. Aber vom berufsmäßigen Standpunkt aus gesehen waren die französischen Texte eher Achtungserfolge; es ist Heine eigentlich nie gelungen, auf dem literarischen Markt Frankreichs Fuß zu fassen.

Dazu:
Michael Werner: Heine und der französische Literaturmarkt. In: M. W.: Genius und Geldsack. Zum Problem des Schriftstellerberufs bei Heinrich Heine. Hamburg 1978. S. 72–82.
Für weitere Einzelheiten über die französischen Texte s. u. Abschnitt 3.3.

2.2. Berichterstatter aus Frankreich

In Paris stand Heine immer noch vor dem Problem, wie er seinen Lebensunterhalt verdienen sollte. Zu diesem Zweck erneuerte er seine Verbindung mit Cotta, der eine ganze Reihe von Korrespondenten aus Paris gleichzeitig beschäftigte. Heines erste Arbeit für Cotta war ein Bericht über den Salon, d. h. die Gemäldeausstellung im Louvre, die als die erste nach der Julirevolution viel Aufmerksamkeit auf sich gezogen hatte. Die Fortsetzungen erschienen in Cottas »Morgenblatt für gebildete Stände« mit dem Titel »Gemäldeausstellung in Paris« im Oktober und November 1831. Kunstgeschichtlich betrachtet war der Salon von 1831 weniger umwälzend als Heine und andere gehofft haben, zeitigte vielmehr im Stil und Personal Kontinuitäten mit den Salons der zwanziger Jahre. Die meisten Künstler, über die Heine, der sich explizit der allgemeinen Kritik anschloß, berichtet hat, sind mit Ausnahme von Delacroix heute fast vergessen. Heine bemühte sich redlich, die Signatur der Zeit von der ausgestellten Kunst abzulesen, d.h. er betrieb eine Art Kunstsoziologie. Er machte sich gattungstheoretische Gedanken über den Unterschied zwischen Historien- und Genremalerei, bemerkte den zahlenmäßigen Rückgang von religiösen Motiven, fand in seinem Lieblingsgemälde, »Die Schnitter« von Louis-Léopold Robert (1794–1835), eine Bestätigung seiner Doktrin von einer diesseitigen, sensualistischen, sündenfreien Frömmigkeit von Menschen, die »selig ohne Himmel, versöhnt ohne Opfer« seien (DHA 12/1, S. 34), sowie im rezeptionsgeschichtlich berühmtesten der behandelten Bilder, der »Liberté« von Delacroix, eine Metapher für die Verschmelzung von Sensualismus, Volkstümlichkeit und Revolution, indem er die zentrale Figur als »eine seltsame Mischung von Phryne, Poissarde [Fischweib] und Freyheitsgöttinn« (DHA 12/1, S. 20) bezeichnete, und bezeugte seine Ansicht vom Ende der Kunstperiode mit der Unterbrechung der Kunstbetrachtung durch die Erregung über die Unterdrückung der polnischen Revolution. Ende 1833 erschien mit dem Datum 1834 die um einen »Nachtrag« verlängerte Reihe unter dem Titel »Französische Maler« im ersten Band des »Salon«.

Zu »Französische Maler«:
Entstehung: DHA 12/2, 521–25, 529–30.

Eberhardt Girndt: Heines Kunstbegriff in »Französische Maler« von 1831. In: Hjb 9 (1970). S. 70–86.

Wolfdietrich Rasch: Die Pariser Kunstkritik Heinrich Heines. In: Beiträge zum Problem des Stilpluralismus. Hrsgg. von Werner Hager und Norbert Knopp. München 1977. S. 230–44.

Gerhart Söhn: In der Tradition der literarischen Kunstbetrachtung. Heinrich Heines »Französische Maler«. In: Hjb 17 (1978). S. 9–34.

Margaret A. Rose: Heines »junghegelianisches« Bild von Delacroix. In: Hjb 18 (1979). S. 27–34. Revidiert als: The Politicization of Art Criti-

cism. Heine's 1831 Portrayal of Delacroix's *Liberté* and its After-
math. In: Monatshefte 73 (1981). S. 405–14.

Gerhard Weiß: Heinrich Heines »Französische Maler« (1831) – Sprach-
kunstwerk und Referat. Eine rezeptions- und einflußgeschichtliche
Studie über Literatur und Malerei. In: Hjb 19 (1980). S. 78–100.

Irmgard Zepf: Heinrich Heines Gemäldebericht zum Salon 1831:
Denkbilder. Eine Untersuchung der Schrift »Französische Maler«.
München 1980.

Werner Hofmann: Heine und die Malerei der Zukunft. In: Hjb 20
(1981). S. 72–89.

Peter Uwe Hohendahl: Allegorische Bilder. Heine und die französische
Malerei. In: ZdfDPh 106 (1987). S. 184– 98.

Susanne Zantop, Hrsg.: Paintings on the Move. Heinrich Heine and the
Visual Arts. Lincoln/Nebraska und London 1989.

Angelika Waschinsky: Heine und die Kunstkritik. In: Heinrich Heine
im Spannungsfeld von Literatur und Wissenschaft. S. 117–32.

Die ursprünglichen Zeitungsartikel finden sich in:

Michael Mann, Hrsg.: Heinrich Heine. Zeitungsberichte über Musik
und Malerei. Frankfurt am Main 1964.

Der Bericht über den Salon von 1831 lieferte den Sammeltitel
für weitere vier Bände von Heines verschiedenartigen Schriften.
Während aber moderne Editoren wenigstens die Prosatexte der
»Reisebilder«-Bände beieinanderhalten, werden die »Salon«-
Bände in ihre Bestandteile aufgelöst. Sie sind weniger kohärent
als die »Reisebilder«-Bände, erstrecken sich auch über eine
zweimal so lange Zeitspanne. Der Begriff »Salon« wird nicht in
gleicher Weise wie der Begriff »Reisebilder« als Gattungsbe-
zeichnung aufgefaßt, sondern eher als eine Publikationsstrate-
gie. Zur Information deshalb gleich hier eine schematische
Übersicht über die vier »Salon«-Bände:

I. »Der Salon von H. Heine. Erster Band«. Hamburg 1834 [Dezember
1833]. Enthält eine Vorrede, »Französische Maler«, 56 Gedichte, von
denen 45 in die Abteilung »Verschiedene« in den »Neuen Gedichten«
übernommen worden sind, und das Romanfragment »Aus den Memoiren des Herren von Schnabelewopski«.

II. »Der Salon von H. Heine. Zweiter Band«. Hamburg 1835. Enthält
eine Vorrede, »Zur Geschichte der Religion und Philosophie in
Deutschland«, und »Frühlingslieder«, eine Auswahl Gedichte aus dem
Zyklus »Neuer Frühling«, der in der zweiten Auflage von »Reisebilder
II« 1831 erschienen ist und später in den Band »Neue Gedichte« aufge-
nommen werden sollte. Die zweite Auflage von 1852 enthält eine neue
Vorrede, korrigiert Zensureingriffe in »Zur Geschichte der Religion
und Philosphie«, und beseitigt die Gedichte.

III. »Der Salon von H. Heine. Dritter Band«. Hamburg 1837. Enthält das Romanfragment »Florentinische Nächte« und »Elementargeister«. Eine gegen Wolfgang Menzel gerichtete Vorrede, »Ueber den Denunzianten«, wurde gesondert veröffentlicht.

IV. »Der Salon von H. Heine. Vierter Band«. Hamburg 1840. Enthält das Romanfragment »Der Rabbi von Bacherach«, verstreute Gedichte, die in den Band »Neue Gedichte« aufgenommen werden sollten, und »Ueber die französische Bühne«.

Ein Grund, warum die Editoren sich veranlaßt sehen, die »Salon«-Bände in ihre Bestandteile aufzulösen, ist, daß der Hauptteil des 2. Bandes, »Zur Geschichte der Religion und Philosophie in Deutschland«, wie wir sehen werden, erst die Hälfte eines größeren Werkes ausmacht, dessen anderer Teil, »Die Romantische Schule«, gesondert erschienen ist.

Vom Januar bis Juni 1832 druckte Cottas Augsburger »Allgemeine Zeitung« eine Reihe von Berichten Heines über das öffentliche Leben, das Verhältnis der Parteien, die Stimmung des Volkes und die Gefährdungen bzw. Überlebungsmöglichkeiten der Julimonarchie. Um den liberalen Charakter dieser wichtigsten Zeitung Süddeutschlands zu schützen, mußte Cotta zwischen der bayrischen Zensur und dem unmittelbaren Metternichschen Druck lavieren. Als Redakteur hat er einen überzeugten, ernsthaften Liberalen, Gustav Kolb (1798–1865), eingesetzt, der trotz gelegentlicher politischer Meinungsverschiedenheiten und Querelen über die Zensur Heine beständig zugetan blieb und eine Rolle in seinem Leben spielte, die an Wichtigkeit nur hinter der Campes rangiert. Heine begnügte sich nicht mit Einzelbeobachtungen, sondern versuchte sie symbolisch, metaphorisch und allegorisch auszuwerten, im Bestreben, sich und seinen deutschen Lesern Klarheit über die Klassenverhältnisse, die noch einmal von der bürgerlichen Revolution betrogene Volksmasse, auch über die Fähigkeiten und das maskierte Wesen des Königs Louis-Philippe, der Heine durch die ganze Julimonarchie hindurch faszinierte, zu verschaffen. Sogar die Choleraepidemie, die Paris im Frühling 1832 heimsuchte, diente Heine zu bildhaften Darstellungen der gesellschaftlichen Spannungen.

Einige Wochen nachdem Metternichs Faktotum Friedrich Gentz (1764–1832) Cotta einen verärgerten Wink über den »verruchte[n] Abenteurer« Heine (DHA 12/2, S. 644) zukommen ließ und Kolb einen neunten Artikel abgelehnt hatte, entschloß sich Heine, seine Berichte für diesmal abzubrechen und sie unter dem Titel »Französische Zustände« in

Buchform herauszugeben. Dazu schrieb er ein scharfes Vorwort, in dem er die alle öffentlichen politischen Aktivitäten verbietenden Bundestagsbeschlüsse vom 28. Juni 1832 beredt angriff und den preußischen König Friedrich Wilhelm III. des Meineids bezichtigte, weil er seine scheinbare Versprechung nach den Befreiungskriegen, eine Verfassung zu gewähren, nie erfüllte. Diese Vorrede führte zu einem grimmigen und komplizierten Streit mit Campe über die Zensur, mit dem Ergebnis, daß »Französische Zustände« zu Heines Entsetzen im Dezember 1832 (Datum 1833) mit der zensierten Vorrede erschien. Daraufhin ließ er die unzensierte »Vorrede« Juli 1833 bei einem Neffen Campes, Friedrich Napoleon Campes (1808–55) Firma Heideloff und Campe in Paris, erscheinen, allerdings ohne eine eher persönlich als politische gehaltene »Vorrede zur Vorrede« (DHA 12/2, S. 451–54), die erst postum erschienen ist.

Zu Heine und der »Allgemeinen Zeitung«, Cotta und Kolb:
Winfried Woesler: Zum Briefwechsel Heinrich Heine – Gustav Kolb. In: Hjb 9 (1970). S. 110–33.
Gerd Heinemann: Heine und Cotta. Zu Problemen des freien Schriftstellers in der Restaurationszeit. In: Heinrich Heine. Artistik und Engagement. S. 256–66.
Brigitte Duczek: Redakteur zwischen den Revolutionen. Der Leiter der Allgemeinen Zeitung, Gustav Kolb (1798–1865). In: Archiv für Geschichte des Buchwesens 30 (1988). S. 271–367.

Zu »Französische Zustände«:
Entstehung DHA 12/2: 621–66.
Fritz Mende: Heines *Französische Zustände* im Urteil der Zeit. (Eine wirkungsgeschichtliche Studie zur Heine-Rezeption in Deutschland und Frankreich.) In: Philologica Pragensia 11 (1968). S. 77–85. Neudruck in: Mende, Studien. S. 172–95.
Paolo Chiarini: Heinrich Heine, il letterato e il politico. Note in margine ai »Französische Zustände«. SG N.F. 10 (1972). S. 561–89.
Bernd Kortländer: »... das Mutterland der Zivilisation und der Freiheit«. Aspekte von Heines Frankreichbild. In: Interferenzen. Deutschland und Frankreich. Literatur – Wissenschaft – Sprache. Hrsgg. von Lothar Jordan, Bernd Kortländer und Fritz Nies. Düsseldorf 1983. S. 74–79.
Susanne Zantop: Verschiedenartige Geschichtsschreibung: Heine und Ranke. In: Hjb 23 (1984). S. 42–68.
Fritz Mende: Heinrich Heine und das historische Lehrbeispiel eines »Bürgerkönigs«. WB 30 (1984). S. 357–80.
Rutger Booß: S. o. Abschnitt 2.1.

Um diese Zeit – vermutlich im Herbst 1833 – entwarf Heine einen kleinen, ungedruckt gebliebenen Aufsatz, dem der spätere Herausgeber Strodtmann den Titel »Verschiedenartige Geschichtsauffassung« gegeben hat. Möglich ist es, daß Heine den Aufsatz nur zum privaten Gebrauch, zur Klärung der eigenen Gedanken geschrieben hat. Hier argumentiert er sowohl gegen den konservativen Begriff der ewigen Wiederkehr wie auch gegen das utopische Modell, das das goldene Zeitalter in der Zukunft sucht. Statt dessen nimmt er die Rechte der Gegenwart in Schutz: »Das Leben ist weder Zweck noch Mittel; das Leben ist ein Recht« (B 3, S. 23). An dieser Stelle erwächst aus der Doktrin des Sensualismus ein auf das Nächstliegende gerichteter Pragmatismus: »Le pain est le droit du peuple, sagte Saint-Just, und das ist das größte Wort, das in der ganzen Revolution gesprochen worden« (ebd.).

Zu »Verschiedenartige Geschichtsauffassung«:
Helmut Koopmann: Heines Geschichtsauffassung. In: JDSG 16 (1972).
S. 453–76.

Im ersten »Salon«-Band erschien Heines zweites Romanfragment »Aus den Memoiren des Herren von Schnabelewopski«. Es ist nicht ganz klar, wann dieses Werk entstanden ist; möglicherweise bezieht sich darauf eine Bemerkung in einem Brief vom 24. August 1832: »Ein Roman ist mir mißglückt« (HSA 21, S. 39). Vieles aber scheint auf die polnische Reise, die zwanziger Jahre in Hamburg und die Reise durch Holland im Spätsommer 1827 zurückzugehen. Diesmal versuchte Heine, sich dadurch von seinem fiktiven Icherzähler zu distanzieren, indem er ihn als die komische Figur eines adligen polnischen Studenten gestaltete, aber das ist ein Element des Romans, das mißglückt ist, da Heine bald in die Erzählhaltung eines Überlegenen, eher satirisch Beobachtenden als selber Handelnden, die wir schon aus der »Harzreise« kennen, zurückfällt. Die vielschichtige, von der Forschung etwas vernachlässigte Erzählung enthält drei Motivkomplexe, die von besonderem Interesse sind. Erstens weist die Lobpreisung des holländischen Malers Jan Steen (ca. 1626–79) als Repräsentanten der lebensfreudigen Diesseitigkeit der niederländischen Genremalerei auf das durchgehende Thema des ganzen Romans, den Kampf des vitalen Sensualismus gegen den lebens- und lustfeindlichen Spiritualismus, hin. Zweitens findet sich offensichtlich auf derselben Linie das berühmteste Element des Werks, die Erzählung vom Fliegenden Holländer. Der Erzähler behauptet, ein Amsterdamer Bühnenstück zu beschreiben, aber kein derartiges Stück hat sich finden lassen und es besteht bisher kein Grund zu bezweifeln, daß der ironische Schluß der Sage, der Selbstmord des Mädchens, um ihre Treue zu sichern, Heines ursprüngliche Schöpfung ist. Diese Version der Sage wurde eine Quelle der Oper Richard Wagners. Ein drittes Motiv ist die tragikomische Niederlage des liberalen Deisten Simson in einem aus einem philosophischen Streit erwachsenen Duell mit einem Freidenker. Seit Heines eigener Zeit ist der physisch schwache, wohlmeinende aber religiös zurückgebliebene, menschlich rührende Frankfurter Jude Simson als Karikatur des Republikaners Ludwig Börne (1786–1837), mit dem Heine in den dreißiger Jahren in ernsthafte Spannung geriet, aufgefaßt worden; die Identifikation ist aber nur eine Vermutung und steht nicht ganz fest.

Zu »Schnabelewopski«:
Entstehung: B 1, S. 847–50.
Manfred Windfuhr: Heines Fragment eines Schelmenromans »Aus den Memoiren des Herren von Schnabelewopski«. In: Hjb 6 (1967). S. 21–39. Neudruck in: Heinrich Heine. Hrsgg. von Koopmann. S. 232–56.
Karl Richter: Zum Verhältnis Richard Wagners zu Heinrich Heine. »Der fliegende Holländer« – ein Test. In: Emuna 4 (1969). S. 221–25.
Barry G. Thomas: The van der Pissen Scene in Heinrich Heine's *Schnabelewopski*. A Suggestion. In: GQ 51 (1978). S. 39–46.
Michael Feldt: Heine: Poetisches Kaleidoskop und wilder Habitus. In: M. F.: Ästhetik und Artistik am Ende der Kunstperiode. Textanalytische, kunstphilosophische und zivilisationsgeschichtliche Untersuchungen zur Prosa von Goethe, E. T. A. Hoffmann, Heine und Büchner. Heidelberg 1982. S. 213–88.
Gerhard Kluge: Heinrich Heines Fragment *Aus den Memoiren des Herren von Schnabelewopski* und das Problem des Schelmischen. In: Amsterdamer Beiträge zur neueren Germanistik 20 (1985/86). S. 41–52.
Michael G. Levine: Heines Ghost Writer. Zum Problem der Selbstzensur im »Schnabelewopski«. In: Hjb 26 (1987). S. 9–28.

2.3 »De l'Allemagne«

Mit »Französische Maler« und »Französische Zustände« hatte Heine die Absicht, dem deutschen Publikum über Aspekte der Kultur und Gesellschaft der Julimonarchie zu berichten, obwohl diese Werke auch in Frankreich rezipiert werden sollten, was auch geschehen ist. In der Mitte der dreißiger Jahre entwickelte er einen weitgreifenden Vorsatz, den Franzosen seine Auffassung von der Bedeutsamkeit des gegenwärtigen deutschen Geisteslebens klarzumachen, und dies in einer Weise, die ihre Wirkung in Deutschland nicht verfehlen sollte. Dieses Unternehmen begreift sich am besten unter der Bezeichnung »De l'Allemagne«, da es erklärtermaßen im Widerspruch zum inzwischen berühmten, ursprünglich 1810 erschienenen Werk desselben Titels von Germaine de Staël (1766–1817) konzipiert worden ist. Da Heine nach seiner polemischen Gewohnheit Madame de Staël nicht nur ideologisch kritisierte, sondern auch versuchte, sie als Mensch (und nicht zuletzt als Frau) verächtlich zu machen, sollte man nicht vergessen, daß ihr Buch eine wichtige kulturhistorische Tat gewesen ist, da die Welt dadurch zum ersten Mal auf die großen philosophischen und literarischen Leistungen, die in den bisher obskuren, abseitsliegenden deutschen Landen erreicht worden sind, aufmerksam gemacht wurde. Das Werk ist keineswegs so illiberal, wie Heine es darstellt. Aber er meinte, daß Madame de Staël durch ihre romantischen Neigungen und vor allem ihr Bündnis mit August Wilhelm Schlegel zu einem falschen Bild Deutschlands verleitet worden sei. Ihr Wort von Deutschland als »la patrie de la pensée«, das dann als »das Volk der Dichter und Denker« in Umlauf gekommen ist, habe die philosophisch fortschrittlichste Nation Europas als idyllisch-quietistisches, idealistisches, spiritualistisches Land verzeichnet. Da das Werk auch als eine Kampagne in Madame de Staëls Kampf gegen die Herrschaft Napoleons aufzufassen war, ist es für Heine ein Bestandteil der katholisch-aristokratischen, antinapoleonischen und gegenrevolutionären Verschwörung in Europa gewesen.

Zu Heine und Madame de Staël:
Eve Sourian: Madame de Staël et Henri Heine. Les deux Allemagnes. Paris 1974.
Ruth Jacobi: Heines »Romantische Schule«. Eine Antwort auf Madame de Staëls »De l'Allemagne«. In: Hjb 19 (1980): 140–68.

Ihr Werk besteht aus vier Hauptteilen: sie behandeln Geographie und Sitten, Literatur und Kunst, Philosophie und Moral, Religion und Schwärmerei. Den ersten Teil braucht Heine nicht zu wiederholen, denn nicht zuletzt durch die Leistung Madame de Staëls selber ist Deutschland kein so unbekanntes Land mehr, wie es dies zu Anfang des Jahrhunderts war. Sonst aber hält sich Heine an die Struktur seiner Vorgängerin, nur stellt er aus ideologischen Gründen die Reihenfolge von Philosophie und Religion um. Diese strukturelle Verwandtschaft wird zwar dadurch ein wenig verwischt, daß die Bestandteile von Heines »De l'Allemagne« in deutscher Sprache niemals als ein zusammengeschlossenes Buch erschienen sind, wie er es konzipiert hatte; erst die Ausgaben der heutigen Epoche der Heine-Forschung haben sie vereinigt.

Der zweite Teil des Werkes ist zuerst entstanden und erschienen, zunächst als »Etat actuel de la littérature en Allemagne« in Fortsetzungen im März bis Mai 1833 in »L'Europe littéraire«, einer neuen Zeitschrift internationalen Ausmaßes, die aber bald eingegangen ist. Eine deutsche Version erschien fast gleichzeitig in zwei Teilen im April und Juli als »Zur Geschichte der neueren schönen Literatur in Deutschland« bei Heideloff und Campe in Paris. Dann kommt der erste Teil als »De l'Allemagne depuis Luther« im März, November und Dezember 1834 in der »Revue des Deux Mondes«, und mit dem endgültigen Titel, »Zur Geschichte der Religion und Philosophie in Deutschland« Mitte Januar 1835 als zweiter »Salon«-Band. Campe, der keineswegs davon erbaut war, daß Heine eine Version des zweiten Teils bei der Pariser Firma auf den Markt hat bringen lassen, lehnte ihn zunächst ab, brachte ihn aber endlich November 1835 mit dem Datum 1836 als »Die Romantische Schule« heraus. Im April 1835 ist die endgültige französische Version mit einer Widmung an den saint-simonistischen »Père« Enfantin versehen unter dem Titel »De l'Allemagne« erschienen.

Hier erschien auch die erste, später stark erweiterte französische Fassung eines Werkes, dessen kürzere deutsche Fassung mit dem Titel »Elementargeister« 1837 im dritten »Salon«-Band enthalten ist (DHA 9, S. 9–64; die französische Version, »Traditions populaires«, S. 149–91, dazu der erste Teil von »Les dieux en exile«, S. 227–41). Dabei handelt es sich um eine Schrift, die tatsächlich eher an ein französisches Publikum gerichtet war; vieles hat Heine aus verschiedenen folkloristischen Quellen abgeschrieben bzw. adaptiert. Das Material wird allerdings in sein kulturgeschichtliches Schema eingepaßt, indem er diese Erzählungen als Reste des Kampfes zwischen dem Heidentum und dem Frühchristentum, der spiritualistischen Unterdrückung der Naturreligion und den menschlichen Trieben darstellt. Zum ersten Mal wird hier die Dichotomie »Spiritualismus – Sensualismus« in »Nazarenismus – Hellenismus« umbenannt, ein Gebrauch, der historisch wirksamer werden sollte. Auf derselben Linie liegt das darin enthaltene, parodistische

Gedicht »Tannhäuser«, mit dem Heine zum zweiten Mal eine
Oper Richard Wagners inspirierte.

Zu »Elementargeister«:
Entstehung: DHA 9, 301–56.
A. I. Sandor: The Exile of Gods. Interpretation of a Theme, a Theory
and a Technique in the Works of Heinrich Heine. Im Haag und Paris
1967.
Christa Stöcker: Zur Überlieferung der »Elementargeister«. Ein Beitrag
zu Heines Arbeitsweise. In: Hjb 20 (1981). S. 130–46.

Zu »Tannhäuser«:
Heinz W. Puppe: Heinrich Heines »Tannhäuser«. In: Monatshefte 66
(1974). S. 345–54.
Jochen Zinke: Tannhäuser im Exil. Zu Heines »Legende« *Der Tann-
häuser.* In: Gedichte und Interpretationen, Bd. 4: Vom Biedermeier
zum Bürgerlichen Realismus. Hrsgg. von Gunter Häntzschel. Stutt-
gart 1983. S. 212–21.
Günter Oesterle: Heinrich Heines Tannhäusergedicht – eine erotische
Legende aus Paris. Zur Entstehung eines neuen lyrischen Tons. In:
Heinrich Heine und das neunzehnte Jahrhundert. S. 6–49.
Herbert Anton: Heines Venus-Mythologie. In: Heinrich Heine im
Spannungsfeld von Literatur und Wissenschaft. S. 143–57.

Erklärte Absicht Heines mit »Zur Geschichte der Religion und
Philosophie« ist es, die »sociale Wichtigkeit« der in ihrer unver-
ständlichen Sprache verschlüsselten deutschen Philosophie zu
»beleuchten« (DHA 8/1, S. 13). Das Geheimnis, das hier gelüf-
tet werden soll, ist der Sturz der herkömmlichen Religion und
deren Ersetzung durch einen den vollen Umfang der menschlichen Bedürfnisse und Triebe anerkennenden Pantheismus. Das
Christentum habe das griechische und dann das heidnische Element der naturnahen Volksreligion unterdrückt bzw. dämonisiert, die aber als »die verborgene Religion Deutschlands«
(DHA 8/1, S. 62) im Untergrund weitergelebt habe, bis sie in
der deutschen Naturphilosphie wieder aufgetaucht sei. Die Reformation, obwohl eine spiritualistische Wiedergeburt, habe
den Menschen zu einer kritischen Anwendung der Philosophie
auf die Religion befreit. In der Aufklärung sei die Religion
durch die Philosophie in der Evolution der Menschheit verdrängt worden; hier kreuzt sich das saint-simonistische Element der Abhandlung mit dem hegelschen, obwohl Heine im
Gegensatz zu Hegel den Beitrag Spinozas besonders hervorhebt, dessen Einfluß er über Mendelssohn und Lessing zu
Goethe und Kant verfolgt. Kant habe den Glauben an einen per-

sönlichen Gott unhaltbar gemacht, sei aber in der »Kritik der praktischen Vernunft« von den logischen Folgen seiner revolutionären Geistestat zurückgeschreckt. In den Schlußteilen malt Heine die Leiden und Verfolgungen Fichtes, liefert eine kurze Charakteristik Schellings und lobt Hegel in einigen knappen Sätzen. Er schließt mit einer heute leicht mißverständlichen Anrede, in der er die Franzosen vor dem Ausbruch des revolutionären deutschen Neuheidentums warnt: »Thor mit dem Riesenhammer springt endlich empor und zerschlägt die gothischen Dome. [...] Der Gedanke geht der That voraus, wie der Blitz dem Donner. Der deutsche Donner ist freylich auch ein Deutscher und ist nicht sehr gelenkig und kommt etwas langsam herangerollt; aber kommen wird er, und wenn Ihr es einst krachen hört, wie es noch niemals in der Weltgeschichte gekracht hat, so wißt, der deutsche Donner hat endlich sein Ziel erreicht« (DHA 8/1, S. 118).

Über Heines philosophische Kompetenz (über die er selber sich recht bescheiden ausdrückt) ist sehr gestritten worden. In seiner eigenen Zeit und in der traditionellen Kritik ist seine Interpretation der Philosophie eher belächelt worden. Es läßt sich allerdings feststellen, daß er für die Niederschrift des Werkes eine beträchtliche Zahl von sekundären philosophischen Quellen verwendet hatte. Manche Beobachter haben die revolutionäre Kühnheit seiner geschichtsphilosophischen Hermeneutik als einleuchtend und prophetisch anerkannt. Mehr als fünfzig Jahre später wurde Heine von Friedrich Engels als der einzige gelobt, der die revolutionäre Potenz der deutschen Philosophie gesehen habe, und dieser Standpunkt hat sich in der Hauptströmung der heutigen Heine-Forschung durchgesetzt. Doch wird ein überraschender Aspekt der Abhandlung etwas beiseite gelassen, nämlich sein auffallender Patriotismus. Denn der angeblich zwischen Deutschland und Frankreich vermittelnde Heine gibt der latenten Kraft der deutschen Philosophie eindeutig den Vorzug vor den praktisch-politischen Errungenschaften der französischen Revolutionen.

Zu »Zur Geschichte der Religion und Philosophie in Deutschland« sowie Heines Verhältnis zur Philosophie:
Entstehung: DHA 8/2, S. 509–60.
Walter Weiss: Heinrich Heine. In: W. W.: Enttäuschter Pantheismus. Zur Weltgestaltung der Dichtung in der Restaurationszeit. Dornbirn 1962. S. 157–94.
Wolfgang Wieland: Heinrich Heine und die Philosophie. In: DVLG 37 (1963). S. 232–48. Neudruck in: Heinrich Heine. Hrsgg. Koopmann. S. 133–55.

Manfred Frank: Heine und Schelling. In: Internationaler Heine-Kongreß. S. 281–306.

Ruth Saueracker-Ritter: Heinrich Heines Verhältnis zur Philosophie. München 1974.

Martin Bollacher: »Aufgeklärter Pantheismus«. Die Deutung der Geschichte in Heines Schrift *Zur Geschichte der Religion und Philosophie in Deutschland*. In: DVLG 49 (1975). S. 265–314. Neudruck in: Heinrich Heine. Artistik und Engagement. S. 144–86.

Karl-Heinz Käfer: Versöhnt ohne Opfer. Zum geschichtstheologischen Rahmen der Schriften Heinrich Heines 1824–1844. Meisenheim am Glan 1978.

Sara Ann Malsch: Die Bedeutung von Goethes Pantheismus und seiner satirischen Brechung für Heines Demokratiebegriff. In: Hjb 17 (1978). S. 35–54.

Françoise Bech: Literatur und Wissenschaft. »Streitobjekt Heine«. In: Sprache im technischen Zeitalter Nr. 68 (Oktober–Dezember 1978). S. 290–301.

Rudolf Malter: Heine und Kant. In: Hjb 18 (1979). S. 35–64.

Michel Espagne: Sur quelques manuscrits tardifs de Heine. In: EG 35 (1980). S. 416–29.

Johann M. Schmidt: Heine und Luther. Heines Lutherrezeption in der Spannung zwischen den Daten 1483 und 1933. In: Hjb 24 (1985). S. 9–79.

Yirmiyahu Yovel: Heine. In: Y. Y.: Spinoza and other Heretics. Princeton 1989. Bd. 2, S. 52–65.

»Die Romantische Schule« rekapituliert den kultursoziologischen Standpunkt von »Religion und Philosophie« und setzt das Argument literaturgeschichtlich fort. Zunächst bringt Heine die Romantik in Verbindung mit dem spiritualistischen, grundsätzlich durch den modernen Pantheismus überwundenen katholischen Christentum. Er definiert die romantische Schule als »nichts anders als die Wiedererweckung der Poesie des Mittelalters, wie sie sich in dessen Liedern, Bild- und Bauwerken, in Kunst und Leben manifestirt hatte. Diese Poesie aber war aus dem Christenthume hervorgegangen, sie war eine Passionsblume, die dem Blute Christi entsprossen« (DHA 8/1, S. 126). Diese Bestimmung der Romantik ist nicht neu. Sie ist schon bei Jean Paul und August Wilhelm Schlegel sowie bei Victor Hugo vorgebildet und taucht fast gleichzeitig in Hegels postumer »Ästhetik« auf. Nichtsdestoweniger ist sie eher ein Hindernis als eine Hilfe bei Heines Versuch, die Romantik in sein geschichtsphilosophisches System einzubauen, da sie nicht nur die Sicht in die epochale Modernität der Romantik verbaut, sondern auch eine echte Auseinandersetzung mit der eigenen

Bindung an die Romantik, der Identifizierung der als reaktionär verstandenen romantischen Poesie mit der Poesie überhaupt bei andauernder, lebensnotwendiger Treue zur Poesie, verdrängt. Daher gelingt es ihm nicht, die Ideologiekritik an der Romantik konsequent durchzuhalten.

Zunächst scheint er von einem aufklärerischen Standpunkt aus zu argumentieren, indem er die Polemik Johann Heinrich Voß' (1751–1826) gegen den Übertritt Friedrich Stolbergs (1750–1819) zum Katholizismus stark hervorhebt. Goethe, dem ein verhältnismäßig langer, dichter, letzten Endes vergötternder Abschnitt gewidmet wird, lobt Heine wegen seines antiromantischen, nichtchristlichen, diesseitigen Standpunkts bei einer Kritik der Gleichgültigkeit und Distanz vom Menschlichen, wozu sein Pantheismus ihn geführt habe. Dann behandelt er nacheinander Friedrich und August Wilhelm Schlegel, Tieck, Schelling, Hoffmann, Brentano, Arnim, Jean Paul, Zacharias Werner, Fouqué und Uhland. Auffallend ist, daß er in vielen Fällen seine Achtung vor der dichterischen Leistung dieser Schriftsteller nicht verweigern kann; immer wieder macht er Ausnahmen von der allgemeinen Ablehnung. Nur wo er meint, daß der Schriftsteller ein Bündnis mit der herrschenden konterrevolutionären Ordnung abgeschlossen habe, wie im Falle August Wilhelm Schlegels oder Tiecks, wird er unerbittlich. Uhland andererseits, der die rückwärtsgewandte Poesie mit einer Tätigkeit als liberaler Politiker eingetauscht habe, wird deswegen emphatisch gelobt.

Zu »Die Romantische Schule« und Heines Verhältnis zur Romantik:
Entstehung: DHA 8/2, S. 1013–77.
Karl-Heinz Hahn: Zwischen Tradition und Moderne. Zu Heinrich Heines Essay »Die Romantische Schule«. In: Internationaler Heine-Kongreß. S. 416–46.
Joseph A. Kruse: »Die Romantische Schule«. Ebenda. S. 447–63.
Alexander Sergejewitsch Dmitrejew: Die Beziehungen zwischen dem Schaffen des jungen Heine und dem ästhetischen Programm der Jenaer Romantik. In: Streitbarer Humanist. S. 172–89.
Peter Uwe Hohendahl: Geschichte und Modernität. Heines Kritik an der Romantik. In: JDSG 17 (1973). S. 318–61. Neudruck in: P. U. W.: Literaturkritik und Öffentlichkeit. München 1974. S. 50–101.
László Tarnói: Heine und die deutsche Romantik. In: Annales Universitatis Scientiarum Budapestinensis de Rolando Eötvös Nominate. Sectio Philologica Moderna 5 (1974). S. 11–20.

Wolfgang Frühwald: Heinrich Heine und die Spätromantik. Thesen zu einem gebrochenen Verhältnis. In: Heinrich Heine: Dimensionen seines Wirkens. S. 46–55.

Herbert Clasen: Heinrich Heines Romantikkritik. Tradition – Produktion – Rezeption. Hamburg 1979.

Fritz Mende: Zu Heines selbstkritischer Einschätzung: »entlaufener Romantiker«. In: Mende, Studien. S. 218–29.

Herbert Gutjahr: Zwischen Affinität und Kritik. Heinrich Heine und die Romantik. Frankfurt am Main u. a. 1984.

Ulrich Pongs: Heinrich Heine. Sein Bild der Aufklärung und dessen romantische Quellen. Frankfurt am Main u. a. 1985.

Azade Seyhan:Cannons Against the Canon. Representations of Tradition and Modernity in Heine's Literary History. In: DVLG 63 (1989). S. 494–520.

»Zur Geschichte der Religion und Philosophie in Deutschland« und »Die Romantische Schule« sind wohl die einflußreichsten Prosaschriften Heines, sowohl in Deutschland wie auch im Ausland. Vor allem durch sie wurde Heine neben seinem Kontrahenten Ludwig Börne zu einer allerdings nicht immer vorbehaltlos bewunderten Modellfigur für liberale, oppositionelle Schriftsteller, die eine halbe Generation jünger waren. Obwohl diese Schriftsteller sich niemals zu einer richtigen Gruppe zusammengeschlossen haben, wurden sie kollektiv als das »Junge Deutschland« benannt, eine Bezeichnung, die sich in der Literaturgeschichte bewährt hat. Zwar schwankt die literaturgeschichtliche Definition der Gruppe zwischen einer fast generationsidentischen Ausdehnung und einem engen Kreis; für unsere Zwecke aber dürfen die Schriftsteller genannt werden, die zusammen mit Heine zu einem traurigen Ruhm in der Geschichte der Zensur gelangt sind: Ludolf Wienbarg (1802–72), Theodor Mundt (1808–61), Heinrich Laube (1806–84) und Karl Gutzkow (1811–78).

Zum Jungen Deutschland:

Walter Dietze: Junges Deutschland und deutsche Klassik. Zur Ästhetik und Literaturtheorie des Vormärz. 3. Auflage Berlin 1962.

Helmut Koopmann: Das Junge Deutschland. Analyse seines Selbstverständnisses. Stuttgart 1970.

Jeffrey L. Sammons: Six Essays on the Young German Novel. Chapel Hill 1972.

Walter Hömberg: Zeitgeist und Ideenschmuggel. Die Kommunikationsstrategie des Jungen Deutschland. Stuttgart 1975.

Hartmut Steinecke: Literaturkritik des Jungen Deutschland. Entwicklungen – Tendenzen – Texte. Berlin 1982.

Wulf Wülfing: Schlagworte des Jungen Deutschland. Mit einer Einführung in die Schlagwortforschung. Berlin 1982.
Manfred Windfuhr: Das Junge Deutschland als literarische Opposition. Gruppenmerkmale und Neuansätze. In: Hjb 22 (1983). S. 47–69.
Joseph A. Kruse und *Bernd Kortländer*, Hrsg. Das Junge Deutschland. Kolloquium zum 150. Jahrestag des Verbots vom 10. Dezember 1835. Hamburg 1987.

2.4 Der Bundestagsbeschluß von 1835 und dessen Folgen

Durch die Gärung in der jungen Literatur sahen sich die Regierungen genötigt, nach einem Anlaß zu suchen, um unmißverständlich zurückzuschlagen. Diesen Anlaß lieferte 1835 Karl Gutzkow mit seinem sowohl religionskritischen wie auch erotisch gewagten Roman »Wally, die Zweiflerin«. Im November erließ Preußen ein Verbot aller Schriften Gutzkows, Wienbargs, Laubes und Mundts. Dies wurde das Modell des Bundestagsbeschlusses vom 10. Dezember 1835, dem Heines Namen auf Verlangen Metternichs hinzugefügt worden ist. Da die Werke dieser Schriftsteller »unverholen dahin gehen, in belletristischen, für alle Classen von Lesern zugänglichen Schriften die christliche Religion auf die frechste Weise anzugreifen, die bestehenden sozialen Verhältnisse herabzuwürdigen und alle Zucht und Sittlichkeit zu zerstören«, sollten in sämtlichen deutschen Staaten deren Druck, Veröffentlichung und Verbreitung in jeder Weise verhindert werden; dabei wurde der Regierung Hamburgs die Buchhandlung von Hoffmann und Campe, »welche vorzugsweise Schriften obiger Art in Verlag und Betrieb hat«, zur besonderen Verwarnung empfohlen.

Zum Zustandekommen und zur Wirkung des Bundestagsbeschlusses:
Erwin Wabnegger: Literaturskandal. Studien zur Reaktion des öffentlichen Systems auf Karl Gutzkows Roman »Wally, die Zweiflerin« (1835–1848). Würzburg 1987.

Es dauerte eine Weile, bis Heine die Tragweite dieser Maßnahme richtig begriffen hatte. Zunächst beschuldigte er Campe, das Verbot durch den Druck radikaler Schriftsteller veranlaßt zu haben, während er mit seinen harmlosen, gemäßigten Schriften den Regierungen keinen Anlaß zur Verfolgung gegeben habe. In verschiedenen Zeitungen ließ er einen, wie er sich privat ausdrückte, »kindlich syroblich submisse[n]« öffentlichen Brief »an eine hohe Bundesversammlung« drucken, in dem er sich beschwerte, der Bundestag habe ihn ohne Verhör verurteilt, freies Geleit zu seiner Verteidigung wie im Falle Martin Luthers verlangte, seine Treue zu den »Gesetzen meines Vaterlandes« beteuerte und die Herren der Bundesversammlung als »die höchsten Autoritäten einer geliebten Heimath« anerkannte (HSA 21, S. 138; DHA 11, S. 148–49; Entstehung S. 794–98). Im Juni 1836 hat er einen nicht erhaltenen, anscheinend an die Großmut der Mächtigen appellierenden Brief direkt an Metternich geschrieben. Am Anfang des nächsten Jahres bereitete er einen Angriff auf Wolfgang Menzel vor. Wie seine Zeitgenossen glaubte Heine, daß Menzel durch seine vernichtende, das Junge Deutschland im allgemeinen moralisch und nationalistisch verschmähende Kritik an Gutzkows »Wally« den Bundestagsbeschluß veranlaßt habe. Heute wissen wir, daß das zeitlich nicht stimmen kann; wahr ist allerdings, daß Menzel den Regierungen eine wichtige Unterstützung aus dem bürgerlichen Lager lieferte. Heine konzipierte die Polemik als Vorwort zum dritten *Salon*-Band; als sie aber von der Zensur gestrichen wurde, ließ er sie als Pamphlet mit dem Titel »Über den Denunzianten« erscheinen (DHA 11, S. 154–68; Entstehung S. 825–33). Hauptzweck der Polemik war es, Menzel derart zu beleidigen, daß er der eigenen Ehre wegen mit Heine hätte duellieren müssen. Dabei rächte sich Heine in vielleicht etwas unvorsichtiger Weise für die neuen antisemitischen Prinzipien des exliberalen Kritikers, indem er Menzels rassische Reinheit als Teutone in Zweifel zog. Zur gleichen Zeit inszenierte Heine eine geheime Pressekampagne gegen Menzel.

Zu Heines Auseinandersetzung mit Menzel:
Klaus Briegleb: Der »Geist der Gewalthaber« über Wolfgang Menzel. Zur Dialektik des denunziatorischen Prinzips in der neuen Literatur. Mit einem Neudruck aus dem preußischen Auftragspamphlet »Heinrich Heine und Ein Blick auf unsere Zeit«. In: Demokratisch-revolutionäre Literatur in Deutschland: Vormärz. Hrsgg. von Gert Mattenklott und Klaus R. Scherpe. Kronberg 1975. S. 117–50.
Ingrid Oesterle und *Günter Oesterle:* Der literarische Bürgerkrieg. Gutzkow, Heine, Börne wider Menzel. Polemik nach der Kunstperiode und in der Restauration. Ebenda. S. 151–85.
David Heald: Wolfgang Menzel – The »Denunziant« Revalued. In: New German Studies 5 (1977). S. 25–48.

Selbstverständlich hat Menzel der Herausforderung Heines keine Beachtung geschenkt. Durch solche Erfahrungen mußte dieser sich allmählich von der Irrelevanz seiner Abwehrmaßnahmen überzeugen lassen. Schon im September 1836 stöhnte er in einem Brief an Campe: »was hilft mir schreiben, wenn mir's nicht gedruckt [wird]« (HSA 21, S. 160).

Das einzige erfolgversprechende Mittel, das Heine und Campe übriggeblieben ist, war es, die Zensur mit möglichst harmlosen, unauffälligen Schriften zu umgehen bzw. ad absurdum zu führen. Das kaum überraschende Ergebnis war, daß Heines ohnehin gedrosselte Produktivität in der zweiten Hälfte der dreißiger Jahre auch qualitätsmäßig gelitten hat. Obwohl die Spezialisten gelegentlich versuchen, chiffrierte revolutionäre Botschaften in den Schriften dieser Jahre aufzudecken, ist der Eindruck kaum zu vermeiden, daß der Bundestagsbeschluß, trotz Heines verzweifelter Versuche, ihn als nichtexistent zu betrachten, keine günstige Wirkung auf seine Dichtung ausgeübt hat. Beredtes Beispiel ist sein drittes Romanfragment, »Florentinische Nächte«, das im dritten »Salon«-Band erschienen ist. Hier setzte Heine ein paar Novellen in einen quasi-dekadenten, schauerromantisch-erotischen Rahmen, indem er das schmachtende, sterbende Mädchen aus den »Reisebildern« wiederbelebte und seinen Erzähler zur längst überwundenen Persona der frühen Lyrik zurückgehen ließ. Zwar fehlen weder sein sensualitisches Thema in Gestalt einer Tänzerin noch allegorisierte politische Anspielungen; doch ist das einzig Denkwürdige an dem Fragment eine dramatische Darstellung eines Konzerts von Niccolò Paganini, wobei der berühmte Geiger dämonische Visionen durch seine unheimliche Kunstfertigkeit in der Einbildungskraft des Zuhörers hervorruft.

Zu »Florentinische Nächte«:
Entstehung: B 1, S. 855–66.
Maria Fancelli: »Heine Minore: Le *Florentinische Nächte*.« In: SG N.F. 11.
Elvira Grözinger: Die »doppelte Buchhaltung«. Einige Bemerkungen zu Heines Verstellungsstrategie in den »Florentinischen Nächten«. In: Hjb 18 (1979). S. 65–83.
Andras Sandor: Auf der Suche nach der vergehenden Zeit. Heines »Florentinische Nächte« und die Probleme der Avantgarde. In: Hjb 19 (1980). S. 101–39.
Rolf Hosfeld: Nachtgedanken. Heinrich Heines »Florentinische Nächte«. In: Heinrich Heine und das neunzehnte Jahrhundert. S. 73–90.
Manfred Windfuhr: Zensur und Selbstzensur nach dem Bundestagsbeschluß. Heines »Florentinische Nächte«. In: Das Junge Deutschland: Kolloquium zum 150. Jahrestag des Verbots vom 10. Dezember 1835. Hrsgg. von Joseph A. Kruse und Bernd Kortländer. Hamburg 1987. S. 218–37.

Zur Paganini-Szene:
Johannes Mittenzwei: Musikalische Inspiration in Heines Erzählung
»Florentinische Nächte« (I) und die Auffassung des Dichters über das
»Zeitalter der Musik«. In: J.M.: Das Musikalische in der Literatur.
Ein Überblick von Gottfried von Straßburg bis Brecht. Halle 1962. S.
231–51.
Steven Paul Scher: Heine's Paganini Portrait: Translation of Music into
»Theater«. In: S.P.S.: Verbal Music in German Literature. New Ha-
ven und London 1968. S. 79–105.

Im Hinblick auf das auffällig harmlose Aussehen des dritten
»Salon«-Bandes fügte Heine auch den wenigstens oberflächlich
apolitischen Aufsatz »Elementargeister« hinzu (s. o.).

Eine wohl intendierte Wirkung des Verbots war es, Heine als
Berufsschriftsteller finanziell zu schaden. Um sein unregelmä-
ßiges Einkommen zu ergänzen, hat er ab und zu Auftragsarbei-
ten angenommen, womit er oft mehr verdienen konnte als mit
seinen Hauptwerken. Es stellt sich bei diesen Schriften noch-
mals die Frage, inwiefern sie in einer Sklavensprache geschrieben worden sind, inwieweit wir berechtigt sind, sie als getarnte
bzw. ironische Äußerungen umzuinterpretieren. Tatsache ist
aber, daß in ihnen charakteristische Themen und Standpunkte
erscheinen, nur mit vielleicht etwas zurechtgerückter Beto-
nung. 1837 wurde er aufgefordert, eine Einleitung zu einer
deutschen Übersetzung von »Don Quixote« zu liefern. Das war
eine kongeniale Arbeit, da er Cervantes' großen Roman von
Kindheit an geliebt hatte. Hier betont er eins seiner wiederkeh-
renden Themen, nämlich die hervorragende Geistesaristokratie
des echten Dichters innerhalb einer zum nivellierenden Repu-
blikanismus drängenden Gesellschaft: »Die Gesellschaft ist eine
Republik. Wenn der Einzelne emporstrebt, drängt ihn die Ge-
samtheit zurück durch Ridiküle und Verlästerung. Keiner soll
tugendhafter und geistreicher sein, als die übrigen. Wer aber
durch die unbeugsame Gewalt des Genius hinausragt über das
banale Gemeindemaß, diesen trifft der Ostrazismus der Gesellschaft, sie verfolgt ihn mit so gnadenloser Verspottung und Ver-
leumdung, daß er sich endlich zurückziehen muß in die Einsamkeit seier Gedanken. [...] Der echte Demokrat schreibt, wie
das Volk, herzlich schlicht und schlecht. Den meisten Männern
der Bewegung gelang dies sehr leicht; aber nicht jedem ist es gegeben, schlecht zu schreiben, zumal wenn man sich zuvor das
Schönschreiben angewöhnt hatte, und da hieß es gleich: Das ist
ein Aristokrat, ein Liebhaber der Form, ein Freund der Kunst,
ein Feind des Volks« (B 4, S. 158–59). Hier erscheint auch zum

ersten Mal der Gedanke, daß das Ende der Kunstperiode ein nur vorläufiges Zwischenspiel sein könnte: »Jetzt haben die Völker allzuviele politische Geschäfte; wenn aber diese einmal abgetan sind, wollen wir Deutsche, Britten, Spanier, Franzosen, Italiener, wir wollen alle hinausgehen in den grünen Wald und singen, und die Nachtigall soll Schiedsrichterin sein. Ich bin überzeugt, bei diesem Wettgesange wird das Lied von Wolfgang Goethe den Preis gewinnen« (B 4, S. 163).

Zu Heine und Cervantes:
Entstehung von der »Einleitung«: B 4, S. 876–77.
Fritz Mende: Bekenntnis 1837. Heinrich Heines »Einleitung zum Don Quijote«. In: Hjb 6 (1967). S. 48–66. Neudruck in: Mende, Schriften, S. 120–34.
Ulrich Stadler: Literarischer Donquichottismus. Der Gegensatz von Schönheit und Wahrheit bei Heinrich Heine. In: Hjb 20 (1981). S. 9–21.
Ludwig Schrader: Heinrich Heine als Leser des Quijote. In: Heinrich Heine im Spannungsfeld von Literatur und Wissenschaft. S. 173–83.

Im folgenden Jahr wurde ihm von einem französischen Verleger ein Projekt angetragen, das er leicht als Gelegenheitsarbeit mit der linken Hand hätte abtun können, statt dessen aber nahm er es zum Anlaß einer programmatischen Schrift. Er sollte einen Kommentar zu einer Reihe von an sich wenig bemerkenswerten, Shakespeares weibliche Figuren illustrierenden englischen Stahlstichen liefern. Das Buch erschien als »Shakespeares Mädchen und Frauen« Ende 1838 mit dem Datum 1839, ausnahmsweise nicht bei Campe, der es abgelehnt hatte, sondern bei Brockhaus und Avenarius in Leipzig (B 4, S. 171–293, Stiche zwischen S. 192 und 193). Wie die meisten deutschen Intellektuellen seiner Epoche war Heine von Shakespeare fasziniert; er paßte den (leider) englischen Dichter in seine Dichotomie von Sensualismus und Spiritualismus als antipuritanischen Anwalt der befreiten und befreienden Einbildungskraft hinein. Das Buch ist allerdings weniger ein Kommentar zu Shakespeare als der Anlaß, verschiedene Themen zur Sprache zu bringen, von Goethes »Faust« zu Schillers »Jungfrau von Orleans«, vom Unterschied zwischen der antiken und der modernen Aristokratie zum industriellen Hintergrund des Hundertjährigen Krieges, von der Widerwärtigkeit der Engländer bis zur Lächerlichkeit August Wilhelm Schlegels und Ludwig Tiecks. In mancher Hinsicht gehört diese Gelegenheitsarbeit zu Heines politischten Werken, wo er sich über die Vorteile und Nachteile verschie-

dener Regierungsformen ausläßt. Das exemplifiziert er allerdings nur an den Dramen mit antiken Themen. Die englische
Geschichte interessiert ihn nicht, also streift er nur die sich
durch die Historien hindurchziehenden Reflexionen über den
Sinn des Königtums. Bei den Tragödien und Historien hatte
Heine seine vertragliche Umfangsbeschränkung so sehr über-
schritten, daß er sich bei den Komödien auf ausgewählte Shake-
speare-Zitate beschränkte. Eine Ausnahme macht er aber mit
dem »Kaufmann von Venedig«, die er unter die Tragödien ein-
reiht, da er Shylock als tragische Figur darstellen möchte. Dieser Abschnitt ist ein wichtiger Beitrag zu Heines weder eindeu-
tiger noch gleichbleibender Einstellung zum Judentum und zur
sogenannten »Judenfrage«. In einer Art Nachwort macht er
sich Gedanken über die Unfähigkeit der Franzosen, Shakespeare zu begreifen.

Zu Heine und Shakespeare:
Entstehung von »Shakespeares Mädchen und Frauen«: B 4, S. 879–82.
Siegbert Prawer: Heine's Shakespeare: A Study in Contexts. Oxford
    1970.
Grigorij Chawtassi: Weltergänzung durch Poesie: Zu ästhetischen An-
    sichten Heinrich Heines. In: WB 18, Nr. 2 (Februar 1972). S. 145–61.
Karl Joseph Höltgen: Über »Shakespeares Mädchen und Frauen«.
    Heine, Shakespeare und England. In: Internationaler Heine-Kon-
    greß. S. 464–88.
Hans Henning: Heines Buch über Shakespeares Mädchen und Frauen.
    In: Shakespeare Jahrbuch 113 (1977). S. 103–17.
Volkmar Hansen: Heines Shakespeare-Buch. In: Heine: Shakespeares
    Mädchen und Frauen. Hrsgg. von Volkmar Hansen. Frankfurt am
    Main 1978. S. 217–43.

Weniger als Auftragsarbeit denn als eine Fortsetzung von Heines kultureller Berichterstattung aus Frankreich sind die Briefe
»Über die französische Bühne« einzustufen. Sie sind zuerst
1837 in der »Allgemeinen Theater-Revue« als Briefe an den Redakteur, Heines damaligen Freund und Vertrauten August Le-
wald (1792–1871), erschienen und wurden dann 1840 in den
vierten »Salon«-Band aufgenommen. Dieses Werk ist eine Art
von literatursoziologischem Versuch, in dem Heine das französische Drama mit den mit Deutschland kontrastierenden Bedingun-
gen der französischen Gesellschaft in Beziehung setzt und Beobachtungen zur Kommerzialisierung des Theaterbetriebs an-
stellt. Obwohl er Victor Hugo gegen ideologische Angriffe verteidigt, ist er vom zeitgenössischen französischen Drama wenig
angetan. Das politische Engagement des französischen Realis-

mus verstößt nach seiner Überzeugung gegen das Prinzip der
»Autonomie der Kunst; weder der Religion, noch der Politik
soll sie als Magd dienen, sie ist sich selber letzter Zweck, wie die
Welt selbst« (DHA 12/1, S. 259). Er nimmt in einer vielleicht
unerwartet »klassischen« Weise gegen den bürgerlichen Realismus Stellung: »Wenigstens sey die Bühne niemals eine banale
Wiederholung des Lebens, und sie zeige dasselbe in einer gewissen vornehmen Veredlung, die sich, wenn auch nicht im Wort-
maaß und Vortrag, doch in den Grundton, in der inneren Fey-
erlichkeit eines Stückes, ausspricht« (DHA 12/1, S. 258). Nicht
nur das Drama, sondern auch das Konzertwesen bzw. die Oper
wird in diesen Berichten gesellschaftskritisch gesehen.

*»Über die Französische Bühne« gehört zu den von der Heine-Forschung
vernachlässigtsten Werken:*
Entstehung: DHA 12/2, S. 1072–86.
Christoph Trilse: Heinrich Heine und das Theater. In: Heine: Über die
    französische Bühne und andere Schriften zum Theater. Hrsgg. von
    Christoph Trilse. Berlin 1971. S. 11–42 (von beschränktem Wert).

Zu Heine und Victor Hugo:
Fritz Mende: Prüfstein und Gegenbild. Heinrich Heines Auseinander-
    setzung mit Victor Hugo. In: WB 27, Nr. 11 (November 1981). S.
    114–29.
Michel Espagne: La bosse de Victor Hugo. Manuscrits de H. Heine et
    histoire littéraire de la France. In: Romanistische Zeitschrift für Lite-
    raturgeschichte / Cahiers d'Histoire des Littératures Romanes 6
    (1982). S. 322–37.
Abraham Avni: Heine and Hugo. The Biblical Connection. In: Neo-
    philologus 68 (1984). S. 405–20.

Diese für ihn unnatürliche Haltung der Harmlosigkeit konnte
Heine auf die Dauer nicht aufrechterhalten, da seine Feinde
nicht auf die Herrschenden beschränkt waren. Anfang 1838 erschien im ersten Heft der »Deutschen Viertel-Jahrsschrift« eine
ausführliche Kritik des schwäbischen Dichters Gustav Pfizer
(1807–90): der umfangreichste Aufsatz über ihn, der zu seinen
Lebzeiten erschien. Hier manifestierte sich die abschätzige Terminologie, die die Kritik an Heine für den Rest seines Lebens
und lange darüber hinaus charakterisieren sollte. Pfizer beklagte
die fehlende ästhetische Einheit von Heines Dichtung, das
Schwanken zwischen Prosa und Poesie, die Eitelkeit der sub-
jektiven Rede, die oberflächliche Popularisierung von dem,
»worüber tief- und scharfsinnige Männer ihr Lebenlang nachgedacht haben«, die Angriffe auf das Christentum, die der

jüdischen Sache schadeten u. dergl. mehr. Heine meinte, hinter diesem Angriff den Einfluß des Stuttgarter Literaturpapstes Menzel zu spüren. Er hatte schon Anlaß gehabt, sich über den schwäbischen Dichterkreis zu ärgern, als ein anderes Mitglied der Gruppe, Gustav Schwab (1792–1850), demonstrativ seine Beiträge zu einem Musenalmanach zurückgezogen hatte, weil Heines Bildnis darin erscheinen sollte. Er schlug mit einer groß-angelegten Polemik zurück; unter dem Titel »Der Schwabenspiegel« erschien sie November 1838 in Campes kurzlebigem »Jahrbuch der Literatur« (B 5, S. 56–70). Er verspottete das, was wir heute Biedermeierdichtung nennen würden, wegen ihrer harmlosen Häuslichkeit, Überholtheit und Irrelevanz; er stellte die schwäbischen Dichter als kleinformatige Epigonen der großen Schwaben des deutschen Geisteslebens – Schiller, Schelling, Hegel, David Friedrich Strauß – dar. Er erneuerte seine Beschimpfung Menzels, indem er ihn mit grotesken Anekdoten der Feigheit bezichtigte, weil er die Herausforderung zum Duell unbeantwortet gelassen hatte.

Zum »Schwabenspiegel«:
Entstehung: B 5, S. 655–72.
Victor G. Doerksen: June Bugs and Hornets: A Contextual Consideration of Heine's »Schwabenspiegel«. In: Heinrich Heine. Dimensionen seines Wirkens. S. 34–45.

»Der Schwabenspiegel« gehört zu einer Reihe von privaten und öffentlichen Streitigkeiten, die am Ende der dreißiger Jahre ausgefochten wurden. Heine hat mit dem obskuren Ludwig Wihl (1806–82) sowie mit dem prominenten, in Campes eigenem Verlag angestellten Karl Gutzkow die Klingen gekreuzt. Campe gegenüber beschwerte er sich zudem unaufhörlich über Buchhändlermachenschaften und Zensurprobleme. Im April 1839 veröffentlichte Heine in Heinrich Laubes »Zeitung für die elegante Welt« einen langen, gegen Campe gerichteten Brief mit dem Titel »Schriftstellernöthen«, worin er sogar Campes Treue und Ehre in Zweifel zog (DHA 11, S. 172–82). Der Verleger, der sich gründlich mißverstanden fühlte, war tief verletzt; als Heine mit seinen Angriffen hartnäckig fortfuhr, wurde Campe derart aufgebracht, daß er mit einem Duell drohte. Zwar waren diese Streitigkeiten nur Vorgefechte zu seinen großen Polemiken der vierziger Jahre, als er einsehen mußte, daß die Entschlossenheit der deutschen Regierungen, ihn zum Schweigen zu bringen, weder zu erweichen noch zu umgehen war.

2.5 Die radikale Phase 1840–1848

Um 1840 änderte sich die politische Atmosphäre Deutschlands. Diese Änderung hängt wenigstens teilweise mit dem Thronwechsel in Preußen zusammen: Friedrich Wilhelm III., der seit Heines Geburtsjahr regiert hatte, war im Juni gestorben. Sein Sohn und Nachfolger Friedrich Wilhelm IV. besaß bessere Kontakte zur intellektuellen und literarischen Welt; man hoffte also auf ein liberaleres Regime, besonders was die Zensur und die Drosselung des geistigen Lebens anging. Es brach tatsächlich ein gewisses Tauwetter aus, aber nur für kurze Zeit; der neue, intelligente aber labile und unbeständige König, der romantische Vorstellungen vom Gottesgnadentum wiederzubeleben suchte, ließ sich von reaktionären Ratgebern beeinflussen und führte bald die Politik der Restaurationszeit in herkömmlicher Weise weiter. Selbstverständlich wurde dadurch der oppositionelle Geist in Deutschland nur weiter angefacht; neue Persönlichkeiten traten auf, neue Strategien der öffentlichen Wirkung wurden erprobt.

Heine war über diese Entwicklung keineswegs erfreut. Er sah dadurch seine Vorrangsstellung als echten Revolutionär, dessen Seherblick durch die Überlegenheit des dichterischen Genies beglaubigt war, in gefährlicher Weise bedroht. Er fand sich veranlaßt, das vom Bundestagsverbot aufgedrungene Spiel der Harmlosigkeit aufzugeben und sich zu radikalisieren, um seinen Vorposten im Befreiungskrieg der Menschheit zu behaupten. Vor allem mußte der epochale Imperativ, die nicht zuletzt durch die Emanzipation von der religiösen Besetzung des Bewußtseins voranzutreibende sinnliche Befreiung, der Kampf des Sensualismus gegen den Spiritualismus, gegen einen republikanisch gekleideten Puritanismus verteidigt werden. Dazu kam der allerdings vom französischen Säbelrasseln angestachelte Nationalismus der deutschen Liberalen, der den Untergang der revolutionären Werte der Freiheit und Gleichheit im neuimperalistischen Rausch und bürgerlichen Klassendünkel ankündigte. Somit wollte Heine gegen das Aufkommen des viktorianischen Zeitalters sowie des deutschen bzw. europäischen Nationalismus die Waffen ergreifen. Daß er sich nicht durchsetzen konnte, ist bei der geschichtlichen Größenordnung solcher Gegenkräfte kaum verwunderlich.

Allerdings galt sein erster großer Feldzug der vierziger Jahre weniger der deutschen als der französischen Politik. In Damaskus wurde im Februar 1840 die Leiche eines ermordeten

Mönchs gefunden. Die Juden wurden des Ritualmordes beschuldigt, worauf im Nahen Osten ein Pogrom schauderhaften Ausmaßes stattfand. Durch diesen Rückfall in die abergläubische Barbarei des Mittelalters wurde Heine schockiert. Noch empörender war, daß, während der Konsul des reaktionären Österreichs die Unhaltbarkeit der Anklage gegen die Juden zu entlarven suchte, die Diplomaten des fortschrittlichen, vernünftigen Frankreichs aus machtpolitischen Gründen sich weigerten, zu protestieren, und bis zu einem gewissen Grad die judenfeindlichen Hirngespinste sogar gelten ließen. Heine hatte Anfang 1840 seine Berichterstattung für die Augsburger »Allgemeine Zeitung« wieder aufgenommen. Diesmal dauerte seine Mitarbeit dreieinhalb Jahre mit gelegentlichen weiteren Beiträgen bis 1848; die Zeitungsartikel, mit denen er die Kunst des Feuilletons zu einer ersten Höhe führte, sollten, aus dem Rückblick redigiert und von Zensureingriffen befreit, sein umfangreichstes Buch, »Lutezia«, ergeben (s. u. S. 34–41). In seinen Artikeln griff er die französische Regierung und nicht zuletzt die jüdischen Finanzleute in der Deputiertenkammer an; als diese dann tatsächlich gegen die Regierungspolitik protestierten, entschuldigte er sich öffentlich – ein fast einmaliges Ereignis in seinem Leben.

Dazu:
Lucienne Netter: Heine, l'affaire des juifs de Damas et la presse parisienne. In: Hjb 11 (1972). S. 56–65.

Es ist gut möglich, daß die Affäre der Damaszener Juden den Impuls zu einem unterirdischen Wandel in Heines Verhältnis zum Judentum gegeben hat. Dieser Wandel wurde erst einige Jahre später manifest; symptomatisch dafür ist aber, daß das Ereignis offensichtlich unmittelbar zur Wiederaufnahme des sechzehn Jahre alten Romanfragments, »Der Rabbi von Bacherach«, das er als »sehr zeitgemäß« bezeichnete (HSA 21: 362), geführt hat. Da Heine aber immer noch religionsfeindlich eingestellt war, konnte er den Anschluß an den ursprünglichen Geist des Fragments nicht mehr finden; das dritte, wohl erst jetzt geschriebene Kapitel, wurde so eher zu einer Satire auf die Juden und ihre Traditionen und zur Demonstration von Heines Sensualismus. Die Weiterführung des Fragments machte es allerdings Heine und Campe möglich, das lange verschobene Projekt eines vierten »Salon«-Bandes zu verwirklichen, in dem »Über die französische Bühne« und einige Gedichte zusammen mit dem »Rabbi« Ende Oktober erschienen sind. Die Veröffentlichung wurde wenig beachtet, da Heine inzwischen einen für sich und seine Zwecke weit gefährlicheren Feldzug eröffnet hatte. Er versuchte nämlich sich und seinen Standpunkt dadurch zu profilieren, daß er sich von Ludwig Börne und damit von der liberalen bzw. republikanischen Konkurrenz grundsätzlich distanzierte.

Heine und Börne galten, besonders bei den Regierungen und den konservativen Kräften, als die Anführer der oppositionellen Publizistik. Den schärfer Beobachtenden – z.B. den Polizeispitzeln – konnte es allerdings nicht entgehen, daß die beiden sich seit der Julirevolution 1830 weitgehend entfremdet hatten. Börne, der schon vor Heine halbfreiwillig ins Pariser Exil gegangen war, hoffte ursprünglich auf eine Zusammenarbeit mit dem einzigen Zeitgenossen, der sich mit ihm an Witz und Schlagfertigkeit messen konnte. Zu seiner tiefen Enttäuschung aber mußte er sich überzeugen lassen, daß Heine in Paris mit ihm nichts mehr zu tun haben wollte. Um Börne zu ärgern, spielte Heine den Dandy, den indifferenten Ästheten, den amoralischen Sensualisten. Er spottete über die Versammlungen deutscher Handwerker, vor denen Börne Reden zu halten pflegte, und nahm von jeglichen gemeinsamen Unternehmungen der deutschen Flüchtlinge in Paris Abstand. Bald empfand Börne ihn als Verräter an der guten Sache und in seiner Enttäuschung zettelte er eine immer kleinkariertere Stimmungsmache gegen Heine an. Er begann, Heine in der Öffentlichkeit zu kritisieren: »Ich kann Nachsicht haben mit Kinderspielen, Nachsicht mit den Leidenschaften eines Jünglings. Wenn aber an einem Tage des blutigen Kampfes ein Knabe, der auf dem Schlachtfelde nach Schmetterlingen jagt, mir zwischen die Beine kömmt; wenn an einem Tage der höchsten Noth, wo wir heiß zu Gott beten, ein junger Geck uns zur Seite, in der Kirche nichts sieht als die schönen Mädchen, und mit ihnen liebäugelt und flüstert – so darf uns das, unbeschadet unserer Philosophie und Menschlichkeit, wohl ärgerlich machen« (zitiert von Heine selber, DHA 11: 123). Privat schickte er eine Flut von Beschimpfungen, Verleumdungen und teilweise falschen Gerüchten über Heines Charakter usw. in Briefen an seine Freundin Jeanette Wohl (1783–1861). Es ist nicht unmöglich, daß Heine von diesem sich anhäufenden Waffendepot Wind bekommen hat. Trotzdem hat er während Börnes Lebenszeit nicht zurückgeschlagen.

Heine glaubte auf einem unvergleichlich höheren revolutionären Niveau als Börne zu stehen. Für Heine war Börne der

Inbegriff des engen, lust- und kunstfeindlichen republikanischen Spiritualisten bzw. Nazareners, nach dessen Prinzipien
die Befreiung der Menschheit niemals erreicht werden könne.
Das revolutionäre Gehabe der deutschen Handwerker und
Bildungsbürger war in seinen Augen unzeitgemäß und lächer-
lich, weil er meinte, das immer noch romantisch-idealistische,
autoritätsgläubige Deutschland sei zur Revolution gar nicht
reif. Besonders ging ihm Börnes milde Religiösität auf die Ner-
ven. Als Börne die »Paroles d'un croyant« des radikalen, schon
vom Vatikan geächteten Priesters Félicité de Lamennais (1782–
1854) ins Deutsche übersetzte, war Heine entsetzt. Obwohl wir
heute den gewiß etwas exaltierten Lamennais als Vorläufer des
christlichen Sozialismus erkennen können, war für Heine alles,
was im Geruch des Katholizismus stand, ein Greuel. Aber er
fürchtete auch die Konkurrenz von Börne und seinen vielen
Anhängern und Bewunderern. In dieser Hinsicht waren seine
radikalsten Äußerungen oft auch als Beglaubigungszeugnisse
konzipiert. An seinen gemäßigten Freund Varnhagen schrieb er
schon 1832: »ich stehe jetzt auf Friedensfuß mit allem Bestehenden und wenn ich auch noch nicht desarmire, so geschieht es
nur der Demagogen wegen, gegen welche ich einen schweren
Stand hatte und noch habe« (HSA 21, S. 36). Im nächsten Jahr
bemerkte er zur militanten Vorrede zu den »Französischen Zuständen«: »Schufte, wie Börne und Consorten, habe ich dadurch unschädlich gemacht, für mich wenigstens« (HSA 21, S.
59). Diese Taktik ist Börne nicht entgangen: »der arme Heine
[...] hat zwei Rücken, er fürchtet die Schläge der Aristokraten
und die Schläge der Demokraten, und um beiden auszuwei-
chen, muß er zugleich vorwärts und rückwärts gehen« (zitiert
von Heine selber, DHA 11, S. 125).
Börne ist im Februar 1837 gestorben. Da Heine vermutete,
daß Börne gegen ihn gerichtetes Material hinterlassen hatte, begann er schon damals, an eine Darlegung seines eigenen Standpunkts zu denken. Dann kam die Nachricht, daß der jetzt im
Hoffmann und Campeschen Verlag tätige Karl Gutzkow eine
Biographie Börnes vorbereite. Heine, der mit Gutzkow zer-
stritten war, betrachtete ihn als Feind im Hause des eigenen
Verlegers. Um einem möglichen Angriff im Namen Börnes zu-
vorzukommen, begann Heine im Frühling 1839 eine Schrift zu
verfassen, die den eigenen Standpunkt präzisieren und rechtfertigen sollte, möglicherweise auch als Abschnitt seiner Memoiren konzipiert wurde. Als Heine dem in Paris weilenden Heinrich Laube das Manuskript zeigte, war dieser durch den negati-

ven Ton beunruhigt. Seinen späteren Erinnerungen nach habe er Heine aufgefordert, einen »Berg« im Text zu errichten, der als Gegengewicht zur Kritik an Börne den eigenen Standpunkt deutlicher hervortreten lasse. Auf diese Weise sind anscheinend als zweites Buch die auf den Sommer 1830 zurückdatierten Helgoländer Briefe zustandegekommen, dessen genaue Datierung immer noch kontrovers bleibt (s. o. S. 64).

Heine, der dem Buch ursprünglich den Titel »Leben Ludwig Börnes« geben wollte, änderte ihn dann in »Ludwig Börne. Eine Denkschrift von H. Heine«. Campe aber ließ das Buch als »Heinrich Heine über Ludwig Börne« drucken, mit dem Namen Heines demonstrativ *über* den Börnes auf der Titelseite gedruckt. Da Campe verlagstechnische Fehler selten unterlaufen sind, gibt dieser Fauxpas zu denken, besonders da er die Börne-Biographie Gutzkows zurückgestellt hatte, was diesem die Gelegenheit verschaffte, Heines Schrift in der Einleitung erbittert anzugreifen. Das war nur der Auftakt zum Sturm der Entrüstung, die Heines Buch ausgelöst hat. Mit keinem andern Werk hat sich Heine so sehr geschadet; mit »Börne« hat sein Ruf einen Tiefpunkt beim Publikum erreicht, von dem er sich nur langsam und nie vollständig erholen sollte. Das glänzend geschriebene, stilistisch von Thomas Mann bewunderte Buch bietet tatsächlich ein merkwürdiges Schauspiel. Die konstruierten Figuren von Heine und Börne gehen auf verwirrende Weise ineinander über. Manchmal redet Heine mit Börnes Stimme, manchmal läßt er Börne Ansichten äußern, die nachweislich die eigenen waren. Seitenlang zitiert er Börnes kritische Angriffe auf sich selber, ohne die geringste Anstalt zu machen, sie zu widerlegen. Statt dessen scheint er Börnes Vorwürfe des Ästhetizismus, der elitären Entrücktheit von den Niederungen des politischen Kampfes anzuerkennen. »Für die Schönheit und das Genie« – schreibt er – »wird sich kein Platz finden in dem Gemeinwesen unserer neuen Puritaner, und beide werden fletrirt und unterdrückt werden, noch weit betrübsamer als unter dem älteren Regimente. Denn Schönheit und Genie sind ja auch eine Art Königthum, und sie passen nicht in eine Gesellschaft, wo jeder, im Mißgefühl der eigenen Mittelmäßigkeit, alle höhere Begabniß herabzuwürdigen sucht, bis aufs banale Niveau« (DHA 11, S. 129). Er betrachtete Börnes Umgang mit Handwerkern und Arbeitern als unbegreiflich: »Es ist vielleicht metaphorisch gemeint, wenn Börne behauptet: im Fall ihm ein König die Hand gedrückt, würde er sie nachher ins Feuer halten, um sie zu reinigen; es ist aber durchaus nicht bildlich, sondern ganz buchstäblich gemeint, daß ich, wenn mir das Volk die Hand gedrückt, sie nachher waschen werde« (DHA 11, S. 71).

Heines Anliegen ist es, die Dichotomie von Sensualismus und Spiritualismus oder, wie sie jetzt heißt, Hellenismus und Nazarenentum als zentrale politische Kategorie hervorzuheben. Somit muß er sowohl das Nazarenentum Börnes wie auch den eigenen Hellenismus überbetonen. Obwohl Heine früher die marmorne Kälte von Goethes Gestalten beklagt hatte, kritisiert er jetzt den tatsächlich goethefeindlichen Börne als ein ahnungsloses Kind, »welches, ohne den glühenden Sinn einer griechischen Statue zu ahnen, nur die marmornen Formen betastet und über Kälte klagt« (DHA 11, S. 13). Um Börnes vermeintlichen Puritanismus entweder als sexuelle Hemmung oder als Heuchelei zu entlarven, macht Heine anzügliche Bemerkungen über sein Verhältnis zur jetzt verheirateten Freundin Jeanette Wohl, einer »zweydeutige[n] Dame« (DHA 11, S. 89) von abstoßender Häßlichkeit. Diese Taktik, die selbstverständlich keinen günstigen Eindruck auf das Publikum machen konnte, führte am 7. September 1841 zu einem nicht ungefährlichen Duell mit dem Mann der Beleidigten, Salomon Strauß (1795–1866). Diese Gefahr wiederum führte zur bürgerlichen und kirchlichen Regelung seines Verhältnisses mit seiner eigenen Geliebten, Crescence Eugénie Mirat (1815–83), einem hübschen, munteren, völlig ungebildeten, allem Literarischen und Intellektuellen unzugänglichen Mädchen, das Heine »Mathilde« nannte und, in auffälligem Gegensatz zu seinen Bekannten und späteren Biographen, bis zum Ende seines Lebens leidenschaftlich und eifersüchtig liebte. Doch war dies das einzig positive Resultat. Sonst hatte sich Heine mit dem Buch eine Katastrophe eingehandelt. Jeanette Wohl ließ Börnes private Kritik an Heine in einer geharnischten Streitschrift drucken: »Ludwig Börne's Urtheil über H. Heine. Ungedruckte Stellen aus den Pariser Briefen. Als Anhang: Stimmen über H. Heine's letztes Buch, aus Zeitblättern« (Frankfurt am Main 1840). Der junge Friedrich Engels beurteilte »Börne« als »das Nichtswürdigste, was jemals in deutscher Sprache geschrieben wurde.« Dieses Urteil sollte lange unter Liberalen und Demokraten vorherrschen.

In der neueren Heine-Rezeption hat sich dieses Urteil völlig in sein Gegenteil verwandelt. Merkwürdigerweise wird Heines pointiertes Selbstlob, das seinerzeit einen recht ungünstigen Eindruck auf die Leser gemacht hat und bei der Beurteilung eines anderen Schriftstellers möglicherweise zu psychologischen Bedenken führen würde, in seinem Falle für bare Münze genommen. Etwa: »Ich trug an Bord meines Schiffes die Götter der Zukunft«; »Ich bin der Sohn der Revoluzion und greife wieder zu den gefeyten Waffen, worüber meine Mutter ihren Zaubersegen ausgesprochen . . . Blumen! Blumen! Ich will mein Haupt bekränzen zum Todeskampf. Und auch die Leyer, reicht mir die Leyer, damit ich ein Schlachtlied singe [....] Ich bin ganz Freude und Gesang, ganz Schwert und Flamme«. Er sei den anderen Revolutionären »so weit vorausgeschritten, daß sie mich nicht mehr sahen, und in ihrer Kurzsichtigkeit glaubten sie, ich wäre zurückgeblieben«; er bietet dem toten Börne seine Hand: »Sieh, wie schön sie ist und rein! Sie ward nie besudelt von dem Händedruck des Pöbels, eben so wenig wie vom schmutzigen Golde der Volksfeinde« (DHA 11, S. 34, 50, 86, 122). Es ist notwendig, Heines eigentliches Anliegen in dieser Schrift richtig und verständnisvoll zu begreifen, die Wahrnehmung des Textes von den Verdrängungen und Kurzsichtigkeiten des Bürgertums im neunzehnten Jahrhundert, die Heine ja abbauen wollte, zu befreien. Dies hat die moderne Heineforschung, von einigen Ausnahmen abgesehen, in fast allen ihren Kommentaren zum »Börne«-Buch geleistet.

Zu »Ludwig Börne:
Entstehung: DHA 11, S. 191-313.
G. Ras: Börne und Heine als politische Schriftsteller. Groningen 1927.
Barthélemy Ott: La Querelle de Heine et de Börne. Contribution à l'étude des idées politiques et sociales en Allemagne de 1830 à 1840. Lyons 1936.
Norbert Oellers: Die zerstrittenen Dioskuren: Aspekte der Auseinandersetzung Heines mit Börne. In: ZfdPh 91 (1972). Sonderheft Heine und seine Zeit. S. 66–90.
Paolo Chiarini: Heine contra Börne ovvero critica dell'impazienza rivoluzionaria. In: SG N.F. 10 (1972). S. 355–92.
Hans Kaufmann: Die Denkschrift »Ludwig Börne« und ihre Stellung in Heines Werk. In: Internationaler Heine-Kongreß. S. 178–89. Neudruck in: Heinrich Heine und die Zeitgenossen. S. 65–77.
Michael Werner: Frères d'armes ou frères ennemis? Heine et Boerne à Paris (1830–1840). In: Francia 7 (1979). S. 251–70.
Inge Rippmann: Heines Denkschrift über Börne. Ein Doppelporträt. In: Hjb 12 (1973). S. 41–70.
Walter Hinderer: Nazarener oder Hellene. Die politisch-ästhetische Fehde zwischen Börne und Heine. In: Monatshefte 66 (1974). S. 355–65.
Hanna Spencer: Gipfel oder Tiefpunkt? Die Denkschrift über Ludwig Börne. In: Spencer, Dichter, Denker, Journalist. S. 101–49.

Peter Uwe Hohendahl: Talent oder Charakter. Die Börne-Heine-Fehde und ihre Nachgeschichte. In: MLN 95 (1980). S. 609–26.

Inge Rippmann: Börne und Heine. In: Heinrich Heine 1797–1856. S. 98–119.

Johannes Weber: Libertin und Charakter. Heinrich Heine und Ludwig Börne im Werturteil deutscher Literaturgeschichtsschreibung 1840–1918. Heidelberg 1984.

Takanori Teroaka: Der Stildiskurs in Heines Denkschrift über Börne. In: Hjb 27 (1988). S. 66–85.

Nichtkommentierte Text- und Materialsammlung:
Hans Magnus Enzensberger, Hrsg.: Ludwig Börne und Heinrich Heine. Ein deutsches Zerwürfnis. Nördlingen 1986.

Der apologetische Charakter, der vielen wenn nicht allen dieser Arbeiten anhaftet, hat allerdings zwei Nachteile: er verhindert eine adäquate Betrachtung dieses komplizierten, abgründigen Textes, und er läßt in der Parteilichkeit für Heine einen der wenigen hervorragenden Demokraten der deutschen Geschichte in eine reduzierte Perspektive wenn nicht sogar in Vergessenheit geraten. Aus dem Kreis der Heine-Forscher sind erst jüngst diesbezügliche Mahnungen hervorgegangen:

Joseph A. Kruse: Der große Judenschmerz. Zu einigen Parallelen wie Differenzen bei Börne und Heine. In: Ludwig Börne 1786–1837. Hrsgg. von Alfred Estermann. Frankfurt am Main 1986. S. 189–97.

Derselbe: »Heinrich Heine über Ludwig Börne«. Börne-Bild und Heine-Forschung. In: »Die Kunst – eine Tochter der Zeit«. Neue Studien zu Ludwig Börne. Hrsgg. von Inge Rippmann und Wolfgang Labuhn. Bielefeld 1988. S. 32–50.

Einer, der im Gegensatz zum jungen Engels Heines »Börne«-Buch bewunderte und bejahte, war der aus dem Rheinland geflohene, sechsundzwanzigjährige Doktor der Philosophie Karl Heinrich Marx. Er erklärte sich sogar bereit, eine Verteidigung des »Börne«-Buches zu schreiben, ist aber nicht dazu gekommen, obwohl er anscheinend vier Jahre später eine anonyme Verteidigung Heines gegen teilweise von Börnes Anhängern angezettelte Angriffe in der Pariser Presse veröffentlichte.

Dazu:
Jacques Grandjonc: Du *Vorwärts* à *Lutezia*: à propos des rapports entre Heine, Marx et Bernays en 1844 et 1848. Avec un texte inconnu du Karl Marx. In: Heinrich Heine 1797–1856. S. 182–204.

Wahrscheinlich haben sich Marx und Heine gegen Ende des Jahres 1843 kennengelernt. Ihre Bekanntschaft dauerte bis zur Ausweisung von Marx aus Paris im Januar 1845. In späteren Jahren sind Marx und Engels im sporadischen Kontakt mit Heine durch dritte Personen geblieben und haben ihn ab und zu in Paris besucht. Der persönliche Umgang kann aber nur zehn bis elf Monate gewährt haben, da Heine vom Juli bis Oktober 1844 auf einer Reise nach Hamburg abwesend war. Das war seine zweite Reise in die Heimat; die erste hatte er im Jahr zuvor vom Oktober bis zum Dezember unternommen. Diese Reisen waren nicht ungefährlich, da er durchaus Gefahr lief, in Preußen verhaftet zu werden; er hatte aber das dringende Bedürfnis, seine alternde Mutter zu besuchen sowie seine Angelegenheiten mit dem Verleger Campe wie auch (vergeblich) mit dem offensichtlich schwächer werdenden Onkel Salomon zu regeln.

Da die Freundschaft mit Marx auf den ersten Blick eine epochale Dimension zu haben scheint, ist sie in der zeitgenössischen Diskussion oft überbewertet worden. Wahr ist, daß Heine der bedeutendste Schriftsteller war, mit dem Marx verbunden war, während Marx seinerseits die hervorragendste geschichtliche Persönlichkeit unter Heines Bekanntschaft blieb. Aus den spärlichen, teilweise anekdotischen Zeugnissen können wir mit ziemlicher Sicherheit schließen, daß das Verhältnis während der Pariser Monate ein recht intimes gewesen sein muß. Als Marx Paris verlassen mußte, schrieb er: »Von Allem, was ich hier an Menschen zurücklasse, ist mir die Heinesche Hinterlassenschaft am unangenehmsten. Ich möchte Sie gern mit einpacken« (HSA 26: 127). Die Schriften von Marx, der ein stupendes Gedächtnis für das einmal Gelesene besaß, sind voller Zitate von und Anspielungen auf Heine.

Dazu:
S. S. Prawer: Karl Marx and World Literature. Oxford 1976.

Das wohl bekannteste Echo stammt gerade aus dem »Börne«-Buch, wo es vom Christentum heißt: »Heil dieser Erfindung! Heil einer Religion, die dem leidenden Menschengeschlecht in den bitteren Kelch einige süße, einschläfernde Tropfen goß, geistiges Opium, einige Tropfen Liebe, Hoffnung und Glauben« (DHA 11, S. 103) – ein Vergleich, der möglicherweise auf Börne selber zurückgeht. Der Gedanke erscheint dann in Marx' berühmter Formulierung in der »Einleitung zur Kritik der Hegelschen Rechtsphilosophie« wieder: »Die Religion ist der Seufzer der bedrängten Kreatur, das Gemüt einer herzlosen

Welt, wie sie der Geist geistloser Zustände ist. Sie ist das *Opium des Volks.*«

Dazu:

Peter Meinhold: »Opium des Volkes«? Zur Religionskritik von Heinrich Heine und Karl Marx. In: Monatsschrift für Pastoraltheologie 49 (1960). S. 161–76.

Robert C. Holub: Spiritual Opium and Consolatory Medicine. A Note on the Origin of »Opium des Volks«. In: Hjb 19 (1980). S. 222–26.

Heine und Marx sind in einem Moment miteinander bekannt geworden, als beide verhältnismäßig isoliert waren und kaum etwas in der politischen Umgebung erkennen konnten, das sich bejahen ließe. Wahrscheinlich ist es, daß sie ihre jeweilige Radikalität instinktiv anerkannt haben. Es wäre aber irreführend zu behaupten, daß sie eine tiefergehende Wirkung aufeinander ausgeübt hätten. Heine war zwar zwanzig Jahre älter als Marx und in der Beobachtung der französischen Politik und Kultur erfahrener, während Marx erst am Anfang seines Studiums der politischen Ökonomie stand; es ist deshalb denkbar, daß Marx von Heine lernen konnte, obwohl jener zweifellos schon im Begriff war, diesen geistig zu überholen. Heine seinerseits ließ sich durch Marx nicht von seinem Standpunkt der Dichotomie von Spiritualismus und Sensualismus abbringen; wie seine spätere Distanzierung von Marx (s.u. S. 131) zeigt, hat er ihn in erster Linie als atheistischen Philosophen in der Nachfolge Hegels begriffen. In Heines Werken findet sich kein Echo von Marx' späteren Schriften und es gibt kaum einen Beleg, daß er sie überhaupt zur Kenntnis genommen hat; im Bestand seiner persönlichen Bibliothek findet sich nur ein nach den ersten vierzig Seiten unbeschnittenes Exemplar der »Heiligen Familie« von 1845. Es wäre also zu begrüßen, wenn eine gewisse quasitheologische Begeisterung über das Verhältnis zu Marx in der modernen Heine-Rezeption einer nüchternen, sachgemäßeren Betrachtung weichen könnte.

Zu Heine und Marx:

Friedrich Hirth: Heine und Marx. In F. H.: Heinrich Heine. Bausteine zu einer Biographie. Mainz 1950. S. 117–31.

Wolff A. von Schmidt: Heine und Marx. In: Archiv für Kulturgeschichte 54 (1972). S. 143–52.

Nigel Reeves: Heine and the Young Marx. In: Oxford German Studies 7 (1972/73). S. 44–97. Vgl. auch N. R.: Heinrich Heine. Poetry and Politics. Oxford 1974. S. 152–59.

Jean-Pierre Lefebvre: Marx und Heine. In: Heinrich Heine. Streitbarer Humanist. S. 41–61.

Hans-Joachim Helmich: Wirklichkeitskonstitution durch Spiegelung der »verkehrten Welt«? Heine und Marx in Paris 1843/44. In: Hjb 21 (1982). S. 50–66.
Jean-Pierre Lefebvre: L'ami Heine. In: Revue philosophique de la France et l'Étranger 173 (1983). S. 179–220 (teilweise fiktionalisiert).
Fritz Mende: Heine und Marx. Zur Historie einer Begegnung. In: Impulse 11 (1988). S. 169–91.

Die letzte Prosaarbeit der radikalen Phase ist ein Vorwort, das Heine im Frühling 1847 mehr oder weniger gegen seinen Willen zu den Novellen seines launischen Freundes Alexandre Weill (1811–99) geschrieben hat (B 5, S. 205–07, Entstehung S. 933). Der kurze Text enthält einen der stärksten Angriffe auf das Christentum, die Heine sich in der Öffentlichkeit erlaubt hat.

Dazu:
Fritz Mende: Resumé 1847. Heinrich Heines Vorwort zu Alexander Weills »Sittengemälde aus dem elsässischen Volksleben«. In: Zeitschrift für Germanistik 7 (1986). S. 26–32.

2.6. *»Neue Gedichte« und die politische Lyrik*

Spätestens um 1838 wurde es offensichtlich, daß das Junge Deutschland gescheitert war. Die Bewegung wurde nicht nur durch den Bundestagsbeschluß und dessen Folgen zerschlagen; schon 1836 hat Georg Büchner an Gutzkow geschrieben: »Die Gesellschaft mittelst der *Idee*, von der *gebildeten* Klasse aus reformiren? Unmöglich!« Die gebildeten, ironischen, manchmal auch nur schwerfälligen Abhandlungen über die religiösen bzw. erotischen Probleme der liberalen Intelligenzschicht, aus denen die jungdeutschen Romane und essayistischen Schriften bestanden, waren zu wenig volkstümlich, um einen Einfluß auf größere Teile der Bevölkerung auszuüben. Notwendig war eine leicht zugängliche, eher normausnutzende als normbrechende Ausdrucksform, die auf eine gemeinschaftsstiftende Wirkung hinzielte. Diese Form war die Lyrik – weder die esoterische Kunst eines Platen oder Mörike, noch die ironische Poesie eines Heine, sondern eine in formaler Hinsicht vertraute, mit neuen Inhalten erneuerte Dichtung, die auf das Fundament des Volkslieds und der Ballade baute und nicht selten mit Kontrafakturen bekannter Lieder operierte, die leicht gesungen werden konnten.

Um 1840 tauchen neue Namen von politischen Dichtern im literarischen Widerstand auf. Aus einer beträchtlichen Zahl dürfen drei besonders hervorgehoben werden: der bissige, sprachlich und rhythmisch schlagfertige Georg Herwegh (1817–75), der von der exotischen Wüstendichtung zur politischen Radikalität bekehrte Ferdinand Freiligrath (1810–76) und der gitarrespielende, von der Obrigkeit abgesetzte Breslauer Germanist August Heinrich Hoffmann (1798–1874), der sich »von Fallersleben« nannte. Im Wechselspiel von einfachem moralischem Pathos und volkstümlichem Witz begannen diese und andere Dichter trotz ständiger Verbote und Repressionen Zugang zu einem breiteren Publikum zu finden. Eine Erklärung des Erfolges ihrer dichterischen Erzeugnisse, der in einigen Fällen die Epoche des Vormärz lange überdauerte, liegt wohl in der Verbindung des Freiheitsmotivs mit dem damals noch revolutionären Streben nach nationaler Einheit. Charakteristisch für diese Gattung war das von Heines Verleger Campe gedruckte und über das ganze deutsche Sprachgebiet verbreitete »Lied der Deutschen« Hoffmanns von Fallersleben (»Deutschland, Deutschland über alles«, 1841), das sich trotz lückenloser Verbote und ständiger Fahndungen nicht unterdrücken ließ.

Es ist nicht verwunderlich, daß Heine diese Entwicklung mit Widerwillen beobachtete. Er empfand diese Dichtung als eine ästhetisch unbedarfte Bierhallenpoesie, durch die das Philistertum sein politisches Unbehagen folgenlos abarbeitete. Für eine sensualistische Umwälzung des Bewußtseins bemerkte er keine Ansätze. Gegen den deutschen Nationalismus war er seit jeher allergisch, da er darin die Keime eines antifranzösischen und daher antiaufklärerischen und gegenrevolutionären Affekts zu spüren glaubte. In der »Allgemeinen Zeitung« 1843 tat er die politische Lyrik als »gereimte Zeitungsartikel« ab (B 5, S. 438) und in der Vorrede zum »Atta Troll« bezeichnete er 1846 solche Autoren als »Marketenderinnen der Freyheit« und »Wäscherinnen der christlich germanischen Nazionalität« (DHA 4, S. 10). Dennoch mußte er sein Selbstverständnis als revolutionärer Dichter durch diese Konkurrenten auf dem ihm ureigenen Gebiet der Poesie als gefährdet ansehen. Also versuchte er, sie mit ihren eigenen Waffen zu schlagen, indem er selber politische Lyrik verfaßte.

Daß er sich in dieser Gattung nie ganz zuhause fühlte, zeigt sich unter anderem darin, daß er weniger politische Gedichte geschrieben hat, als man vielleicht annehmen würde. Die Zahl der explizit politischen Gedichte Heines aus dem Vormärz beträgt etwa dreißig, da einige der als »Zeitgedichte« bezeichnete Beispiele eher persönlich oder allgemein aphoristisch denn unmittelbar politisch gehalten sind. Neun davon sind 1844 in der Pariser Exilzeitschrift »Vorwärts!«, an der Karl Marx und Arnold Ruge mitarbeiteten, erschienen; auf die Zahl vierundzwanzig erweitert machen sie die Abteilung »Zeitgedichte« der im selben Jahr erschienenen »Neuen Gedichte« aus. Der Ton unterscheidet sich von dem der sonstigen politischen Lyrik des Vormärz durch die unerbittliche satirische Negativität, das Fehlen der affirmativen Aufrufe, der gemeinschaftspostulierenden Gesten. Heine versucht nicht zu überreden, nicht zu inspirieren, nicht auf die Reserven des Pathos und der moralischen Sensibilität im Publikum zu spekulieren; er greift nur an. Dadurch weist er sich als der radikalere Dichter aus, verzichtet aber damit zur gleichen Zeit auf eine Publikumswirkung, die mit der von seinen Konkurrenten erzielten hätte mithalten können.

Zur politischen Lyrik:
Peter Hasubek: Heinrich Heines Zeitgedichte. In: ZfdPh 91 (1972). Sonderheft Heine und seine Zeit. S. 23–46.
Alfred Riemen: Gedichte und Publizistik. Zu Heinrich Heines lyrischem Stil. In: Hjb 14 (1975). S. 50–69.
Walter Hinck: Ironie im Zeitgedicht Heines. Zur Theorie der politischen Lyrik. In: Internationaler Heine-Kongreß. S. 81–104. Neudruck in W. H.: Von Heine zu Brecht: Lyrik im Geschichtsprozeß. Frankfurt am Main 1978. S. 9–36.
Richard Gary Hooton: Heinrich Heine und der Vormärz. Meisenheim am Glan 1978.
Jeffrey L. Sammons: »Der prosaisch bombastischen Tendenzpoesie hoffentlich den Todesstoß geben«: Heine and the Political Poetry of the *Vormärz*. In: GQ 51 (1978): 150–59. Neudruck in J. L. S.: Imagination and History. Selected Papers on Nineteenth-Century German Literature. Bern u. a. 1988. S. 135–47.
Walter Grab: Heinrich Heine als politischer Dichter. Heidelberg 1982.
Fritz Mende: Heine und Herwegh. In: Mende, Studien. S. 107–19.

Ein indirektes Streiflicht auf die Besonderheit von Heines politischer Lyrik wirft die Tatsache, daß das berühmteste Beispiel für ihn eher uncharakteristisch ist und dem Tonfall seiner Zeitgenossen, vor allem Herweghs, gleicht: »Die schlesischen Weber« (DHA 2, S. 150). Das Gedicht, das Campe niemals, auch nicht nach 1848, zu drucken wagte und das in einer kürzeren

Fassung am 10. Juli 1844 ursprünglich im »Vorwärts!« erschienen ist, verdankte seinen Anlaß dem einige Wochen vorher ausgebrochene Aufstand der Weber in Peterswaldau, der ersten proletarischen Rebellion in Deutschland, die weithin beachtet wurde und fast ein halbes Jahrhundert später von Gerhart Hauptmann in seinem Drama »Die Weber« gestaltet wurde. In diesem auch rhythmisch außerordentlich gelungenen Gedicht fehlt Heines charakteristische Ironie, die gestische Hervorhebung seiner dichterischen Maske; es ist ein Rollengedicht der grollenden, drohenden Weber selber, die den dreifachen Fluch gegen Gott, König und Vaterland in das Leichentuch Altdeutschlands hineinweben. Mit dem von der Obrigkeit unerbittlich verfolgten Gedicht lieferte Heine wohl seinen wirksamsten Beitrag zur Arbeiterbewegung; es wurde unter Sozialisten zu einer Art von liturgischem Text, der bald von Friedrich Engels ins Englische übersetzt worden ist.

Zu den »Schlesischen Webern«:
Hans Kaufmann: Heinrich Heine: »Die schlesischen Weber«. In: Junge Kunst 3, Nr. 7 (1959). S. 72–77. Neudruck in: H. K.: Analysen, Argumente, Anregungen. Aufsätze zur deutschen Literatur. Berlin 1973. S. 11–31. Als: Vormerkung zu Heinrich Heine: »Die schlesischen Weber« (Analyse). In: Methodische Praxis der Literaturwissenschaft. Modelle der Interpretationen. Hrsgg. von Dieter Kimpel und Beate Pinkerneil. Kronberg 1975. S. 159–77.
Walter Wehner: Heinrich Heine: »Die schlesischen Weber« und andere Texte zum Weberelend. München 1980.
Bernd Füllner, Jan-Christoph Hauschild und *Volker Kaukoreit:* »Dieses Gedicht, in Deutschland hundertfach gelesen und gesungen…« Zur Aufnahme von Heines »Weberlied« in der frühen deutschen Arbeiterbewegung. In: Hjb 24 (1985). S. 123–42.

Eine Sammlung »Neuer Gedichte« hatte Heine seit Jahren geplant; eine frühere Version wurde 1838 durch den Einspruch Karl Gutzkows, der Lektorenaufgaben im Verlag Campes wahrnahm, verhindert. Diese Version ist rekonstruiert worden von

Renate Francke, Hrsg.: Heinrich Heine, Buch der Lieder zweiter Band. Leipzig 1982 (ein paar Korrigierungen DHA 2, S. 224–25).

Die weitere Geschichte der Sammlung bis zu ihrem endgültigen Erscheinen ist komplex; es läßt sich allerdings beobachten, daß sie durch die Verzögerung an Qualität und Interesse gewonnen hat. Neben den »Zeitgedichten« enthalten die »Neuen Gedichte« in der maßgeblichen dritten Ausgabe von 1851 mit dem

Datum 1852 die Abteilungen »Neuer Frühling«, »Verschiedene«, »Romanzen« und »Zur Ollea«. Die letzte Überschrift bedeutet so etwas wie »Mischmasch«; die Rubrik besteht hauptsächlich aus Gedichten, die aus dem »Romanzero« ausgeschieden worden sind. Die »Romanzen« sind Beispiele der spitzen, komprimierten, erzählerischen Gedichte, die zur konstantesten Gattung in Heines Werk gehören und für die ihm die Bezeichnungen »Romanze«, »Ballade« und »Historie« mehr oder weniger gleichbedeutend waren. Der Liedzyklus »Neuer Frühling«, der schon 1831 in der zweiten Auflage von »Reisebilder II« erschienen ist, wurde ursprünglich durch einen Auftrag des Komponisten Albert Methfessel (1785–1869) veranlaßt, der aber mit den Vertonungen nicht fertig geworden ist. (Heine hat schon 1823 einen kleinen Aufsatz über Methfessel geschrieben [B 1, S. 428–29, Entstehung S. 816].) Auf den ersten Blick machen die vierundvierzig Gedichte den Eindruck einer Reprise der Liebeslyrik des »Buchs der Lieder«, sind aber polierter, distanzierter, auch künstlicher; mit ihnen hat Heine endgültig von der lyrischen Art seiner ersten Epoche Abschied genommen.

Damit kontrastieren die erotisch-gesellschaftlichen Gedichte der Abteilung »Verschiedene,« die teilweise schon 1833 in der Zeitschrift »Der Freimütige« und 1834 im ersten Band des »Salons« erschienen waren. Hier wird die gefühlvolle, unerwiderte Liebe, die im »Neuen Frühling« das Gemüt des Dichters verwüstet, durch die urbane Erotik vergänglicher sexueller Erlebnisse verdrängt; die Unterzyklen tragen alle Frauennamen, in einem Fall die Namen zweier Frauen, Mutter und Tochter. Diese tatsächlich neuartige, geradezu moderne Dichtung des 19. Jahrhunderts hat wie kaum ein anderer Teil von Heines Werk zu verzerrenden Mißverständnissen geführt. Daß die auf einen idealistischen Begriff der Dichtung fixierte Kritik die eklatante Stilmischung von lyrischer Form mit keineswegs salonfähigen Bildern der modernen Halbwelt nicht verkraften konnte, ist wohl nicht verwunderlich; damit hängt das antiaristokratische, bürgerliche Reinheitsideal in geschlechtlichen Dingen zusammen. Derartige Erwägungen haben sogar den liberalen Gutzkow, der selbst eine Gefängnisstrafe wegen Pornographie und Blasphemie absitzen mußte, veranlaßt, vom Druck der Sammlung abzuraten. Von jeher haben sich Leser, die niemals begriffen haben, daß die Dichtung eine Schöpfung der Einbildungskraft ist, mehr oder weniger mißbilligend über die ungezügelte Promiskuität des Pariser Heine geäußert. Vor einer solchen Dingfestmachung sollten die philologischen Tatsachen, die ständige Revision und Umordnung der Gedichte, warnen. Einige der Gedichte, z. B. die Zyklen »Friederike« sowie »Yolante und Marie«, gehen auf die vorpariser Zeit der zwanziger Jahre zurück. Es ist zwar nicht unmöglich, daß Heine in den ersten Pariser Jahren flüchtige Erfahrungen mit den leichten Mädchen der Stadt gehabt hat. Aber wie immer in solchen Dingen hat er ein fast ungebrochenes Schweigen darüber bewahrt; abgesehen von Bruchstücken des grundsätzlich unzuverlässigen Klatsches wissen wir so gut wie nichts über diesen Aspekt seines Lebens.

Da wir neuerdings von allen bürgerlichen und philisterhaften Hemmungen emanzipiert sind, wurde die Abteilung »Verschiedene« auch aus entgegengesetzten Gründen mißverstanden, als ob sie ein Jubelruf der entfesselten Sinnlichkeit sei. Die Gedichte werden gelesen, wie Heine sie hätte schreiben müssen, wenn das Bild von ihm als unserem prophetischen Zeitgenossen stimmte. Es ist wahr, daß die Erregung der erotischen Lust lebhaft zum Ausdruck kommt; das siebente Gedichte des Zyklus »Angelique« enthält das saintsimonistische Bekenntnis: »Auf diesem Felsen bauen wir / Die Kirche von dem dritten, / Dem dritten neuen Testament; – Das Leid ist ausgelitten / [...] Und Gott ist alles was da ist; / Er ist in unsern Küssen« (DHA 2, S. 34). Aber dieser Zyklus wie alle anderen endet im Mollton, im milden Ekel der Übersättigung, in der enttäuschten Einsicht in die Vergänglichkeit der einst so verheißungsvollen Gefühlsaufwallung. Niemals ist Heines Begriff der Liebe von einem tragischen Beigeschmack frei.

Zu den »Verschiedenen«:
Jost Hermand: Erotik im Juste Milieu. Heines »Verschiedene.« In: Heinrich Heine: Artistik und Engagement. S. 86–104.

Der Zyklus enthält auch »Tannhäuser«, die über die eigene Ästhetik reflektierenden »Schöpfungslieder« und die Exilgedichte »In der Fremde«. Die »Neuen Gedichte« in ihrer endgültigen Fassung erstrecken sich über dreißig Jahre von Heines lyrischer Produktion; es fehlt der Sammlung die strukturelle Einheit des »Buchs der Lieder« und des späteren »Romanzero«. Wohl deswegen sind sie von den Interpreten verhältnismäßig wenig beachtet worden, und dann hauptsächlich im Ausland. Sie müssen von der modernen Kritik erst noch entdeckt werden.

Zu den »Neuen Gedichten«:
Entstehung: DHA 2, S. 215–51, 306–28, 391–403, 543–51, 626–29, 647–69.
Stuart Atkins: The Evaluation of Heine's *Neue Gedichte.* In: Wächter und Hüter. Festschrift für Hermann J. Weigand. Hrsgg. von Curt von Faber du Faur, Konstantin Reichardt und Heinz Bluhm. New Haven 1957. S. 99–107.
Jerold Wikoff: Heinrich Heine. A Study of »Neue Gedichte«. Bern und Frankfurt am Main 1975.
George F. Peters: Neue Gedichte: Heine's »Buch des Unmuts«. In: Monatshefte 68 (1976). S. 248–56. Erweitert in G. F. P.: »Der große Heide Nr. 2«. Heinrich Heine and the Levels of his Goethe Reception. Bern u. a. 1989. S. 235–60.

Um das Buch über die Zwanzig-Bogen-Grenze zur Befreiung von der Vorzensur zu bringen, wurde das brisante satirische Epos »Deutschland. Ein Wintermärchen« angehängt, das hauptsächlich in den ersten Monaten des Jahres 1844 entstanden ist. Das Werk, das wohl in erster Linie zum unverzüglichen Verbot der »Neuen Gedichte« in sämtlichen deutschen Staaten führte, aber auch später im Jahre 1844 als Separatum bei Campe und in Fortsetzungen im »Vorwärts!« erschien, ist wohl anerkanntermaßen das bedeutendste politische Gedicht der deutschen Literatur geworden, mit dem Heine das literaturgeschichtliche Kunststück gelang, seine Konkurrenten tatsächlich aus dem Felde zu vertreiben und sie fast vergessen zu machen. Es ist das Resultat seiner ersten Reise in die Heimat vom Oktober bis Dezember 1843; gegliedert wird das Gedicht ungefähr nach den Stationen der Rückfahrt, also in umgekehrter Richtung. Die mit souveränem Witz vorgetragene, unerbittliche Kritik an den aus nächster Nähe beobachteten Zuständen Deutschlands zeigt Heine wohl im Moment seiner größten Übereinstimmung mit dem jungen Marx, dem er die Aushängebogen des Gedichts in Freundschaft geschenkt hat.

Das ungefähr zweitausendzeilige, in siebenundzwanzig »Capita« geteilte Gedicht ist in einer vierzeiligen, durch lockeren Rhythmus und manchmal unerhörte Reime glänzenden Volksliedstrophe geschrieben. Es enthält unvergeßliche Szenen: das Passieren der Grenze im Caput 2, wo der Dichter seine »Contrebande« im Kopfe stecken hat, »ein zwitscherndes Vogelnest / Von konfiszirlichen Büchern« (DHA 4, S. 94); die preußischen Soldaten in Aachen, »So kerzengrade geschniegelt, / Als hätten sie verschluckt den Stock / Womit man sie einst geprügelt« (Caput 3, DHA 4, S. 95); der Liktor im Caput 6, der das zerstört, was der Dichter verurteilt hat – ein Wunschtraum des engagierten Schriftstellers –; die Zerstörung der Reliquien im Kölner Dom, der zu einem christlich-nationalistisch-romantischen Symbol und dessen Restaurierung ein Lieblingsprojekt des preußischen Königs Friedrich Wilhelm IV. geworden war (Caput 7); und vieles mehr. Die Szene im Kyffhäuser, wo der Dichter der mythischen Gestalt des Kaisers Barbarossa entgegentritt, um sie mitsamt ihrer nationalrestaurativen Symbolik als unzeitgemäß zu entlarven, stellt wohl den Höhepunkt der politischen Dichtung des Vormärz dar (Caput 14–17).

Nichtsdestoweniger ist es auffallend, daß Kommentare, die das Werk zurecht lobend behandeln, selten den ganzen Text im Blick behalten. Es ist wohl nicht verwunderlich, daß Energie und Erfindungsreichtum des Gedichts nicht durchgehend auf dem gleichen Niveau bleiben; es gibt auch Stellen und ganze Abschnitte, die von der Kritik mehr oder weniger unbeachtet bleiben. Ferner gehört es zur dichterischen Souveränität des Epos, daß es nicht der eindeutigen, einsträngigen Propaganda das Wort redet, sondern mehrdeutig die reflektierten Antinomien von Heines politischem Denken zum Ausdruck bringt, z.B. an der Stelle im Caput 7, wo die Türpfosten der vom Liktor zu zerstörenden Häuser mit dem Blut aus dem eigenem Herzen des Dichters bestrichen werden (DHA 4, S. 106–07). Sehr kontrovers geblieben sind vor allem zwei Stellen: die Szene in Caput 12, wo sich der Dichter im Walde vor den das radikale Proletariat symbolisierenden Wölfen »in Positur« setzt und »mit gerührten Gebehrden« eine seine politische Zuverlässigkeit verteidigende Rede hält, denn: »Ich bin ein Wolf und werde stets / Auch heulen mit den Wölfen« (DHA 4, S. 116-18); und das Bild im Caput 26, wo dem Dichter eine prophetische Vision der revolutionären Zukunft Deutschlands im Nachttopf der Hamburger Göttin Hammonia gewährt wird, worauf ihn der Gestank überwältigt (DHA 4, S. 152-53). Die Deutung besonders des ersten der beiden Beispiele leidet an einer gewissen Abneigung der modernen Literaturwissenschaft, Mehrdeutigkeit und Unsicherheit bei Heine anzuerkennen. Im allgemeinen aber hat das »Wintermärchen« den ihm gebührenden hervorragenden Platz in der Literaturgeschichte erhalten.

Zu »Deutschland. Ein Wintermärchen«:
Hans Kaufmann: Politisches Gedicht und klassische Dichtung. Heinrich Heine. Deutschland. Ein Wintermärchen. Berlin 1959.
Maria-Beate von Loeben: Deutschland. Ein Wintermärchen. Politischer Gehalt und poetische Leistung. GRM N.F. 20 (1970). S. 265–85.

Jewgenija F. Knipovič: »Deutschland. Ein Wintermärchen«. In: Internationaler Heine-Kongreß. S. 190–201.

Ross Atkinson: Irony and Commitment in Heine's *Deutschland. Ein Wintermärchen*. In: GR 50 (1975). S. 184–202.

Stefan Bodo Würffel: Heinrich Heines negative Dialektik. Zur Barbarossa-Episode des Wintermärchens. In: Neophilologus 61 (1977). S. 421–38.

Jost Hermand: Heines »Wintermärchen« – Zum Topos der »deutschen Misere«. In: DD 8 (1977). S. 234–49. Revidiert in J. H.: Sieben Arten an Deutschland zu leiden. Königstein 1979. S. 43–61.

Richard W. Hannah: The Broken Heart and the Accusing Flame. The Tension of Imagery and the Ambivalence of Political Commitment in Heine's »Deutschland ein Wintermärchen«. In: CG 14 (1981). S. 289–312.

Winfried Woesler: Des modifications textuelles prises comme interaction entre auteur et public. In: Avant-text, texte, après-texte. Hrsgg. von Louis Hay und Péter Nagy. Paris und Budapest 1982. S. 205–14.

Hans Henning: Heines »Deutschland. Ein Wintermärchen« in der zeitgenössischen Rezeption. Leipzig 1985.

Dirk Dethlefsen: Die »unstäte Angst«. Der Reisende und sein Dämon in Heines »Deutschland. Ein Wintermärchen«. In: Hjb 28 (1989). S. 211–21.

Die Beantwortung der Frage, ob Heine in diesen Jahren als revolutionärer bzw. radikaldemokratischer Schriftsteller bezeichnet werden kann, wird durch die Tatsache erschwert, daß er gleichzeitig an einem offenbar verwandten aber entgegengesetzten Werk arbeitete: »Atta Troll. Ein Sommernachtstraum«. Die kontrastierende Verwandtschaft zeigt sich in den Shakespeareschen Untertiteln sowie darin, daß »AttaTroll« in der endgültigen Fassung auch in siebenundzwanzig Capita eingeteilt ist und ungefähr den gleichen Umfang wie das »Wintermärchen« besitzt. Bezeichnenderweise aber gebraucht er diesmal statt der plebejischen Volksliedstrophe seine substilste, kunstvollste lyrische Form: ungereimte, vierhebige, sogenannte »spanische« Trochäen. Das Werk ist wohl bei einem Besuch in den Pyrenäen im Jahre 1841 konzipiert worden; Teile davon sind im Frühjahr 1843 in der »Zeitung für die elegante Welt« erschienen; vollendet worden ist es 1846 und erschienen im Januar des nächsten Jahres. Zeitlich also *umschließt* die Entstehung »Atta Trolls« die Entstehung des »Wintermärchens«. Neuere Forschungen haben gezeigt, daß Heine auch später an einer Revision und Erweiterung des Textes gearbeitet hat.

»Atta Troll« gehört zur ehrwürdigen Gattung des satirischen Tierepos. Der dressierte Tanzbär Atta Troll entflieht seinem tyrannischen Herrn und flüchtet sich in die Berge, wo er vor seinen Kindern revolutionäre Reden gegen die Unterdrückung der Tierwelt durch die sich die Herrschaft anmaßende menschliche Rasse hält. Der Dichter begleitet den sowohl heimischen wie auch unheimlichen Jäger Laskaro auf der Jagd, an deren Ende der Bär erschossen wird. Hier greift Heine das Problem der politischen Poesie von der entgegengesetzten Seite auf. Atta Troll ist ein zusammengesetztes Bild aller Charakteristiken von Heines nationalliberalen Konkurrenten. Seine plumpe, unbeholfene Kunst paart sich mit einem humorlosen Selbstbewußtsein, puritanischem Spiritualismus, naiver Religiosität und einem genie- und leistungsfeindlichen Egalitarismus.

In ideologischer Hinsicht allerdings ist das Gedicht durchaus zweideutig. Denn im Namen der unterdrückten Tierwelt spricht Atta Troll die Sprache des klassenbewußten Proletariats auf der Schwelle zur Revolution. Wo er die liberalen Menschenrechte als ideologische Mystifizierung in Frage stellt, erinnert er sogar an Marx. Wenn seine Rede im Caput 10, die das Eigentum als Diebstahl bezeichnet und die Geldgier der Menschen angreift, aus dem ironischen Kontext herausgeschnitten wird, wie das manchmal geschehen ist, könnte man meinen, der Text sei ein sozialrevolutionäres Manifest. Der Sprecher des Gedichts verteidigt aber die Menschen und die Menschenrechte gegen die Angriffe des Bären: »Ja, ich bin ein Mensch, bin besser / Als die andern Säugethiere; / Die Intressen der Geburt / Werd' ich nimmermehr verläugnen. / Und im Kampf mit andern Bestien / Werd' ich immer treulich kämpfen / Für die Menschheit, für die heil'gen / Angebornen Menschenrechte« (Caput 5; DHA 4, S. 25). Wenn man, wie es die Konventionen der Tierfabelgattung nahelegen, »Menschen« in »Aristokraten« übersetzt, dann verwickelt sich die ideologische Aussage des Gedichts vollends in dialektisch unaufhebbare Gegensätze.

Dazu gehört nicht zuletzt die Tatsache, daß gerade dieses hochpolitische Gedicht die Freiheit des Dichters und die Autonomie der Kunst behauptet: »Phantastisch / Zwecklos ist mein Lied. Ja, zwecklos / Wie die Liebe, wie das Leben, / Wie der Schöpfer sammt der Schöpfung« (Caput 3, DHA 4, S. 17). In traumhaften poetischen Bildern stellt der Dichter Reflexionen über den eigenen Beruf an. In der »wilden Jagd« (Caput 18–20), dem eigentlichen »Sommernachtstraum« des Gedichts, allegorisiert Heine die kulturellen Quellen seiner dichterischen Einbildungskraft: die klassische Antike durch die jetzt wegen ihrer Keuschheit bestrafte Göttin Diana, die Romantik durch die hübsche aber unerreichbare exilierte Fee Abunde und das Judentum durch die sinnlich amoralische Herodias (eigentlich Salome), die der Dichter bittet, den »Dummkopf« Johannes des Täufers wegzuwerfen und stattdessen ihn als Liebhaber zu nehmen (DHA 4, S. 63) – übrigens ist diese Verlagerung des Judentums von der spiritualistischen auf die sensualistische Seite seiner Grunddichotomie ein Anzeichen von jener veränderten Haltung, die in seinen letzten Lebensjahren explizit wird. Im Schlußcaput 27, einer Epistel an Karl August Varnhagen von Ense (1785–1858), bezeichnet er das Gedicht als »vielleicht das letzte / Freye Waldlied der Romantik!« und beklagt sich über die unästhetischen Töne der engagierten Dichtung: »Andre Zeiten! andre Vögel! / Andre Vögel, andre Lieder! / Sie gefielen mir vielleicht, / Wenn ich andre Ohren hätte!« (DHA 4, S. 86–87). Der militante Nachromantiker Heine hat seine romantischen Ursprünge nie verleugnet; daß er als Dichter die Poesie mit der nicht mehr wiederherzustellenden romantischen Poesie identifizierte, gehört zu den Grundwidersprüchen seines Wesens. Damit hängt auch seine Ambivalenz zum revolutionären Gleichheits-Postulat und den vermeintlich kunstfeindlichen Folgen der Revolution zusammen. Daß er diese Widersprüche der bürgerlichen Moderne ohne schlichte Versöhnungsgesten in seinem humoristischen Epos thematisiert hat, macht daraus eine politische Dichtung in einem viel unmittelbareren Sinne als die Marschlieder Hoffmanns von Fallersleben, die Aufrufe Herweghs oder die schwerfälligen Glossen Freiligraths.

Zu »Atta Troll«:
Entstehung: DHA 4, S. 307–89.
Helen Grace Zagona: Heine's New Secular Approach. Salome's Emergence as a Heroine. In: H. G. Z.: The Legend of Salome and the Principle of Art for Art's Sake. Genf und Paris 1960. S. 23–40.
Philipp F. Veit: Heines Imperfect Muses in *Atta Troll*. Biographical Romance or Literary Symbolism? In: GR 39 (1964). S. 262–80.
Helmut Schanze: Noch einmal: Romantique défroqué. Zu Heines »Atta Troll«, dem letzten freien Waldlied der Romantik. In: Hjb 9 (1970). S. 87–98. Neudruck in: Heinrich Heine. Hrsgg. von Koopmann. S. 362–76.
Friedrich Sengle: »Atta Troll«. Heines schwierige Lage zwischen Revolution und Tradition. In: Internationaler Heine-Kongreß. S. 23–49.
Margaret A. Rose: Carnival and »Tendenz«. Satiric Modes in Heine's »Atta Troll. Ein Sommernachtstraum«. In: Journal of the Australa-

sian Universities Language and Literature Association 43 (Mai 1975).
S. 33–49.

Winfried Woesler: Die Fabel vom Tanzbären. In: Cahier Heine 1. S.
132–43.

Derselbe: Heines »köstlichste« Trolliaden. In: Hjb 15 (1976). S. 52–66.

Derselbe Heines Tanzbär. Historisch-literarische Untersuchungen zum
»Atta Troll«. Hamburg 1978 (die bei weitem wichtigste und gründ-
lichste Studie).

Klaus Gille: Heines »Atta Troll« – »Das letzte freie Waldlied der Romantik«? In: Neophilologus 62 (1978). S. 416–33.

Hellmut Thomke: Heine und Grandville. In: Hjb 17 (1978). S. 126–51.

Nigel Reeves: Atta Troll and his Executioners. The Political Signifi-
cance of Heinrich Heine's Tragi-comic Epic. In: Euphorion 73
(1979). S. 388–409.

Brendan Donnellan: The Structure of »Atta Troll«. In: Hjb 21 (1982):
78–88.

Trotz dieser Fülle an Sekundärliteratur ist »Atta Troll« von der
zeitgenössischen Heine-Interpretation bis zu einem gewissen
Grad bagatellisiert worden, da es sich schwer in das eindeutige
Bild des radikaldemokratischen Schriftstellers einfügen läßt.
Vielmehr müßte die antithetische Zusammengehörigkeit von
»Atta Troll« und dem »Wintermärchen«, den beiden umfangreichsten aller Gedichte Heines, es logisch erscheinen lassen,
die beiden Dichtungen miteinander zu vergleichen und gleichzeitig zu behandeln.

Dazu:

Giorgio Tonelli: Heine e la Germania. Saggio introduttivo e interpre-
tativo su »Atta Troll« e »Deutschland ein Wintermärchen«. Palermo
1963. Deutsch als: Heinrich Heines politische Philosophie (1830–
1845). Hildesheim und New York 1975.

Joachim Bark: Heine im Vormärz: Radikalisierung oder Verweigerung?
Eine Untersuchung der Versepen. In: DU 31, Nr. 2 (1979). S. 47–60.

2.7. Die Tanzdichtungen

Über Heines dichterischer Produktivität in der Mitte der vierziger Jahre lag der Schatten persönlicher Probleme, vor allem des
Streits mit der Familie über die Erbschaft Salomon Heines. Seit
1839 hat Heine von seinem Onkel ein Jahresgeld von 4000
Franken bezogen, das nach seiner Heirat auf 4800 erhöht worden ist. Diese Zuwendungen wurden zu einem unentbehrlichen
Bestandteil seiner Finanzen; ihm mußte sehr daran gelegen sein,

daß sie nach dem Tod des Onkels weitergezahlt wurden. Ein Motiv der nicht ganz ungefährlichen Reisen in die Heimat war es, den Greis durch persönlichen Kontakt günstig zu stimmen, was aber nicht sonderlich gelungen ist. Nachdem Onkel Salomon am 23. Dezember 1844 gestorben war, erfuhr Heine zu seinem Entsetzen, daß ihm genau wie seinen Brüdern nur 8000 Mark Banco (ungefähr 15000 Franken) hinterlassen worden waren. Es sollte noch schlimmer kommen: der Vetter Carl Heine (1810–65), dessen Beziehungen zum Dichter bisher leidlich freundschaftlich gewesen waren, den Heine 1832 zur Zeit der Choleraepidemie in Paris unter eigener Lebensgefahr gepflegt und dessen Ehe mit einer Pariser Bankierstochter er später vermittelt hatte, teilte diesem in einem mit wohlüberlegter Arroganz und Kälte verfaßten Brief mit, daß er beabsichtige, die 8000 Mark zurückzubehalten und zu verzinsen und dem Dichter ein Jahresgeld als zu jeder Zeit kündbares Geschenk von 2000 Franken zukommen zu lassen bereit sei; als Bedingung beanspruchte er eine Zensur über alles, was Heine über Salomon schreiben sollte (HSA 26, S. 123–24).

Im Rückblick sind die Motive dieser Maßnahmen ganz verständlich. Von einem Konflikt zwischen »Genius« und »Geldsack«, wie Heine das Verhältnis zur Familie gerne auffassen wollte, kann hier keine Rede sein. Ebensowenig von Knickrigkeit: materiell gesehen ist Salomon durch die Jahre hindurch seinem Neffen gegenüber recht freigebig gewesen, und der vielfache Millionär Carl Heine hat dem Dichter in späteren Jahren Tausende von Franken zukommen lassen, viel mehr als das, wozu er verpflichtet war. Es handelte sich um den Schutz der Familie vor der gefürchteten Feder des schwarzen Schafes. Es ist kaum zu bezweifeln, daß Salomon Heine die Erbschaft bewußt so eingerichtet hat, um dem Sohn den Neffen in dieser Hinsicht in die Hand zu liefern. Ob die Politik der Familie klug und zweckmäßig war, muß man bezweifeln, denn, statt den Ruf der Familie zu schützen und Heine mundtot zu machen, hat sie vor der Nachwelt zum gerade entgegengesetzten Ergebnis geführt. Andererseits ist wohl das Recht Salomons, nach bestem Ermessen über sein Vermögen zu disponieren, kaum ernsthaft zu bestreiten.

Allerdings sah sich Heine nicht in der Lage, die Situation so abgewogen zu beurteilen. In einem Zustand von Panik und Wut entschloß er sich zu einem hartnäckigen Kampf, die Familie zur Wiederherstellung des Jahresgeldes zu zwingen. Der Furcht der Familie vor seiner Feder begegnete er durch eine sich ständig steigernde Kampagne von Drohungen und öffentlichen Angriffen von dritter Seite, indem er mit wechselndem Erfolg versuchte, seine Bekannten zu mobilisieren. »Die öffentliche Meinung«, schrieb er an einen Freund, »ist leicht zu gewinnen für den Dichter – gegen Millionäre« (HSA 22, S. 153). Zur gleichen Zeit ließ er seine Bereitschaft, mit Carl zu verhandeln, durchschauen. Diese Fehde dauerte anderthalb Jahre und wurde zu einem europäischen Skandal; die Aufregung hat Heines Gesundheit angegriffen und seine Energien erschöpft. Erst im Sommer 1846 kam es zu einem Vergleich. Ob ihm Teile seiner Memoiren zum Opfer gefallen sind, bleibt umstritten; Tatsache ist, daß Heine sich veranlaßt fand, den Großteil der Briefe der Mutter und der Schwester zu verbrennen, auch später hat er die Briefe der Schwester nach Empfang vernichtet.

Zum Erbschaftsstreit:
Ludwig Rosenthal: Heinrich Heines Erbschaftstreit. Hintergründe, Verlauf, Folgen. Bonn 1982.

Sehr wahrscheinlich ist diesen Verwirrungen ein Unternehmen zum Opfer gefallen, dem spätere Herausgeber den Titel »Briefe über Deutschland« gegeben haben. Anlaß dieser Bruchstücke war eine Artikelserie über Deutschland 1843 und 1844 in französischen Periodika von »Daniel Stern« (d.i. Marie d'Agoult, 1805–76), worin Heine ein Wiederaufleben der von ihm bekämpften Ansichten von Madame de Staël zu erblicken meinte. Dementsprechend wiederholen die Briefentwürfe Motive aus den Deutschland-Essays der dreißiger Jahre; weder diese Selbstnachahmung noch der unangenehm giftig-überhebliche Ton der Texte versprach ein erfolgreiches Resultat. Allerdings zeigen die Fragmente wohl die Nähe zu Marx im Jahre 1844; neben einigen Anekdoten über Hegel attestiert Heine dem Kommunismus, daß er sich über ganz Deutschland verbreite und den Proletariern, daß sie sein eigenes Programm der sensualistischen Emanzipation formulierten. Über den Ort dieser Fragmente in Heines Werk besteht noch Uneinigkeit; während die Hanser-Ausgabe sie unter ihrem traditionellen Titel zusammenbehält (B 5, S. 191–202), werden sie in der Düsseldorfer Ausgabe einzeln als Paralipomena zu den autobiographischen Schriften bzw. zu den kleineren politischen Schriften abgedruckt (DHA 15, S. 167–73; 11, S. 226–28).

Zu den »Briefen über Deutschland«:
Eberhard Galley: Heines »Briefe über Deutschland« und die »Geständnisse«. Hjb 2 (1963). S. 60-84.

In die sonst verhältnismäßig dürre Zeit der mittleren vierziger Jahre fallen allerdings zwei, nicht nur für Heine sondern auch für die ganze Epoche gattungsmäßig ausgefallene Werke: die Tanzdichtungen. Zunächst wurde der Tanz für Heines sensualistische Doktrin wichtig als die einzige Kunst, die nicht in den Dienst des Christentums gestellt worden sei. Daher behielt der Tanz die gefährlichen, anarchischen, dionysischen, sonst durch das spiritualistische Christentum verdrängten Energien gleichsam aus dem Unterbewußtsein des Volks. Dabei war Heines Gebrauch des Motivs durchaus zweideutig: vom Tanz um das goldene Kalb bis zum Cancan des Pariser Proletariats ließ er nicht nur das Befreiende sondern auch das potentiell Destruktive, Antizivilisatorische des Tanzrausches spüren.

Zum Tanzmotiv:
Lee B. Jennings: The Dance of Life and Death in Heine and Immermann. In: GL&L N.F. 18 (1964/65). S. 130–35.
Benno von Wiese: Das tanzende Universum. In: B. v. W.: Signaturen. Zu Heinrich Heine und seinem Werk. Berlin 1976. S. 67–133.
Lia Secci: Die dionysische Sprache des Tanzes im Werk Heines. In: Zu Heinrich Heine. S. 89–101.

Auf der anderen Seite mochte er weder den Gesellschaftstanz – er war selber kein Tänzer – noch im Grunde das moderne Ballett, das ihm zu sehr durch eine klassizistische Askese diszipliniert schien, obwohl er bei seinem allgemeinen Interesse am Pariser Theaterleben mit dem Ballett unausweichlich bekannt geworden ist.

Zum Ballett:
Max Niehaus: Himmel Hölle und Trikot. Heinrich Heine und das Ballett. München 1959.

Es ist also hauptsächlich dem Zufall zu verdanken, daß er selber dazu kam, Ballettlibretti zu schaffen. Die Tanzdichtungen sind nämlich bestellte Arbeiten. Eine slavische Legende in den »Elementargeistern« über die »Willis«, Geister von vor ihrem Hochzeitstag gestorbenen Bräuten, wurde 1841 nach einem Libretto von Théophile Gautier und anderen das Motiv des heute noch bekannten Balletts »Giselle« von Adolphe Adam. Dadurch wurde der Intendant von Her Majesty's Theatre in London, Benjamin Lumley (1811–75), auf Heine aufmerksam. Lumley bat ihn um ein neues Ballettszenario. Für den ersten Versuch, »Die Göttin Diana« (DHA 9, S. 65–76), den Heine behauptete, in zwei Morgenstunden im Januar 1846 geschrieben zu haben, bezahlte Lumley 2 000 Franken. Dieses Geschäft bestärkte Heine in der Hoffnung, endlich einen Weg zum leichten Reichtum gefunden zu haben. Daher schuf er Ende 1846/ Anfang 1847 ein zweites »Tanzpoem«, »Der Doktor Faust«; dafür bekam er von Lumley sogar 6 000 Franken. Die heute wenig beachteten Werke gehören also zu den bestbezahlten seiner ganzen Laufbahn.

»Die Göttin Diana« gehört in die Reihe der Darstellungen der sensualistischen Doktrin. Ein Ritter wird nach einem bacchantischen Fest mit Diana vom repressiven Nazarener Eckart getötet, von Apollo und Bacchus aber wieder ins Leben gerufen. Sein Weiterleben bleibt allerdings innerhalb des unwirklich-legendären Venusbergs. »Die Göttin Diana« wurde erst 1854 in den »Vermischten Schriften« gedruckt. Die heidnisch-sensualistische Motivik wird in einem später geschriebenen Essay, »Die Götter im Exil«, weitergeführt; es tanzen die verborgenen, unterdrückten Götter »den Freudentanz des Heidentums, den Cancan der antiken Welt [...], ganz ohne hypokritische Verhüllung, ganz ohne Dazwischenkunft der Sergents-de-ville einer spiritualistischen Moral, ganz mit dem ungebundenen Wahnsinn der alten Tage, jauchzend, tobend, jubelnd: Evoe Bacche!« (DHA 9, S. 130).

Während »Die Göttin Diana« wohl als eine nicht sehr gewichtige Gelegenheitsarbeit zu betrachten ist, liegen die Dinge beim »Faust«-Ballett etwas anders. Schon in den zwanziger Jahren gibt es einige Andeutungen, daß Heine an eine Faust-Dichtung dachte. Ob diese Überlegungen überhaupt ernst gemeint waren, ob sie irgendetwas mit dem späteren »Faust«-Projekt zu tun haben, bleibt umstritten. Überhaupt gehört das Thema zweifellos zum Komplex der Konkurrenz mit Goethe, die sich aber jetzt als weitgehend beschwichtigt zeigt. In der späteren Einleitung zu seinem »Faust« räumt er Goethe verschmitzt die Vorrangstellung in der Reihe ein: »Abraham zeugte den Isaak, Isaak zeugte den Jakob, Jakob aber zeugte den Juda, in dessen Händen der Szepter ewig bleiben wird« (DHA 9, S. 81). Deswegen sollte man mit der Annahme, Heines »Faust« sei gegen Goethe konzipiert, etwas vorsichtig sein, obwohl er in einem ziemlich weitläufigen Aufsatz in der Form eines Briefes an Lumley über die Geschichte der Faust-Sage, den er dem eigentlichen Ballett angehängt hat, wie viele seiner Zeitgenossen mit Ausnahme des Helena-Aktes kein Verständnis für den »lendenlahmen zweiten Theil« aufbringen konnte (DHA 9, S. 102). Bemerkenswerter ist, daß er Goethe dafür kritisiert, daß er vom ursprünglichen Geist der Sage abgewichen sei. Heine lehnt also Goethes optimistische, gleichsam »hellenische« oder wenigstens synkretistische Behandlung des Stoffes für seine Zwecke ab, um zum spiritualistischen, um nicht zu sagen morbiden Geist der traditionellen Überlieferung zurückzukehren. Denn Heines Faust ist der Narr seiner eigenen Wünsche und Einbildungen. Während er von der Teufelin Mephistophela verführt wird, werden nacheinander die höfische Welt des Mittelalters, die klassische Antike und das frühmoderne Bürgertum als unwesentliche Trugbilder entlarvt. Auch das Erotische stellt sich als vergänglich und letztendlich übersättigend heraus; darin liegt »Faust« auf der Linie von den »Verschiedenen« bis zu späten Gedichten über die Vergänglichkeit des Erotischen wie »Pomare«. Da der linkische, leicht zu übertölpelnde Faust, der, unrettbar verdammt, endlich von der ganz überlegenen, radikal bösen Mephistophela geholt wird, autobiographische Züge trägt, läßt »Der Doktor Faust« sich als ein Werk interpretieren, mit dem Heine mit sich selbst ins Gericht geht.

Um seine Autorenrechte zu wahren, ließ er eine französische Übersetzung von »Faust« 1847 heimlich drucken; der deutsche Text erschien als Einzeldruck 1851, mit einem etwas grellen Titelbild versehen, das einen Bock, eine Ballettänzerin und eine nackte Frau zeigte und wegen letzterer Heine wenig behagte. Die Veröffentlichung hatte keinen Erfolg; noch 1917 lag der Restbestand bei Hoffmann und Campe und wurde dann in einer Kassette mit einem Aufsatz von Oskar Walzel als Beigabe für die Gesellschaft der Bibliophilen geliefert; in dieser Aufmachung läßt sich die Erstausgabe noch heute zu einem bescheidenen Preis auf dem Antiquariatsmarkt finden. Dieses Schicksal spiegelt die Enttäuschung der Hoffnungen Heines wider, durch seine Ballette die Bühne zu erobern und Ruhm und Reichtum zu gewinnen. »Faust« vor allem war sowohl in technischer wie auch inhaltlicher Hinsicht für die Bühne und das Publikum der Zeit völlig ungeeignet. Erst im zwanzigsten Jahrhundert hat man ihn 1926 in Prag und 1941 in Sydney aufgeführt; 1948 gab er die Anregung zu Werner Egks Ballett »Abraxas«.

Zu »Die Göttin Diana« bzw. »Die Götter im Exil« und »Der Doktor Faust«:
Entstehung: DHA 9, S. 629–47, 1006–44, 681–735.
Carl Enders: Heinrich Heines Faustdichtungen. Der Tanz als Deutungs- und Gestaltungsmittel seelischer Erlebnisse. In: ZfdPh 74 (1955). S. 364–92.

Gerhard Weiß: Die Entstehung von Heines »Doktor Faust«. Ein Beispiel deutsch-englisch-französischer Freundschaft. In: Hjb 5 (1966). S. 41–57.

Heinz Moenkemeyer: Die deutschen Erstdrucke von Heines »Doktor Faust«. In: Hjb 5 (1966). S. 58–67.

A. I. Sandor: The Exile of Gods. Interpretation of a Theme, a Theory and a Technique in the Work of Heinrich Heine. Im Haag und Paris 1967.

Robert E. Stiefel: Heine's Ballet Scenarios. An Interpretation. In: GR 44 (1969). S. 186–98.

Dolf Sternberger: Heinrich Heines Götter. In: Das Altertum und jedes neue Gute. Für Wolfgang Schadewaldt zum 15. März 1970. Stuttgart 1970. S. 167–94.

Hans Henning: Heine und Faust oder Klassik und Romantik in Heines Faust-Poem. In: Streitbarer Humanist. S. 379–84.

Derselbe: Heines Tanzpoem »Der Doktor Faust«. In: Faust-Blätter Nr. 29 (1975): 1011–24.

Benno von Wiese: Mephistophela und Faust. Zur Interpretation von Heines Tanzpoem »Der Doktor Faust«. In: Herkommen und Erneuerung. Essays für Oskar Seidlin. Hrsgg. von Gerald Gillespie und Edgar Lohner. Tübingen 1976. S. 225–40.

Ariane Neuhaus-Koch: Heines Arbeit am Mythos. Die Quellen des »Doktor Faust«. In: Der späte Heine. S. 45–57.

Gabriele Cooper: Tanzende Chiffren. Heines *Faust*. Maske und Kothurn 32 (1986). S. 41–52.

Ariane Neuhaus-Koch: Heine als Faust-Philologe und Erneuerer der volksliterarischen Tradition. In: Heinrich Heine im Spannungsfeld von Literatur und Wissenschaft. S. 133–42.

3. In der Matratzengruft 1848–1856

3.1. Revolution und Zusammenbruch

Es sieht wie eine grausame Ironie des Schicksals aus, daß Heines körperlicher Zusammenbruch fast gleichzeitig mit der Revolution von 1848 erfolgte. Als die Revolution im Februar ausbrach, war Heine schon schwer gelähmt und lag zeitweilig im Krankenhaus. Im Mai wurde er endgültig paralysiert und in seine »Matratzengruft« verbannt, wie er sein so schmerzenreiches wie langwieriges Lager im Nachwort zum »Romanzero« nannte (B 6/1, S. 180). So schwer dieser Schlag an sich war, bedeutete er doch mehr als eine Katastrophe in seinem physischen Leben. Die ganze Grundlage seines geistigen Wesens – der Sensualismus, die Diesseitigkeit, die Hervorhebung des Erotischen und der Leibesfreuden – stellte sich notgedrungen in ein fragwürdiges Licht. Im selben Nachwort allegorisierte er diese Wandlung durch das wohl fiktive Bild vom Zusammenbruch vor der Venus von Milo im Louvre: »Zu ihren Füßen lag ich lange, und ich weinte so heftig, daß sich dessen ein Stein erbarmen mußte. Auch schaute die Göttin mitleidig auf mich herab, doch zugleich so trostlos, als wollte sie sagen: siehst du denn nicht, daß ich keine Arme habe und also nicht helfen kann?« (B 6/1, S. 184). Zwar war der Prozeß der Ernüchterung in bezug auf den Sensualismus als revolutionärer Prämisse schon seit langem in Gang gekommen, aber erst der Zusammenbruch bewirkte die Krise. Unter diesen Umständen mußte ihn die Revolution mit ihren Erschwernissen eher als eine Plage denn als ein freudiges Ereignis berühren. Heine hatte auch Schwierigkeiten, die revolutionären Vorgänge richtig zu fassen; Klarheit erlangte er erst, als die Ereignisse in ihre gegenrevolutionäre und reaktionäre Phase eingetreten waren.

Über Heines Krankheit ist viel gerätselt worden. Seit seinen Studentenjahren führte er Klagen über seinen Gesundheitszustand. Er hat besonders an Kopfweh gelitten. Ob diese Symptome als Vorzeichen seiner späteren Krankheit zu betrachten sind, bleibt ungeklärt. Vorübergehende Lähmungen und Augenleiden stellten sich schon in den dreißiger Jahren ein, wurden dann im Lauf der vierziger Jahre akut und gefährlich. Die

Ärzte konnten ihm nicht helfen; die verordneten Kuraufenthalte und Bäder scheinen ihm eher geschadet zu haben. In der Matratzengruft hat er nicht nur an Lähmungen, z. B. des Augenlides, sondern auch an schmerzlichen Rückgratskrämpfen und schweren Verdauungsstörungen gelitten. Lange Zeit ist die Standarddiagnose die einer luetischen Erkrankung des Rückenmarks geblieben. In neuerer Zeit sind andere Vorschläge gemacht worden, darunter die einer myatrophischen Lateralsklerose. Wahrscheinlich wird diese Frage niemals restlos geklärt werden. Was den Fall so mysteriös macht, ist vor allem die Tatsache, daß die akute Phase so lange gedauert hat – beinahe acht Jahre war Heine bettlägerig – und daß fast bis zur letzten Stunde sein Denken trotz der großen Mengen an Opiaten, die er gegen die Schmerzen einnehmen mußte, erstaunlich klar, seine schöpferischen Energien praktisch unvermindert geblieben sind. Wichtiger als die genaue Diagnose der Krankheit ist es, daß sämtliche Zeitgenossen und auch Heine selbst geglaubt haben, sie sei venerischen Ursprungs. Es war eine grausige Ironie, daß der berühmteste Liebesdichter der deutschen Sprache und Kämpfer für die Emanzipation der Lustbefriedigung durch die Liebeskrankheit niedergestreckt werden sollte.

Zu Heines Krankheit:
Arthur Stern: Heinrich Heines Krankheit und seine Ärzte. In: Hjb 3 (1964). S. 63–79.
Jeffrey L. Sammons: Mortification of the Emancipated Flesh: The Case of Heine. In: Hypatia. Essays in Classics, Comparative Literature, and Philosophy Presented to Hazel E. Barnes on her Seventieth Birthday. Hrsgg. von William M. Calder III., Ulrich K. Goldsmith und Phyllis B. Kenevan. Boulder / Colorado, 1985. S. 187–98.

Paradoxerweise brachten Heine diese unmenschlichen Leiden einige Vorteile. Zunächst verbesserte sich sein Verhältnis zum Publikum. Sein Ruf war seit dem Börne-Buch und dessen Nachwirkungen angeschlagen geblieben; jetzt begünstigte ihn ein gewisser Mitleidseffekt, den der die persönliche Sphäre immer ängstlich hütende Heine im Grunde nicht haben wollte, der ihm aber trotzdem zugute gekommen ist. Wichtiger noch war eine durch das echte, elementare Leiden verursachte Gemütsvertiefung. Die etwas starren Antinomien wurde facettierter, die Ironie vielseitiger, der Blick in die Welt mehrpolig, das politische und kulturelle Verständnis breiter. In seiner Jugend dichtete er, aus seinen großen Schmerzen habe er die kleinen Lieder gemacht (»Lyrisches Intermezzo« 36); jetzt macht er aus seinen fast unerträglichen Schmerzen seine großen Lieder. Erst in der Matratzengruft ist Heine nach 1848 zu einem modernen Dichter des neunzehnten Jahrhunderts geworden.

Zunächst allerdings hat die Revolution von 1848 nur Verwirrung in sein Leben gebracht. An seinen Freund Alfred Meißner schrieb er im April: »Sie wissen, daß ich kein Republikaner war, und werden nicht erstaunt sein, daß ich noch keiner geworden. Was die Welt jetzt treibt und hofft, ist meinem Herzen völlig fremd« (HSA 22, S. 271). Im März versuchte er Berichte für die »Allgemeine Zeitung« zu schreiben; er rühmte die Arbeiter, die ohne Plünderung und ohne religiöse Hoffnung ihr Leben riskiert hätten, verabschiedete sich kritisch aber höflich vom abgesetzten König Louis-Philippe und lobte den Helden des Tages, den Dichter Alphonse de Lamartine (1790–1869) sowie die Provisorische Regierung (B 5, S. 207–15). Dieses Urteil mußte er bald aufgeben, und da die Ereignisse die Berichte schon überholt hatten, bevor sie gedruckt werden konnten, bat er Kolb, sie zurückzuschicken. Als im Juli die Gegenrevolution in Prag und Paris blutig zurückgeschlagen hat, schrieb Heine an Campe: »Ueber die Zeitereignisse sage ich nichts; das ist Universalanarchie, Weltkuddelmuddel, sichtbar gewordener Gotteswahnsinn! Der Alte muß eingesperrt werden, wenn das so fort geht. – Das haben die Atheisten verschuldet, die ihn toll geärgert« (HSA 22, S. 287). Louis Napoleon ließ zunächst Heines Bonapartismus wieder aufleben; nach dem Staatsstreich vom Dezember 1851 ließ er Marx seine Meinung mitteilen, das Ereignis sei möglicherweise ein Fortschritt. Bald aber mußte er auch diese nostalgische Illusion aufgeben. Zwei Monate später schrieb er an Kolb: »Die schönen Ideale von politischer Sittlichkeit, Gesetzlichkeit, Bürgertugend, Freyheit und Gleichheit, die rosigen Morgenträume des achtzehnten Jahrhunderts, für die unsere Väter so heldenmüthig in den Tod gegangen, und die wir ihnen nicht minder martyrthumsüchtig nachträumten – da liegen sie nun zu unseren Füßen, zertrümmert, zerschlagen« (HSA 23, S. 181). In seiner politischen Dichtung kehrte er zur strafenden Satire zurück, die auch früher seine Stärke gewesen war.

Zu Heine und der Revolution von 1848:

Hans Kaufmann: Heines Schönheitsbegriff und die Revolution von 1848. In: WB 6 (1960). S. 266–77.

Leslie Bodi: Heinrich Heine. The poet as *frondeur.* In: Intellectuals and Revolution. Socialism and the Experience of 1848. Hrsgg. von Eugene Kamenka und F. B. Smith. New York 1980. S. 43–60.

Wolfgang Stump: Heines journalistische und literarische Texte zur Februar-Revolution 1848 in Frankreich. In: Der späte Heine. S. 97–111.

Michael Werner: Heine und die französische Revolution von 1848. Ebenda S. 113–32. Gekürzt und revidiert in: Heinrich Heine 1797–1856. S. 134–52.

Walter Grab: Heine und die deutsche Revolution von 1848. Ebenda S. 147–73.

Gerd Heinemann: »Variazionen« – Heines Geschichtsauffassung nach 1848. In: Rose und Kartoffel. Ein Heinrich Heine-Symposium. Hrsgg. von A. A. van den Braembussche und Ph. van Engeldorp Gastelaars. Amsterdam 1988. S. 69–84.

Die Revolution brachte auch eine für Heine recht peinliche Enthüllung. In der »Revue rétrospective« erschien eine Liste der geheimen Subventionen der Julimonarchie. Und auf dem Budget des Außenministeriums, unter der Rubrik »Service extraordinaire«, stand der »publiciste« bzw. »écrivain allemand« bzw. »homme de lettres« Heine mit einem Jahresgeld von 4 800 Franken. Seit Jahren hat es Gerüchte gegeben, daß er von der französischen Regierung bezahlt worden würde; von den Liberalen wurde er manchmal wegen seines wohlwollenden Urteils über den König und die Julimonarchie als Abtrünniger gebrandmarkt. Er ließ also so bald wie möglich eine »Erklärung« in der »Allgemeinen Zeitung« drucken, indem er sich gegen die Verdächtigung, die französische Regierung hätte seine Feder gekauft, verteidigte und behauptete, die Pension sei nur ein Beispiel von der Unterstützung, die das französische Volk den wegen ihrer Treue zur Revolution Exilierten hätte zukommen lassen und in seinem Fall den vom Bundestagsverbot von 1835 verursachten Einkommensverlust ersetzen sollte (B 5, S. 106–08); zu vergleichen ist auch die umfangreiche »Retrospektive Aufklärung«, die Heine den »Lutezia«-Texten eingefügt hat (B 5, S. 462–80). Dennoch kann der Fall durch diese Erklärungen aus hauptsächlich zwei Gründen keineswegs für restlos geklärt gelten: es gehörte zur Politik der französischen Regierung, gute Beziehungen zu ausländischen Zeitungen zu pflegen, und vor allem zur »Allgemeinen Zeitung«, der Adolphe Thiers, der die Pension zweifellos angeordnet hatte, seit Jahren verbunden gewesen war. Zweitens war die Summe, die dem Gehalt eines französischen Universitätsprofessors annähernd entsprach, zu groß, um eine bloß wohltätige Unterstützung zu sein. Über die Frage, seit wann Heine die Pension bezogen hat, ob seit 1836, wie er mit seinem Hinweis auf das Bundestagsverbot nahelegt, oder seit 1840, dem Jahr, mit dem die Listen in der »Revue rétrospective« einsetzen, gibt es noch heute kontroverse Meinungen.

Dazu:

Michael Werner: Heines französische Staatspension. In: Hjb 16 (1977). S. 134–42.

Lucienne Netter: Un scandale en 1848 (à propos de la pension touchée par Heine). In: RLC 58 (1984). S. 399–415.

Sonst ist die Forschung dieser heiklen Angelegenheit mehr oder weniger aus dem Wege gegangen. Daß Heine nicht im groben Sinne für die französische Regierung geschrieben hat, läßt sich ohne Schwierigkeit aus seinen Berichten an die »Allgemeine Zeitung« belegen. Andererseits ist es kaum anzunehmen, daß ein mit allen Wassern gewaschener Politiker wie Thiers sich nicht bei einer derart freigebigen Zuwendung etwas gedacht hätte. Die Erforschung von Heines Berichterstattung im Kontext der Politik und Journalistik der Julimonarchie, seine abgewogene aber letztendlich tolerante Urteile über den König und seine führenden Minister Thiers und François Guizot (1787–1874) und vor allem die Revisionen dieser Urteile in der Buchfassung, nachdem die Julimonarchie historisch geworden war und Heines Bemühungen, unter der Provisorischen Regierung und der Präsidentschaft Louis Napoleons, die Pension wiederherstellen zu lassen, fehlgeschlagen waren, bleibt erst in ihren Anfängen.

Zu Heine und Thiers:

Lucienne Netter: Heine, Thiers et la presse parisienne en 1840. In: Revue d'Allemagne 4 (1972). S. 113–53.

Fritz Mende: Aus Heines journalistischer Werkstatt. Ein Brief an »Le Constitutionel« im Juni 1840. In: SG N.F. 6 (1968). S. 41–55. Neudruck in: Mende, Studien. S. 135–47.

Die Revolution brachte Heine noch ein weiteres Unglück: einen Bruch mit dem Verleger Julius Campe. Im April 1848 zog sich Campe schweigend in den Schmollwinkel zurück; er kam allen Verpflichtungen pünktlich nach, beantwortete aber drei Jahre lang keinen Brief. Der Grund seiner Verdrießlichkeit ist von der Forschung gelegentlich mißverstanden worden. Es ist angenommen worden, er habe sich geärgert, weil Heine nicht nach Hamburg gefahren sei, um bei Campes langerwartetem, 1846 geborenem Sohn Pate zu stehen. Selbstverständlich war Heine viel zu krank für eine solche Reise, Campe aber ist durch die Jahre hindurch gegenüber den Klagen seines Autors taub geworden und wollte lange Zeit seinen Zustand nicht im vollen Ausmaß wahrnehmen. In der Tat war Campe über dieses Mißverständnis etwas verstimmt, es führte aber nicht unmittelbar zum Bruch. Anlaß war vielmehr die von der Revolution verursachte neue Situation, zu dessen ersten Folgen die Abschaffung der Zensurbestimmungen in einem deutschen Staat nach dem anderen gehörte. Auf diesen Augenblick hatte der durch die Zensur geplagte Verleger jahrzehntelang gewartet. Jetzt, meinte er, sei es an der Zeit, die seit Jahren diskutierte Gesamtausgabe von Heines Werken herauszubringen, auch einige vergriffene Texte neu drucken zu lassen. Er mag auch mit seinem stark entwickelten Wirklichkeitssinn richtig geahnt haben, daß die aus momentaner Unsicherheit gewährte Pressefreiheit nicht dauern würde. Er hatte es also eilig. Aber Heine, wie das nun seine Gewohnheit war, zögerte und verschob, machte Schwierigkeiten und gab Campe die Schuld daran. Diese, in Campes Augen, Gleichgültigkeit im historischen Moment war unerträglich; er schwieg. Heine wurde wirklich verletzt und betreten; er schrieb zahlreiche manchmal fast flehende Briefe, aber vergebens.

Der fortwährende Streit zwischen Heine und Campe war nicht nur eine private Sache sondern, wenigstens auf Heines Seite, eine öffentliche Angelegenheit, die er wiederholt vor dem Publikum ausgetragen hat. Im Jahre 1839 ließ er einen langen öffentlichen Brief an Campe mit dem Titel »Schriftstellernöthen« in der »Zeitung für die elegante Welt« drucken, in dem er Campe die Schuld an der Verstümmelung des »Schwabenspiegels« durch die Zensur gab und ihn der Untreue und Unredlichkeit bezichtigte. Klaus Briegleb hat diese Art der Anklage als eine Textsorte aufgefaßt und in der Hanser-Ausgabe mit einer langen Reihe von Heines Erklärungen, Protesten, Klagen, offenen Briefen u.s.w. unter der Gesamtrubrik »Schriftstellernöte« zusammengestellt (B 5, S. 7–121). In dieser Gestalt sollten wir begreifen, »wie Heines Arbeitsbedingungen nach 1831 sich stufenweise verschärfen und wie der Autor sie bald nicht mehr bloß als die besonderen Schwierigkeiten seiner politischen Biographie im Exil begreift, sondern sie verstehen lernt als die allgemeinen ideologischen und ökonomischen Gesetzmäßigkeiten, denen das Leben und die ›Federfreiheit‹ eines Kritikers der modernen Gesellschaft unterworfen sind« (B 5, S. 575–76).

Dazu:

Klaus Briegleb: Schriftstellernöte und literarische Produktivität. Zum Exempel Heinrich Heine. In: Neue Ansichten zu einer künftigen Germanistik. Hrsgg. von Jürgen Kolbe. München 1973. S. 121–59.

Das ist aber nicht die einzig mögliche Betrachtungsweise. Es wird oft behauptet, Heine sei einer der ersten Berufsschriftsteller in der deutschen Literatur gewesen. Weniger beachtet wird aber, daß Heine keiner sein wollte, indem er sich weigerte, die Produktivität eines Berufsschriftstellers zu erreichen; statt dessen hat er einen nicht unbeträchtlichen Teil seiner Energien zur Propagierung seiner Person und Manipulierung des Publikums aufgewendet.

Dazu:
Michael Werner: Imagepflege. Heines Presslenkung zur Propagierung seines Persönlichkeitsbildes. In: Heinrich Heine. Artistik und Engagement. S. 267–83.

Er wollte unabhängig nicht nur vom Markt sondern auch vom Publikum sein. Ob eine mäzenatische Unterstützung von Onkel Salomon, den Rothschilds, der französischen Regierung oder dem Verleger kam, war für ihn zweitrangig. In einem Bittbrief über Geldangelegenheit an den Verleger Johann Georg von Cotta heißt es: »Ich kann mir Sie nicht als Buchhändler denken, und ich glaube auch Ihnen wird es Mühe kosten in mir einen honorarsüchtigen Lohnschreiber zu sehen« (HSA 21, S. 180). Die selbstverständlich gespielte Geste des Dichterfürsten an den nur zufällig im Geschäft agierenden Aristokraten ist nicht zu übersehen. Späte Gedichte wie »Der Dichter Firdusi« zeigen, welche gleichsam königlichen Ansprüche der große Dichter in seinen Augen stellen durfte; wo sie nicht gewährt wurden, war das ein Zeichen für die tragische Mißregierung der Welt. Man kann diese Haltung als Widerstand gegen den Warencharakter der Kunst im bürgerlichen Kapitalismus deuten. Nur zeugt sie auch von einer systematischen Mißachtung der Interessen, der Sorgen, der Gefahren und der Bestrebungen seines Verlegers. Der hatte jedenfalls in der Krise von 1848 nach einundzwanzig Jahren des ermüdenden und manchmal auch beleidigenden Hin und Her vorläufig genug. Nur die Aussicht auf ein neues literarisches Werk konnte ihn dazu bringen, sein Schweigen zu brechen.

3.2. »Romanzero« und die religiöse Wandlung

Wiederhergestellt wurden die Beziehungen zu Campe durch die
Aussicht auf einen neuen Gedichtband. Denn das einzige, was
dieser von Heine verlangte, war, daß er Bücher, nach Möglichkeit dichterische, schreiben sollte. Im Juli 1851 reiste Campe
nach Paris, wo er Heines Gesundheitszustand mit eigenen Augen sah, ihn aber nichtsdestoweniger zur Fertigstellung des Buches anspornte. Kaum jemals haben die beiden in solcher Übereinstimmung miteinander gearbeitet. Heine war stolz auf die
neue Gedichtsammlung, die er »die dritte Säule meines lyrischen Ruhmes« nannte (HSA 23, S. 52). Campe war für seinen
Teil hingerissen. Ihm fiel auch, so scheint es, der Titel »Romanzero« ein; obschon ihn bereits andere Gedichtsammlungen in
Deutschland, Frankreich und Spanien trugen, war er wirksam,
weckte aber vielleicht im damaligen Publikum den Eindruck eines romantischeren Werkes, als es in Wirklichkeit ist. In Hamburg hat Campe vor den Kunden in seinem Laden aus den Fah-
nen begeistert vorgelesen. Er unternahm eine energische Wer-
bekampagne, indem er überall Annoncen und antizipierende
Ankündigungen inserieren ließ und 250 eigenhändige Briefe an
Buchhändler in ganz Deutschland schrieb. In seinem Eifer gelang ihm eine buchtechnische Erfindung: »Romanzero« wurde
das erste Buch mit einem illustrierten (oder besser: gezeichneten) Schutzumschlag. Zwischen September und Dezember 1851
ließ er vier Auflagen drucken und erzielte mit 15 000 verkauften
Exemplaren einen Rekord für eine Heinesche Erstausgabe. Dafür bezahlte er 6 000 Mark Banco, das meiste, was er jemals für
ein Einzelwerk Heines gegeben hat.

Dieser verlegerische Blitzkrieg Campes war klug berechnet;
denn, obwohl er imstande war, die Qualität des Werkes zu ahnen, muß er, mit seinem untrüglichen, Heine weit überragen-
den Sinn für die Aufnahmefähigkeit und Grenzen des Publikums, gewittert haben, daß der Erfolg des Buches nicht anhal-
ten würde. Es wurde in Österreich, Preußen und anderen Staaten verboten. Bald reagierte die Kritik irritiert und ablehnend.
Eine fünfte Auflage wurde erst acht Jahre später, also drei Jahre
nach Heines Tod, nötig. Der Ton war zu modern, zu wenig be-
jahend für den durchschnittlichen Leser Mitte des neunzehnten
Jahrhunderts. Es sind Gedichte des Leidens, der Niederlage,
der Enttäuschung, der Erbitterung über die Grausamkeit
menschlichen Verhaltens und der göttlichen Mißregierung der
Welt, über den unvermeidlichen Sieg des schlechteren Men-

schen über den besseren, der kein Zufall ist, sondern Ergebnis einer unergründlichen, menschenfeindlichen Transzendenz sowie der unermüdlichen Mißgunst der Minderwertigen. Andererseits liegen in den sprachlichen und bildlichen Energien der Gedichte Auflehnung, Widerstand, Bejahung der Menschheit in Gestalt eines gefesselten Prometheus. Gleichzeitig ist das düstere Gewebe mit Strahlen des Witzes, der Satire, des Humors durchschossen. Tatsächlich wird das Buch mit zwei von Heines komischsten Gedichten eröffnet: »Rhampsenit«, eine bei Herodot gefundene Erzählung, wie eine Welle des Verbrechens dadurch aufgehalten wird, indem der Dieb zum König gemacht wird, und »Der weiße Elefant«, eine absurde Phantasie von der hoffnungslosen Liebe eines siamesischen Elefanten, eines »vierfüßigen Werthers« (B 6/1, S. 17), zu einer berühmten Pariser Schönheit.

»Romanzero« besteht aus drei Teilen mit den Überschriften »Historien«, »Lamentationen« und »Hebräische Melodien«. Die Historien sind mit Heines Balladen und Romanzen verwandt, aber weniger komprimiert, erzählerisch langatmiger und abschweifender geworden. Viele erzählen von dem Untergang geweihten besseren Menschen: Königen, Helden, Dichtern. Die Abteilung schließt mit einem langen, grausamen Gedicht, »Vitzliputzli«, über die tückische Behandlung der Azteken durch die Spanier unter Cortés und die Rache, die der groteske aztekische Gott an Europa nehmen wird. In den »Lamentationen«, benannt nach den Klageliedern Jeremias, wechseln Gedichte, die denen der »Historien« ähneln, mit satirischen und politischen Texten. Eröffnet wird diese Abteilung mit »Waldeinsamkeit«, wo der aus der Romantik exilierte Dichter sich nach der schönen Zeit zurücksehnt, »wo voller Geigen / Der Himmel hing, wo Elfenreigen / und Nixentanz und Koboldscherz / Umgaukelt mein märchentrunkenes Herz« (B 6/1, S. 82). Am Ende stehen zwanzig sehr persönlich gehaltene Gedichte, der Zyklus »Lazarus«, in denen der Dichter düstere Fragen über die Gerechtigkeit Gottes stellt und den eigenen Lebenszustand erbittert und mit aggressiver Derbheit glossiert.

Der Titel der »Hebräischen Melodien« ist wohl von Byron beeinflußt; die drei verhältnismäßig langen Gedichte haben aber sonst mit seinen »Hebrew Melodies« nichts gemein. Mit »Prinzessin Sabbath« denkt sich Heine in die Erfahrungswelt eines armen, unterwürfigen Juden hinein, der am Sabbat in einen Prinzen verwandelt wird. Das zweite Gedicht, »Jehuda ben Halevy«, gehört mit seinen 896 Zeilen von weit ausgreifenden

Meditationen sowohl über das Schicksal des Dichters wie des Judentums zu Heines umfangreichsten und wichtigsten Gedichten. Der mittelalterliche sephardische Dichter besingt als Troubador seine Geliebte, die Stadt Jerusalem; zur gleichen Zeit steht er für die Würde des Dichters überhaupt: »Unverantwortlicher König / Des Gedankenreiches ist er. / Nur dem Gotte steht er Rede, / Nicht dem Volke – In der Kunst, / Wie im Leben, kann das Volk / Töten uns, doch niemals richten« (B 6/1, S. 135). Das dritte Gedicht behandelt in satirischer, bzw. grausig-komischer Form eine mittelalterliche Disputation zwischen einem Rabbiner und einem Priester; alle beide reden sich in einen hysterischen, letzten Endes gewalttätigen Aberglauben hinein, was die hübsche französische Königin am Ende zum Urteil veranlaßt, »Daß sie alle beide stinken« (B 6/1, S. 172). Das ist ein hartes Wort für den poetischen Erwartungshorizont des neunzehnten Jahrhunderts und hat mit dazu geführt, daß diese zu Liederkompositionen wenig geeignete Gedichtsammlung in der Welt weniger berühmt wurde als die frühere Lyrik. Unter Kennern aber setzte sich allmählich die Einsicht durch, daß der »Romanzero« nicht nur die »dritte Säule« seines lyrischen Ruhms bildet, sondern wohl überhaupt den Höhepunkt seines lyrischen Schaffens bedeutet.

Zum »Romanzero«:
Entstehung B 6/2, S. 9–20.
S. S. Prawer: Heine the Tragic Satirist. A Study of the Later Poetry 1827–1856. Cambridge / Eng. 1961.
Helmut Koopmann: Heines »Romanzero«: Thematik und Struktur. In: ZfdPh 97 (1978). Sonderheft Studien zur deutschen Literaturgeschichte und Gattungspoetik. Festgabe für Benno von Wiese. S. 51–76.
Jean-Pierre Lefebvre: La place de l'histoire dans le syllogisme du »Romanzero«. In: Cahier Heine 1. S. 116–31. Als: Die Stellung der Geschichte im Syllogismus des »Romanzero«. In: Heinrich Heine und die Zeitgenossen. S. 142–62. Als: Die Krise der Geschichtsphilosophie im Syllogismus des *Romanzero*. In: J.-P. L.: Der gute Trommler. Heines Beziehung zu Hegel. Hamburg 1986. S.125–43.
Jürgen Brummack: Der *Romanzero*. In: Heine. Epoche – Werk – Wirkung. S. 257–86.
Joachim Bark: »Versifiziertes Herzblut«. Zu Entstehung und Gehalt von Heines »Romanzero«. In: WW 36 (1986): 86–103.

Zu einzelnen Abteilungen:
Hella Gebhard: Interpretation der »Historien« aus Heines »Romanzero«. München 1957.

Hans-Peter Bayerdörfer: »Politische Ballade«. Zu den Historien in Heines »Romanzero«. In: DVLG 46 (1972). S. 435–68.
Gerhard Sauder: Blasphemisch-religiöse Körperwelt. Heines »Hebräische Melodien«. In: Heinrich Heine. Artistik und Engagement. S. 118–43.
Helmut Nobis: Heines Krankheit zu Ironie, Parodie, Humor und Spott in den *Lamentationen* des *Romanzero*. In: ZfdPh 102 (1983). S. 521–41.

Zu einzelnen Gedichten:
Herman Salinger: Helping Heinrich Heine Explain his Archetypal »Night Journey« Poem. In: Literature and Psychology 13 (1963). S. 30–36.
Luciano Zagari: La *Pomare* di Heine e la crisi del linguaggio »lirico«. In: SG N. F. 3 (1965). S. 5-38. Neudruck in L. Z.: Studi di letteratura tedesca dell'Ottocento. Rom 1965. S. 121–54.
Hanna Spencer: Heinrich Heines *Karl I*. In: GRM N.F. 22 (1972). S. 377–89. Neudruck als: Karl I. In: Spencer, Dichter, Denker, Journalist. S. 52–64.
Benno von Wiese: Mythos und Historie in Heines später Lyrik. Ein Beitrag zum dichterischen Selbstverständnis. In: Internationaler Heine-Kongreß. S. 121–46.
Horst Künzel: Lyrik als Herrschaftskritik. Zu drei Gedichten Heinrich Heines. In: Hjb 12 (1973). S. 83–98.
Horst Rüdiger: Vitzliputzli im Exil. In: Untersuchungen zur Literatur als Geschichte. Festschrift für Benno von Wiese. Hrsgg. von Vincent J. Günther, Helmut Koopmann, Peter Pütz, und Hans Joachim Schrimpf. Berlin 1973. S. 307–24.
Herman Salinger: Heine's »Valkyren« Reexamined. In: MLN 90 (1975). S. 673–77.
Eva Werner und *Michael Werner*: Zur Praxis der Handschrifteninterpretation am Beispiel von Heines *Karl I.* und *An die Jungen*. In: Cahier Heine 1. S. 87–115. Neudruck in: Heinrich Heine und die Zeitgenossen. S. 78–107.
Benno von Wiese: Mythos und Mythentravestie in Heines Lyrik. In: B. v. W.: Perspektiven I: Studien zur deutschen Literatur und Literaturwissenschaft. Berlin 1978. S. 146–74.
Walter Hinck: Exil als Zuflucht der Resignation. Der Herrscher-Dichter-Konflikt in der Firdusi-Romanze und die Ästhetik des späten Heine. In: W. H.: Von Heine zu Brecht. Lyrik im Geschichtsprozeß. Frankfurt am Main 1978. S. 37–59.
Philipp F. Veit: Lore-ley and Apollogott. In: Analecta Helvetica et Germanica. Eine Festschrift zu Ehren von Hermann Böschenstein. Hrsgg. von A. Arnold, H. Eichner, E. Heier und S. Hoefert. Bonn 1979. S. 228–46.
Ruth Wolf: Versuch über Heines »Jehuda ben Halevy«. In: Hjb 18 (1979). S. 84–98.

Hans-Peter Bayerdörfer: Heine: Karl I. In: Geschichte im Gedicht. Texte und Interpretationen. Protestlied, Bänkelsang, Ballade, Chronik. Hrsgg. von Walter Hinck. Frankfurt am Main 1979. S. 109–17.
Pierre Grappin: Heine et la princesse lointaine. In: Littérature et culture allemandes. Hommages à Henri Plard. Hrsgg. von Roger Goffin u. a. Brüssel 1985. S. 135–45.
Helmut Mojem: Heinrich Heine: Der Apollogott. Eine Interpretation. In: WW 35 (1985). S. 266–83.
Wolfgang Preisendanz: Zu Heinrich Heines *Der Apollogott.* In: Gedichte und Interpretationen. Deutsche Balladen. Hrsgg. von Gunter E. Grimm. Stuttgart 1988. S. 288–301.

Die jüdische Thematik im »Romanzero«, vor allem in den »Lazarus«-Gedichten und den »Hebräischen Melodien«, ist symptomatisch für eine religiöse Wandlung, die das damalige Publikum verblüfft und konsterniert hat und bis heute für Spannungen in der Rezeption sorgt. Im Nachwort zum »Romanzero« verkündete Heine seine Anerkennung eines persönlichen Gottes. Das war nicht sein erstes öffentliches Bekenntnis in dieser Sache. Schon in einer »Berichtigung« vom Jahre 1849 heißt es: »In manchen Momenten, besonders wenn die Krämpfe in der Wirbelsäule allzu qualvoll rumoren, durchzuckt mich der Zweifel, ob der Mensch wirklich ein zweibeinichter Gott ist, wie mir der selige Professor Hegel vor fünfundzwanzig Jahren versichert hatte [...]. Ich bin kein göttlicher Bipede mehr; ich bin nicht mehr der ›freieste Deutsche nach Goethe‹, wie mich Ruge in gesündern Tagen genannt hat; ich bin nicht mehr der große Heide Nr. 2, den man mit dem weinlaubumkränzten Dionysus verglich, während man meinem Kollegen Nr. 1 den Titel eines großherzoglich weimarschen Jupiters erteilte; ich bin kein lebensfreudiger, etwas wohlbeleibter Hellene mehr, der auf trübsinnige Nazarener herablächelte – ich bin jetzt nur ein armer todkranker Jude, ein abgezehrtes Bild des Jammers, ein unglücklicher Mensch!« (B 5, S. 109). Es war aber das »Nachwort« zum »Romanzero«, mit seiner beredten wenn auch ironisch getönten Absage an den mit dem Atheismus gleichgesetzten Pantheismus, das die Aufmerksamkeit des Publikums auf diese eklatante Sinnesänderung gelenkt hat. Daran knüpfte Heine im folgenden Jahr im Vorwort zur zweiten Auflage der Schrift »Zur Geschichte der Religion und Philosophie in Deutschland« wieder an, worin es u. a. heißt, daß »alles, was in diesem Buche namentlich auf die große Gottesfrage Bezug hat, ebenso falsch wie unbesonnen ist« (DHA 8/1, S. 497). Überhaupt ist Heine an vielen sowohl öffentlichen wie auch privaten

Stellen zu diesem neuen Bekenntnis zurückgekommen; es war ihm ein Bedürfnis, sich in dieser Sache verständlich zu machen.

Die Stelle aus der »Berichtigung« zeigt zwei Motive, die die diesbezüglichen Äußerungen ständig begleiten: die Verbindung der religiösen Wandlung mit dem körperlichen Zusammenbruch und die Zurückweisung einer vermeintlichen Vergötterung des Menschen bei Hegel und der hegelschen Schule. Im neuen Vorwort zu »Religion und Philosophie« empfiehlt Heine das Buch Daniel »nicht bloß dem guten Ruge, sondern auch meinem noch viel verstocktern Freunde Marx, ja auch den Herren Feuerbach, Daumer, Bruno Bauer, Hengstenberg und wie sie sonst heißen mögen, diese gottlosen Selbstgötter, zur erbaulichen Beherzigung« (DHA 8/1, S. 498). Hier zeigt sich ein drittes Kennzeichen des Komplexes, nämlich die sich ständig etwas vorgaukelnde Witzigkeit dieser Äußerungen, denn der orthodoxe, obrigkeitsfreundliche Kirchenpolitiker Hengstenberg gehört natürlich nicht in diese Reihe. Diese Witzigkeit eines hier saloppen, dort absichtlich blasphemischen Tones hat einige Beobachter dazu verleitet, die Echtheit von Heines religiöser Wandlung zu bezweifeln. Aber der Ton ist eher eine Strategie, um den Eindruck einer kopfhängerischen Frömmigkeit sowie Mißverständnisse über die wahre Beschaffenheit des seelischen Vorgangs abzuwehren, auch nicht zuletzt eine Abschirmung gegen die trüben, gelegentlich selbstmörderischen Depressionen, in die ihn sein Zustand zu stürzen drohte.

Die Wandlung ist nicht ganz so plötzlich und unerwartet gekommen, wie sie dem Publikum damals erscheinen mußte. Heines philosophische und religiöse Ansichten haben fast immer vor dem konsequenten Atheismus haltgemacht. Er wollte seinen Sensualismus vom Materialismus französischer Herkunft abgrenzen und ihn als die Wiederherstellung eines Gleichgewichts zwischen dem Sinnlichen und dem Körperlichen verstanden wissen. Eine weitere Wurzel ist aber sicherlich auch die Neubesinnung auf das jüdische Erbe, die eigentlich dem Glaubenswandel vorausgeht. Das zeigt sich u. a. in der sensualistisch gezeichneten Gestalt der Herodias in »Atta Troll« dafür ist wohl die Judenhetze des Jahres 1840 im Nahen Osten, bei der das angeblich aufgeklärte Frankreich eine unrühmliche Rolle gespielt hat, ein wichtiger Anlaß gewesen. Früher hatte Heine das Judentum der umfassenden Religionskritik untergeordnet; privat hat er auch seiner unwürdige antijüdische Bemerkungen geäußert; in seinen mittleren Jahren gibt es Anzeichen dafür, daß er überhaupt nicht als Jude identifizert werden wollte. Jetzt lobt

er das jüdische Volk, stellt Moses als Kulturhelden dar und re-
kurriert ständig auf das Alte Testament.

Die Neubesinnung über das Judentum zeigt sich ebenfalls im
Aufsatz »Ludwig Marcus. Denkworte«, ursprünglich 1844 für
die Augsburger »Allgemeine« geschrieben, aber erst 1854 in re-
vidierter Form in den »Vermischten Schriften« (s. u. Abschnitt
3.3.) veröffentlicht. Den in Frankreich ansässigen Orientalisten
und Judaisten Ludwig Markus (1798–1843) hatte Heine zuerst
während seiner Berliner Studentenzeit als Mitglied des »Vereins
für die Cultur und Wissenschaft der Juden« kennengelernt.
Dies ist die einzige Stelle, wo er über seine Erfahrungen mit dem
»Verein« öffentlich berichtet; für dessen Tätigkeit und Mitglie-
der findet er abwägende, aber anerkennende Worte; zur gleichen Zeit tritt er für die Emanzipation der Juden in Deutschland
ein. Dieser Aufsatz hat eine ungewöhnlich komplizierte Textgeschichte; ein philologisch gesicherter Text ist erst von der
DHA zu erwarten.

Dazu:
Michael Werner: Das »Augsburgische Prokrustesbett«. Heines Be-
richte aus Paris 1840–1847 (*Lutezia*) und die Zensur. In: Cahier
Heine 1. Bes. S. 62–63.
Zum Aufsatz:
Catherine Creecy: Eulogy of a Lost Cause. Heine's Essay »Ludwig
Marcus«. In: Hjb 22 (1983). S. 83–95.
Jean-Pierre Lefebvre: Parcours libre sur le manuscrit de *Ludwig Mar-
kus*. In: Cahier Heine 3. S. 13–27.
Michel Espagne: Der König von Abyssinien. Leben und Werk des »klei-
nen Marcus«. In: Hjb 25 (1986). S. 112–38.

Eine weitere Wurzel ist die Erkenntnis der Begrenzung des
Menschen, die sich durch seine politischen und sozialen Beobachtungen, womöglich auch durch gewisse erotische Erfahrungen, im Lauf der Zeit gebildet hatte und ihm dann durch seine
katastrophale Krankheit auf den Leib geschrieben wurde. Ein
letztes Motiv dürfte seine Einsamkeit gewesen sein; denn es ist
deutlich, daß Heine sich seinen Gott geschaffen hat, um mit
ihm zu rechten. »Ja, die Lauge der Verhöhnung, die der Meister
über mich herabgeußt, ist entsetzlich, und schauerlich grausam
ist sein Spaß«, schreibt er in den »Geständnissen«. »Demüthig
bekenne ich seine Ueberlegenheit, und ich beuge mich vor ihm
im Staube. Aber wenn es mir auch an solcher höchsten Schöp-
fungskraft fehlt, so blitzt doch in meinem Geiste die ewige Vernunft, und ich darf sogar den Spaß Gottes vor ihr Forum ziehen

und einer ehrfurchtsvollen Kritik unterwerfen. Und da wage ich nun zunächst die unterthänigste Andeutung auszusprechen, es wolle mich bedünken, als zöge sich jener grausame Spaß, womit der Meister den armen Schüler heimsucht, etwas zu sehr in die Länge; er dauert schon über sechs Jahre, was nachgerade langweilig wird« (DHA 15, S. 56).

Heines Rückkehr zu Gott hat fast mehr Verwirrung als irgendein anderer Aspekt seines Lebens verursacht. Viele Zeitgenossen konnten es nicht fassen und haben in ihrem gründlichen Mißtrauen diese Eröffnung nur als ein neues Kapitel seiner frivolen Charlatanerie abgetan. Heine hatte seine liebe Not mit religiösen Enthusiasten, die den reuigen Sünder vereinnahmen, als frommes Exempel ausbeuten oder ihn auf den Weg zum richtigen Glauben weiterleiten wollten. Versuche, Heines Wandlung konfessionell zu interpretieren bzw. auszuschlachten, tauchen immer wieder bis zum heutigen Tag auf, meistens eher von christlicher als von jüdischer Seite. Sie gehören fast ausnahmslos, auch wenn sie aus liberaler christlicher Sicht konzipiert sind, zur wirklichkeitsfremden Peripherie der Heine-Rezeption. Aber auch die Linken hatten Mühe mit dieser Wandlung. Marx, der sich weniger mit Heine verbunden sah, als moderne Beobachter behaupten, quittierte dessen religiöses Bekenntnis selbstverständlich mit Hohn. Sonst hat man es oft als den bedauerlichen Irrsinn eines kranken Mannes mehr oder weniger unbeachtet beiseite geschoben oder auch Heines Beteuerung, sein »Rückschritt« in der Religion bedeute kein Schwanken in seiner Treue zu demokratischen Prinzipien, unbesehen hingenommen. Neuerdings will man den Begriff der Ironie so weit fassen, daß Heine gerade das Gegenteil von dem gemeint haben soll, was er gesagt hat. Ein solches Verfahren hat ebenso wie das religiös motivierte die Tendenz, die Ebene der Wirklichkeit zu verlassen. In dieser Sache wie auch sonst sollte man Heine die Ehre erweisen, die Widersprüchlichkeit seines Denkens und Wahrnehmens zu akzeptieren und zu begreifen, ohne ihn erneut unter Zensur zu stellen.

Zur religiösen Wandlung:

S. S. Prawer: Heine's *Return*. In: GL&L N.F. 9 (1955/56). S. 171–80.

Louis Cuby: Die theologische Revision in Heines Spätzeit. In: Internationaler Heine-Kongreß. S. 336–42.

Wilhelm Gössmann: Die theologische Revision Heines in der Spätzeit. Ebenda S. 320–35.

Peter Heinegg: Heine's Conversion and the Critics. In: GL&L N.F. 30 (1976/77). S. 45–51.

3.3. »*Lutezia*«

Es ist beinahe erstaunlich, daß sich der kranke Heine in der Matratzengruft neben den Gedichten, die er in seinen schlaflosen
Nächten konzipierte, zwei anstrengende Aufgaben setzte: er
wollte seine Berichte in der Augsburger »Allgemeinen Zeitung«
aus den frühen vierziger Jahren in ein Buch umarbeiten und eine
neue französische Ausgabe seiner Werke vorantreiben. Diese
Unternehmungen sind insofern miteinander verknüpft, als die
französische Version seiner Pariser Berichte das Werk wurde,
das trotz einer recht gemischten kritischen Aufnahme sein Ansehen in Frankreich festigte.

Der erklärte Zweck der Sammlung der Pariser Berichte war
es, die von der bayrischen Zensur bzw. dem »Augsburger Prokrustesbett« (DHA 13/1, S. 16) verstümmelten Texte wieder-
herzustellen und die vom Redakteur Kolb abgelehnten Artikel,
besonders diejenigen, die die Bedeutung der kommunistischen
Bewegung zum Ausdruck bringen, erstmals drucken zu lassen.
Die Arbeit war deswegen schwierig, weil Heine nicht seine
sämtlichen Originalmanuskripte zurückerhalten hatte und er
die Bände der »Allgemeinen Zeitung« in der Bibliothèque
Royale nur mittels eines Sekretärs einsehen konnte. Darüber
kam es zu ausgesprochen schwierigen Verhandlungen mit
Campe. Dieser, dem der schlechte Absatz der »Französischen
Zustände« in Erinnerung blieb, war vom Neudruck alter Zei-
tungsartikel keinesfalls begeistert. Mit der wohl den meisten
Verlegern eigenen Fixierung auf das Aktuelle meinte er, daß
Louis-Philippe und die Julimonarchie »abgethan« seien (HSA
27, S. 61). Heine verlangte zudem 6000 Mark Banco Honorar;
Campe bot ein Drittel davon an. Nach sehr ausgedehnten und
langwierigen Verhandlungen, die Heine durch den taktlosen
Einsatz seiner beiden Brüder zusätzlich belastete, einigten sie
sich für 6000 Mark Banco auf ein Werk von drei Bänden unter
dem Titel »Vermischte Schriften«. Der erste Band besteht tatsächlich aus vermischten Schriften: enthalten sind die »Geständnisse«, »Gedichte 1853 und 1854«, »Die Götter im Exil«,
»Die Göttin Diana«, und der Aufsatz über Ludwig Markus.
Band zwei und drei bestehen dagegen aus Heines umfangreich-

stem Werk, dem er den Titel »Lutezia«, den alten lateinischen Namen von Paris, mit dem Untertitel »Berichte über Politik, Kunst und Volksleben«, gegeben hat. Diese verlegerische Notlösung war nicht sehr glücklich; sie läßt weder die wichtigen kleinen Spätwerke noch das politische, gesellschaftskritische und kulturelle Hauptwerk zu ihrem Recht kommen.

»Lutezia« ist bis vor kurzem ein von der Forschung bemerkenswert vernachlässigtes Werk geblieben. Keine der wissenschaftlichen Ausgaben vor der DHA ist damit zu Rande gekommen. Zunächst sind die philologischen Schwierigkeiten der Textkonstitution entmutigend. Die handschriftliche Überlieferung ist unvollständig. Wichtiger noch ist, daß Heine keineswegs die Berichte bloß in ihrer ursprünglichen Gestalt restituierte und sich auf stilistische Verbesserungen beschränkte. Er hat die alten Originaltexte vielmehr wesentlich erweitert und Daten, stellenweise auch die chronologische Reihenfolge geändert, außerdem an nicht wenigen Stellen sein Urteil, besonders über die politischen Hauptgestalten der Julimonarchie, revidiert. Eingefügt werden ein Bericht über die musikalische Saison von 1844, einer aus den Pyrenäen von 1846, und drei Aufsätze, jetzt betitelt »Kommunismus, Philosophie und Klerisei«, die von der »Allgemeinen Zeitung« abgelehnt worden waren und daher in Heinrich Laubes »Zeitschrift für die elegante Welt« erschienen sind. Die Texte sind gelegentlich auch durch spätere Notizen aktualisiert. Heine hat sich immer eine besonders zuverlässige, durch den Dichterberuf beglaubigte, prophetische Sehergabe zugeschrieben; hier wird sie durch die Textrevision retrospektiv abgesichert. »Lutezia« ist wie ein Palimpsest, in dem der Heine der fünfziger Jahre den Heine der vierziger Jahre überlagert und zum Teil auch verundeutlicht. Andererseits ist die Revision in einem gewissen Sinne authentischer, insofern sie sich von der externen wie von der innerlich auferlegten Zensur befreit hat.

Ein zweites Hindernis zum adäquaten Verständnis des Werks ist der komplizierte, ungenügend aufgearbeitete historische Zusammenhang. Bisher haben die meisten Kommentare Heines Ansichten mehr oder weniger kritiklos übernommen, ohne seine Quellen systematisch zu untersuchen oder sie mit den Ergebnissen der modernen Geschichtsschreibung zu vergleichen. Erst der detaillierte Kommentar in Band 13 (erschienen) und 14 der DHA wird die Grundlage zu einem philologisch gesicherten, mit historisch-kulturellen und quellenkritischen Kenntnissen untermauerten Studium liefern. Es ist möglich, daß diese nachgeholte Arbeit eine neue Epoche des Heine-Studiums eröffnet und daß das herkömmliche Bild dadurch nicht unwesentlich revidiert wird. Die nicht selten geäußerte, von Heine selbst angedeutete Theorie, die »Lutezia«-Artikel seien in einer die wahre revolutionäre Botschaft verdeckenden Sklavensprache geschrieben worden, wird sich wohl nicht aufrechterhalten lassen. Er selbst hat sich gegen die Anschuldigung verwahrt, er hätte die Julimonarchie schmähen wollen; beim Erscheinen der französischen Übersetzung versicherte er den zwei führenden Politikern der eben vergangenen Epoche, Guizot und Thiers, sie zusammen mit Louis-Philippe seien die Helden des Buches (HSA 23, S. 418, 422).

»Lutezia« besitzt eine größere Weite des Blicks als die »Französischen Zustände«. Nicht nur die Politik wird thematisiert, obwohl Heine die Spannungen zwischen König und Kammer, die wachsende Macht des konservativen Flügels des Juste-Milieu unter Guizot und die wechselvolle Außenpolitik Frankreichs, sowie auch den sich verschlimmernden Zustand des städtischen Proletariats und die wachsende Verbreitung »kommunistischer« (wir würden allgemeiner sagen: sozialistischer) Ideen und Organisationen mit wacher Aufmerksamkeit verfolgt. Er kommentiert aber auch Probleme der akademischen Freiheit an den Universitäten, Fragen des Strafrechts, bedeutsame öffentliche Ereignisse wie die Rückkehr von Napoleons Leiche nach Paris im Winter 1840/41, die Fluktuationen des Kapitalismus, vor allem die Finanzierung der Eisenbahnen, und das kulturelle Leben, besonders das Musikleben, für das »Lutezia« eine wichtige Quelle geworden ist, und, etwas weniger einsichtsvoll, Malerei und Literatur. Somit ist »Lutezia« mit allen Einseitigkeiten und vorgefaßten Ideen ein wichtiges, kluges und vor allem glänzend geschriebenes Zeitdokument, das die bisherige Vernachlässigung durch die Forschung nicht verdient.

Zu »Lutezia«:
Entstehung: DHA 13/1, S. 363–504.
Paolo Chiarini: Heinrich Heine fra decadentismo e marxismo. In: Società 16 (1960). S. 383–404. Neudruck in P. C.: Romanticismo e realismo nella letteratura tedesca. Padua 1961. S. 81–103.
Wolfgang Preisendanz: Der Sinn der Schreibart in Heines Berichten aus Paris 1840–1843 »Lutezia«. In: Deutsche Weltliteratur von Goethe bis Ingeborg Bachmann. Festgabe für J. Alan Pfeffer. Hrsgg. von Klaus W. Jonas. Tübingen 1972. S. 115–39. Neudruck in W. P.: Heinrich Heine. Werkstrukturen und Epochenbezüge. München 1973. S. 69–98.

Jacques Voisine: Heine als Porträtist in der »Lutezia«. In: Internationaler Heine-Kongreß. S. 219–26.

Lucienne Netter: Heine als Journalist in den vierziger Jahren. In: Streitbarer Humanist. S. 350–54.

Michael Werner. Das »Augsburgische Prokrustesbett«. Heines Berichte aus Paris 1840–1847 (*Lutezia*) und die Zensur. In: Cahier Heine 1. S. 42–65.

Otto W. Johnston: Signatura Temporis in Heine's *Lutezia*. In: GQ 47 (1974). S. 215–32.

Lucienne Netter: La Genèse des articles XL et XXV de »Lutezia« ou les anachronismes de Heine. In: EG (1974). 83–88.

Peter Uwe Hohendahl: Kunsturteil und Tagesbericht. Zur ästhetischen Theorie des späten Heine. In: Heinrich Heine. Artistik und Engagement. S. 207–41.

Lucienne Netter: Heine et la peinture de la civilisation parisienne 1840–1848. Frankfurt am Main u. a. 1980.

Volkmar Hansen: Der Wolf, der Kreide frißt. Lüge und Wahrheit in Heines politischer Publizistik der vierziger Jahre als Editionsproblem. In: ZfdPh 101 (1982). Sonderheft Probleme neugermanistischer Edition. S. 64–79.

Nikolaus Miller: Publizistische Prosa (Henrich Heine: Lutetia). In: N. M.: Prologomena zu einer Poetik der Dokumentarliteratur. München 1982. S. 100–44.

Lucien Calvié: Une procession religieuse à Sète en 1841 vue par Henri Heine. In: EG 38 (1983). S. 328–41.

Michael Werner: Heines französische Bearbeitung der *Lutezia* und das Problem des Zielpublikums. In: Cahier Heine 3. S. 117–36.

Derselbe: Der politische Schriftsteller und die (Selbst-) Zensur. Zur Dialektik von Zensur und Selbstzensur in Heines Berichten aus Paris 1840–1844 («Lutezia«). In: Hjb 26 (1987). S. 29–53.

Zur ursprünglichen Gestalt der Artikel in der »Allgemeinen Zeitung«:
Michael Mann: Heine-Handschriften als Quellenmaterial zu einem biographischen Revisionsbericht. Heines Musikberichte in der »Allgemeinen Zeitung« und in der »Lutezia«. In: Hjb 2 (1963). S. 85–101.

Derselbe, Hrsg.: Heinrich Heine. Zeitungsberichte über Musik und Malerei. Frankfurt am Main 1964.

Derselbe: Heinrich Heines Musikkritiken. Hamburg 1971.

Die Vorbereitung der französischen Ausgabe war für Heine ein wichtiges Anliegen. Sein vielgerühmtes »Weltbürgertum« war in erster und letzter Instanz ein Dienst an der deutsch-französischen Verständigung. Seit Beginn seines Pariser Aufenthalts wollte er sich auf dem literarischen Markt in Frankreich etablieren; obwohl ihm das nie recht gelungen ist, gilt die französische Ausgabe als beachtliche Leistung, die nicht nur in Frankreich anerkannt wurde, sondern auch in Ländern, wo die deutsche Sprache weniger geläufig war, etwa im spanischen Sprachgebiet. Eine erste französische Auswahl ist 1834–35 bei Eugène Renduel in Paris erschienen; sie enthielt »Tableaux de voyage«, »De la France« und »De l'Allemagne«. Von den geplanten sechs Bänden ist der erste, der die Lyrik enthalten sollte, nie erschienen. In den fünfziger Jahren war ein Neubeginn fällig; dafür hat Heine sich mit dem Verlag Michel Lévy frères verbunden. Wie es seine Gewohnheit war, hat er die Übersetzungen in andere Hände gegeben, sie aber dann akribisch kontrolliert und mit Hilfe seines nicht ganz fehlerfreien aber erfinderischen französischen Sprachgefühls überarbeitet. Vieles wurde umgeschrieben bzw. neugestaltet; einiges, wie die »Elementargeister«, wurde erweitert, anderes dem französischen Erwartungshorizont angepaßt.

Die Ausgabe nahm im Februar 1855 ihren Anfang mit einer neuen Version von »De l'Allemagne«, durch Heines Studien zur Volksüberlieferung, die Einleitung zum »Faust«-Ballett, »Die Götter im Exil« und die »Geständnisse« erweitert. Im April erschien »Lutèce«, im Juli folgten »Pòemes et légendes« mit einer Auswahl der Gedichte, darunter das »Wintermärchen« und »Atta Troll«, in Prosaübersetzungen. Kurz vor seinem Tod las Heine die Korrektur zu den »Tableaux de voyage«, die, wie die weiteren Bände der Ausgabe, postum erschienen sind. Ob die französischen Texte als selbständige Werke oder als Varianten der deutschen Texte anzusehen sind, bleibt in der Forschung umstritten; nicht zu leugnen ist, daß eine umfassende Betrachtung Heines sie mit berücksichtigen muß.

Zu den französischen Ausgaben:

Alfred Dubruck: Poésies Allemandes and the Heine Translations. In: A. D.: Gérard de Nerval and the German Heritage. Im Haag 1965. S. 99–125.

Winfried Woesler: Eine deutsche Verssatire in franzoesischer Uebersetzung. Sprach-stilistischer Vergleich der beiden Versionen von Heines »Atta Troll«. In: EG 33 (1978). S. 27–41.

Paul Laveau: Un cas limite de traduction: l'autotraduction (exemple: les traductions autorisées des oeuvres de Henri Heine). In: La Traduction. Un art, une technique. Actes du 11° Congrès de l'Association des Germanistes de l'Enseignment Superieur. Nancy 1979. S. 260–83.

Jean-René Derré: Heine écrivain français? Examen de la question d'après quelques-uns de ses manuscrits. In: Edition und Interpretation. Edition et interprétation des manuscrits littéraires. Hrsgg. von

Louis Hay und Winfried Woesler. (Jahrbuch für internationale Germanistik, Reihe A, Band 11.) Bern u. a. 1981. S. 58–68.

Claude Porcell: Les textes français de Heine. Idées reçues et réalités. In: Cahier Heine 2. S. 13–35.

Hans Peter Lund: Distance de la poésie. Heine, Nerval et Gautier en 1848. In: Orbis litterarum 38 (1983). S. 24–40.

Zur französischen Version von »Lutezia« schrieb Heine ein Vorwort, das seine Ansicht zur politischen und gesellschaftlichen Situation klären sollte, statt dessen zu einer der umstrittensten Passagen seines ganzen Lebenswerks geworden ist. Die Stelle ist so brisant geworden, daß es sich empfiehlt, sie ungekürzt wiederzugeben (zitiert wird nach Heines ursprünglichem deutschem Entwurf):

»Dieses Geständniß, daß den Com‹m›unisten die Zukunft gehört, machte ich im Tone der größten Angst und Besorgniß, und ach! diese Tonart war keineswegs eine Maske! In der That, nur mit Grauen und Schrecken denke ich an die Zeit wo jene dunklen Iconoklasten zur Herrschaft gelangen werden: mit ihren rohen Fäusten zerschlagen sie als dann alle Marmorbilder meiner geliebten Kunstwelt, sie zertrüm‹m›ern alle jene phantastischen Schnur‹r›pfeifereyen die dem Poeten so lieb waren; sie hacken mir meine Lorbeerwälder um, und pflanzen darauf Kartoffel‹n›; die Liljen welche nicht spannen und arbeiteten, und doch so schön gekleidet waren wie König Salomon, werden ausgerauft aus dem Boden der Gesellschaft wenn sie nicht etwa zur Spindel greifen wollen; den Rosen den müßigen Nachtigal‹l›bräuten geht es nicht besser, die Nachtigallen, die un‹n›ützen Sänger werden fortgejagt und ach! mein Buch der Lieder wird der Krautkrämer zu Düten verwenden, um Kaffe oder Schnupftabak darin zu schütten für die alten Weiber der Zukunft – Ach! das sehe ich alles voraus und eine unsägliche Betrübniß ergreift mich wenn ich an den Untergang denke womit meine Gedichte und die ganze alte Weltordnu‹n›g von dem Communismus bedroht ist – Und dennoch ich gestehe es freymüthig, übt derselbe auf mein Gemüth einen Zauber, dessen ich mich nicht erwehren kann, in meiner Brust sprechen zwey Stimmen zu seinen Gunsten, die sich nicht zum Schweigen bringen lassen, die vielleicht nur diabolische Einflüsterungen sind – aber ich bin nun einmal davon besessen und keine exorcierende Gewalt kann sie bezwingen – Denn die erste dieser Stimmen ist die Logik – der Teufel ist ein Logiker, sagt Dante – ein schrecklicher Syllogismus behext mich, und kann ich der Prämisse nicht widersprechen: ›daß alle Menschen das Recht haben, zu essen‹, so muß ich mich auch allen Folgerungen fügen – ich könnte darüber unklug werden, alle Dämonen der Wahrheit tanzen triumphirend um mich her, und am Ende ergreift mich eine verzweiflungsvolle Großmuth wo ich ausrufe: gesegnet sey der Krautkrämer der einst aus meinen Gedichten Tüten verfertigt worin ‹er›

139

Kaffe und Schnupftabak schüttet für die armen alten Mütterchen, die in unsrer heutigen Welt der Ungerechtigkeit vielleicht eine solche Labung entbehren müssen – *fiat justitia et pereat mundus!* Die zweite der beiden zwingenden Stimmen von welchen ich rede, ist noch gewaltiger als die erste, denn sie ist die des Hasses, des Hasses den ich jenem gemeinsamen Feinde widme, der den bestimmtesten Gegensatz zu dem Communismus bildet und der sich dem zürnenden Riesen, schon bey seinem ersten Auftreten entgegenstellen wird – ich rede von der Parthey der sogenannten Vertreter der Nazionalität in Deutschland, von jenen falschen Patrioten deren Vaterlandsliebe nur in einem blödsinnigen Widerwillen gegen das Ausland und die Nachbarvölker besteht und die namentlich gegen Frankreich täglich ihre Galle ausgießen« (DHA 13/1, S. 294–95).

Die Kommentare, die dieser Text in unserer Zeit ausgelöst hat, sind nicht immer Muster der Wissenschaftlichkeit gewesen. Auf der einen Seite hat man darin eine Prophezeiung des modernen Kommunismus sehen wollen, obwohl die utilitäre Kulturfeindlichkeit, die Heine dem »Kommunismus« zuschreibt, für den historischen Kommunismus keineswegs charakteristisch gewesen ist. Auf der anderen Seite hat man versucht, Heines ästhetisch-elitäre Ängste wegzuinterpretieren bzw. sogar durch Anwendung des Ironiebegriffs in ihr Gegenteil umzuwandeln, obwohl es genügende Parallelen sowohl in seinen öffentlichen wie auch privaten Äußerungen gibt, um sie als echt und wahrhaftig zu begreifen.

Hier kann nicht der Ort sein, diese zweifellos zentrale späte Äußerung zu interpretieren, aber einige Hinweise müssen möglich sein. Zunächst wäre so weit wie möglich zu präzisieren, was Heine überhaupt unter »Kommunismus« verstanden hat.

Dazu:
Leo Kreutzer: Heine und der Kommunismus. Göttingen 1970.
Fritz Mende: Heinrich Heine: Kommunist? In: Philologica Pragensia 14 (1971). S. 177–89. Neudruck in: Mende, Studien. S. 75–88.
Hans-Joachim Ruckhäberle: Heinrich Heine und die frühe Arbeiterbewegung in Paris. In: Henrich Heine 1797–1856. S. 66–79.
Michel Espagne: Heinrich Heine und Moses Heß. Ebenda S. 80–97.
Wolfgang Schieder: Heinrich Heine und der »Kommunismus«. Ebenda S. 120–33.
Michael Werner: Heine und die französischen Frühsozialisten. In: Internationales Archiv für Sozialgeschichte der deutschen Literatur 7 (1982). S. 88–108.

Dann wäre zu fragen, ob die Gegenüberstellung eines vermeintlich weltbürgerlich motivierten »Kommunismus« mit dem deutschen Nationalismus, die zu Heines fixen Ideen gehört, wirklich sinnvoll gewesen ist. Dazu wäre seine ständige publizistische Umzingelung zu bedenken; wie Börne schon viele Jahre vorher beobachtet hatte, mußte er sich immer an zwei Fronten, der radikaldemokratischen und der aristokratischen, gleichzeitig verteidigen. Berechtigt wäre auch die Feststellung, daß »*fiat justitia et pereat mundus*« keinen besonders optimistischen Blick in die Zukunft darbietet. Schließlich sollten wir Heine die Ehre erweisen, indem wir die ihm unlösbaren Antinomien, unter denen er gelitten und mit denen er unermüdlich gerungen hat, so ernst nehmen, wie er es selber getan hat.

Zum Vorwort zu »*Lutèce*«:

Karl Emmerich: Heinrich Heines politisches Testament in deutscher Sprache. In: WB 4 (1958). S. 202–13.

Almuth Grésillon und *Barbara Geiger*: Les brouillons allemands de la préface à *Lutèce*. Histoire textuelle, classement et datation des manuscrits. In: Cahier Heine 1. S. 9–41.

Ronald H. D. Nabrotzky: Heines Prophezeiung vom Sieg des Kommunismus. Zur Rezeption der französischen *Lutezia*-Vorrede in der DDR. In: MLN 93 (1978). S. 482–92.

Bei der Lösung dieser Fragen sollten wir uns von dem Prinzip leiten lassen, die vielberedete Ironie Heines nicht so sehr als ein methodologisches Instrument zu benutzen, das uns erlaubt, seine Äußerungen beliebig zu korrigieren oder gar in ihr Gegenteil zu verwandeln, sondern als einen eigenständigen Gegenstand anzusehen, dem unser interpretatorisches Interesse zu gelten hat.

Dazu:

Karl Heinz Brokerhoff: Zu Heinrich Heines Ironie. In: Hjb 3 (1964). S. 37–55. Erweitert als: über die Ironie bei Heinrich Heine. Düsseldorf 1964.

Wolfgang Preisendanz: Ironie bei Heine. In: Ironie und Dichtung. Hrsgg. von Albert Schaefer. München 1970. S. 85–112.

Ursula Lehmann: Popularisierung und Ironie im Werk Heinrich Heines. Die Bedeutung der textimmanenten Kontrastierung für den Rezeptionsprozeß. Frankfurt am Main und Bern 1976.

Jocelyne Kolb: »Die Puppenspiele meines Humors«. Heine and Romantic Irony. In: Studies in Romanticism 26 (1987). S. 399–419.

3.4 »Geständnisse« und »Memoiren«

Die im ersten Band der »Vermischten Schriften« enthaltenen
»Geständnisse« sind eine quasiautobiographische Schrift, die in
Phasen über eine Zeitspanne von fast zwanzig Jahren entstanden ist, in ihrer endgültigen Gestalt aber in die Reihe von Heines späten Selbsterklärungen und Selbstrechtfertigungen gehört
(DHA 15, S. 9–57). Abgesehen von einigen wohl fiktionalisierten, in der französischen Version stark erweiterten Anekdoten
aus der ersten Zeit in Paris ist sie eine geistige Autobiographie,
die noch emphatischer als das Nachwort zum »Romanzero« die
Wandlung seiner Ansichten nach 1848, die Absage an die
»atheistische« Philosophie und ihre gesellschaftlichen Folgerungen, betont. Heine zitiert dabei wörtlich das Vorwort zur
zweiten Auflage von »Zur Geschichte der Religion und Philosophie in Deutschland« aus dem Jahre 1852 mit seiner ironisch
gehaltenen und doch entschiedenen Warnung an Marx und die
Junghegelianer. Um aber zu beweisen, wie es ihm ein dauerndes
Anliegen geblieben ist, daß er seine sonstigen Gesinnungen unverändert beibehalten hat, eröffnet er die Schrift mit einer heftigen Polemik gegen Madame de Staël, August Wilhelm Schlegel
und die Spätromantiker und bekräftigt seine Kritik an der Romantik als einem obskurantistischen Verrat am deutschen Denken. Er schließt mit der persönlich gehaltenen Allegorie eines
Geistlichen des fünfzehnten Jahrhunderts, von dem er in einer
Chronik erfahren hätte und dessen Lieder in ganz Deutschland
gesungen würden, während er selber durch die »Misselsucht«,
d. h. den Aussatz, von der Gesellschaft völlig abgeschnitten war.

Für die »Geständnisse« hat Heine auch sein letztes bonapartisches Bekenntnis geschrieben: zusammen mit einer charakteristischen Anprangerung des perfiden England feierte er Napoleon III. als Reinkarnation seines großen Vorgängers; Heine
schreibt sich das Verdienst zu, allein die Göttlichkeit des ersten
Napoleons im Metternichschen Deutschland rehabilitiert zu
haben. Die Passage enthält dazu eine besonders freundliche
Einschätzung Louis-Philippes. Campe fand das alles zu frankophil für die damalige Atmosphäre und ließ es streichen. Die
nicht uninteressante Stelle, die nie zu Heines Lebzeiten gedruckt wurde, ist inzwischen als »Waterloo-Fragment« bekannt (DHA 15, S. 187–94; Entstehung S. 907–17).

Zu den »Geständnissen«:
Entstehung: DHA 15, S. 223–80.

Eberhard Galley: Heines »Briefe über Deutschland« und die »Geständnisse«. Eine Textgeschichte an Hand der Manuskripte des Heine-Archivs. In: Hjb 2 (1963). S. 60–84.

Ernst Loeb: *Geständnisse*: Heine à Dieu. In: E. L.: Heinrich Heine. Weltbild und geistige Gestalt. Bonn 1975. S. 58–78.

Claude Porcell: Genèse d'un silence. Henri Heine et ses »Aveux«. In: Littérature, Nr. 28 (Dezember 1977). S. 63–76.

Michel Espagne: »Autor und Schrift paßten nicht mehr zusammen«. Heines Selbstauslegung in den deutsche Manuskripten der »Geständnisse«. In: Hjb 20 (1981). S. 147–57.

Mazzino Montinari: Heines »Geständnisse« als politisches, philosophisches, religiöses und poetisches Testament. In: Zu Heinrich Heine. S. 102–111.

Die »Geständnisse« sind Teil eines der größten Rätsel, die Heine uns hinterlassen hat: sie gehören nämlich zum Komplex der mysteriösen Memoiren. Heine hat fast durch seine ganze Laufbahn hindurch von Memoiren gesprochen. Er spielt in den späten zwanziger Jahren darauf an, dann wieder Mitte der dreißiger Jahre, wieder einmal um 1840, wo er in einem Brief an Campe von vier Bänden redet (HSA 21, S. 381), in Gesprächen in den späten vierziger Jahre und dann in der Matratzengruft. 1852 erzählt er Campe, er habe den Großteil davon aus Familienrücksichten vernichtet (HSA 23, S. 195), zwei Jahre später aber meinte sein Freund Alfred Meißner, ein Manuskript von 500–600 Blättern in Heines Wohnung gesehen zu haben. Ab und zu drohte Heine widerspenstigen Geldgebern, sie in seinen Memoiren anzuprangern, falls sie sich nicht fügen sollten. Einige aus seiner Bekanntschaft meinten deswegen, die Memoiren seien nur eine Fiktion mit dem Zweck, anderen einen Schrecken einzujagen.

Schließlich erschien 1884, achtundzwanzig Jahre nach Heines Tod, ein bis dahin unbekannter Text mit dem Titel »Memoiren« (DHA 15, S. 59–100). Sie wurden zu einem der meistgelesenen Heineschen Texte überhaupt und haben zu unzähligen biographischen Ausführungen verschiedenster Gestalt hergehalten, denn hier redet Heine zum ersten Mal zusammenhängend über seine Jugendzeit, über die Mutter, den Vater, den Onkel Simon van Geldern und den abenteuerlichen Großonkel desselben Namens; hier findet sich die wohl stark fiktionalisierte wenn nicht völlig erfundene Erzählung von seiner jugendlichen Liebe zur Scharfrichterstochter, dem »roten Sefchen«. Seitdem haben vornehmlich zwei Fragen die Forschung beschäftigt: wie verhalten sich die »Memoiren« zu den »Geständnissen«, und ob es einen größeren, inzwischen verschollenen Memoirentext gegeben hat? Da das Manuskript der Memoiren offensichtlich ein unvollständiges Fragment ist, glaubte man lange Zeit, sie sei von Familienmitgliedern, möglicherweise von seinem Bruder Maximilian, verstümmelt worden.

Es ist das Verdienst der heutigen Heine-Philologie, endlich Klarheit in der ersten strittigen Frage geschaffen zu haben. Es läßt sich nämlich feststellen, daß die »Geständnisse« ursprünglich ein Teil der »Memoiren« gewesen sind und daß sie von Heine selber für den Druck in den »Vermischten Schriften« abgetrennt worden sind. An die Vernichtung des Restmanuskripts durch Maximilian bzw. sonstige Familienmitglieder wird nicht mehr geglaubt.

Dazu:

G. *Heinemann*: Zur Entstehungsgeschichte und Datierung der »Memoiren« Heinrich Heines. In: EG 32 (1977). S. 441–44.

Michael Werner: A propos des »Mémoires« de Heine. La fin d'une légende et ses conséquences pour l'édition. In: Die Nachlassedition – La Publication de manuscrits inédits. (Jahrbuch für Internationale Germanistik, Reihe A, Band 4.) Hrsgg. von Louis Hay und Winfried Woesler. Frankfurt am Main u. a. 1979. S. 245–48.

Derselbe: Les *Mémoires* de Heine. L'histoire d'un manuscrit et le manuscrit d'une Histoire. In: Cahier Heine 2. S. 39–61.

Man glaubt auch nicht mehr an die Existenz eines größeren Memoirentextes, trotz des Zeugnisses des relativ verläßlichen Meißner. Dieser Teil der Frage kann aber nicht restlos geklärt werden. Insgeheim also darf jeder Heine-Forscher weiter von einem Fund träumen, der ihn unsterblich machen würde.

Wichtig ist es aber, ständig im Auge zu behalten, daß sämtliche autobiographischen Äußerungen Heines stark stilisiert und fiktionalisiert sind, um den Zugang zum inneren Selbst eher abzuwehren als zu erleichtern. Sein angedeuteter Memoirenplan ist oft, wohl nicht zu Unrecht, mit verschiedenen anderen Werken in Zusammenhang gebracht worden, etwa mit der »Harzreise«, »Ideen. Das Buch Le Grand«, »Schnabelewopski«, den »Florentinischen Nächten« oder »Börne«. Von der Fiktionalität dieser Texte unterscheiden sich die »Geständnisse« und die »Memoiren« nur dem Grade nach, nicht grundsätzlich.

Zu den »Memoiren«:

Entstehung: DHA 15, S. 1017–59.

Eberhard Galley: Das rote Sefchen und ihr Lied von der Otilje. Ein Kapitel Dichtung und Wahrheit in Heines »Memoiren«. In: Hjb 14 (1975). S. 77–92.

Hans-Eugen Bühler und *Gregor Hövelmann*: Harry Heine und Josepha Edel. Zum Wirklichkeitsgehalt von Heines »Memoiren«. In: Hjb 17 (1978). S. 218–23.

Hans-Eugen Bühler: Die Wasenmeisterfamilie Edel aus Düsseldorf. Historisch genealogische Hintergründe der Begegnung Heinrich Heines mit Josepha Edel. In: Genealogie 15, Nr. 2 (Februar 1980). S. 33–43.

Gerd Heinemann: Memoiren – Stufen eines Lebensthemas. In: Der späte Heine. S. 25–44.

Zu den »Geständnissen« und »Memoiren« im Zusammenhang miteinander:

Jürgen Brummack: Die autobiographischen Schriften: Memoiren und Geständnisse. In: Heine. Epoche – Werk – Wirkung. S. 286–92.

3.5. Letzte Gedichte und späte Liebe

Im ersten Band der »Vermischten Schriften« sind unter der Überschrift »Gedichte 1853 und 1854« dreiundzwanzig lyrische Texte erschienen. Da Nr. 8 des Zyklus, »Zum Lazarus«, zehn kurze Gedichte umfaßt, sind es eigentlich dreiunddreißig – also, ob absichtsvoll oder nicht, wieder einmal ein Zyklus mit einer durch elf teilbaren Zahl. Im Nachlaß finden sich noch weitere späte Gedichte, darunter einige, die durch Notizen im Manuskript mit dem »Lazarus«-Motiv verbunden sind und auch andere, die durchaus bedeutsam sind. Es ist sehr wahrscheinlich, daß Heine, wenn er länger gelebt hätte, einen vierten Gedichtband zusammengestellt hätte. Mit Ausnahme einzelner Gedichte ist diese allerletzte lyrische Schaffensperiode Heines von der Forschung etwas vernachlässigt worden.

Im Ton sind diese Gedichte denen des »Romanzero« verwandt, aber persönlicher und unmittelbarer, als ob Heine auf der Schwelle zum Tode endlich seine Selbststilisierungen, seine fiktiven Surrogatidentitäten aufgeben wollte. In Nr. 1 des Zyklus »Zum Lazarus« werden die universellen Fragen über den Sinn des Bösen und der Ungerechtigkeit noch einmal gestellt: »Also fragen wir beständig, / Bis man uns mit einer Handvoll / Erde endlich stopft die Mäuler – / Aber ist das eine Antwort?« (B 6/1, S. 202). Sonst aber sind die Klagen persönlicher gehalten. Überraschenderweise ersteht die alte Liebestragödie aus der Jugendzeit in ungebrochener Erbitterung wieder auf, etwa in Nr. 11 des Zyklus, »Die Wahlverlobten« (B 6/1, S. 214–15). In Nr. 7, »Affrontenburg« (B 6/1, S. 199–201), geißelt der Dichter

die Familie Onkel Salomons, ein Thema, das in einigen Nachlaßgedichten noch greller wird, z. B. »Sie küßten mich mit ihren
falschen Lippen« (eigentümlicherweise in der für den reifen
Heine sehr seltenen Sonettform), »Orpheisch«, »Nachts, erfaßt
vom wilden Geiste« oder »Wer ein Herz hat und im Herzen«,
wo der Dichter eine postume Familienzensur voraussieht:
»Wenn ich sterbe, wird die Zunge / Ausgeschnitten meiner Leiche« (B 6/1, S. 322–23, 324–25).

Politische und soziale Themen sind nicht vernachlässigt; ein-
bezogen in die Satire werden Erzherzog Johann von Österreich,
Reichsverweser im 1848er Parlament (»Hans ohne Land«),
Eitelkeit und Naivität des radikalen Dichters Georg Herwegh
(»Die Audienz«), die kleinliche Repressionspolitik in Deutschland (»Erinnerung aus Krähwinkels Schreckenstagen«), die
kalte, distanzierte Wohltätigkeit des Bürgertums (»Der Philan-
throp«, »Erinnerung an Hammonia«) und sogar, nicht sehr
zielsicher, Richard Wagner (»Jung-Katerverein für Poesie-Mu-
sik«, B 6/1, S. 228–30, 231–33, 230–31, 215–18, 223–25, 225–
28). »Das Sklavenschiff«, in dem eine schonungslose Darstellung der Entfremdung des Menschen in eine bloße Ware durch
den kapitalistisch denkenden Sklavenhändler mit dem Thema
der Dämonie des Tanzes verbunden ist, läßt sich wohl an zweite
Stelle nach den »Schlesischen Webern« unter die wirkungsvoll-
sten politischen Gedichte Heines überhaupt einreihen (B 6/1, S.
194–99).

Unter den Nachlaßgedichten gibt es zwei, die besondere
Aufmerksamkeit verdienen. Das eine ist »Bimini«, eine Darstellung der Legende von der Suche Ponce de Léons nach dem
Jungbrunnen (B 6/1, S. 241–66). Es ist eine Reflexion über das
Altern, ein etwas ungewöhnliches Thema in der Lyrik, und im
Gegensatz zu den traditionellen Beispielen wird das Altern zum
Tode keineswegs ehrwürdig und versöhnlich, sondern mit Erbitterung und aus einer Haltung des hoffnungslosen Widerstan-
des betrachtet. Ponce de Léon ist weniger heldenhaft als pathe-
tisch; nur in der Poesie ist die Vision der Unsterblichkeit wahr,
aber mit der Wirklichkeit hat die Poesie absolut nichts zu tun.
Die Reise Ponce de Léons ist donquichottisch und hoffnungslos; das heilsame Wasser, das am Ende gefunden wird, ist das
von Lethe, dem Fluß des Todes und des Vergessens.

Ein zweites bedeutsames Gedicht soll der Überlieferung nach
überhaupt das letzte sein: »Es träumte mir von einer Sommernacht« (B 6/1, S. 345–49), wo der schon tote Dichter in seinem
Sarkophag liegt und von der Passionsblume, einem Symbol für

die stille, unerreichbare Geliebte, träumt. Dargestellt auf dem Sarkophag sind die immer noch unversöhnlich streitenden Figuren des Hellenismus und des Nazarenismus, dessen Lärm durch das Gewieher vom Esel Balaams übertönt wird. Das Marmorbild der besiegten hellenischen Schönheit, in einer Strophe, die im neunzehnten Jahrhundert nicht gedruckt werden konnte, wird von der »Zeit, d[er] schlimmste[n] Syphilis« zerfressen (B 6/1, S. 345). Dieses grimmige Gedicht ist von einer furchtbaren Ehrlichkeit und beweist, daß die Antinomien, mit denen Heine zeitlebens gerungen hatte, auch am Ende seines Lebens nicht zur Ruhe gekommen sind.

Zur späten Lyrik:
Entstehung der »Gedichte 1853 und 1854«: B 6/2, S. 64–66.
S. S. Prawer: Heine the Tragic Satirist. A Study of the Later Poetry 1827–1856. Cambridge / Eng. 1961.
Werner Noethlich: Heines letzte Gedichte. Vorarbeiten zu einer historisch-kritischen Ausgabe. Düsseldorf 1963.
Karl-Heinz Hahn: Die Wanderratten. In: K.-H. H.: Aus der Werkstatt deutscher Dichter: Goethe, Schiller, Heine. Halle 1963. S. 57–70. Neudruck in Heinrich Heine. Hrsgg. von Koopmann. S. 117–32.
Stuart Atkins: The Function of the Exotic in Heine's Later Poetry. In: Connaissance de l'étranger. Mélanges offerts à la mémoire de Jean-Marie Carré. Hrsgg. von Marcel Bataillon u. a. Paris 1964. S. 119–30.
Jürgen Jacobs: Der späte Heine und die Utopie – zu »Bimini«. In: EG 22 (1967). S. 511–16.
Ernst Bloch: Ponce de Léon, Bimini und der Quell. In: E. B.: Verfremdungen, Band 1. Frankfurt am Main 1968. S. 226–31.
Christiaan L. Hart-Nibbrig: Heinrich Heines »Verwaistes Lied«. In: WW: 22 (1972). S. 392–400.
Volker Knüfermann: Symbolische Aspekte Heinischer Lyrik. In: EG 27 (1972). S. 379–87.
Hans-Peter Bayerdörfer: Fürstenpreis im Jahre 48. Heine und die Tradition der vaterländischen Panegyrik. Dargestellt an Gedichten auf den Reichsverweser Johann von Österreich. In: ZfdPh 91 (1972). Sonderheft Heine und seine Zeit. S. 163–205.
Wolfgang Preisendanz: Die Gedichte aus der Matratzengruft. In: W. P.: Heinrich Heine. Werkstrukturen und Epochenbezüge. München 1973. S. 99–130.
Benno von Wiese: Mythos und Historie in Heines später Lyrik. Ein Beitrag zum dichterischen Selbstverständnis. In: Internationaler Heine-Kongreß. S. 121–46.
Rena Schlein: Ein Gedicht aus dem »Lazarus« und seine Quellen. In: Hjb 13 (1974). S. 47–52. (Zu »Morphine«.)
Bernhild Boie: Am Fenster der Wirklichkeit. Verflechtungen von Wirklichem und Imaginärem in Heinrich Heines später Lyrik. In: DVLG 48

(1974). S. 342–53. Neudruck in: Heinrich Heine und die Zeitgenossen. S. 163–77.

Winfried Freund: Heinrich Heine: Die Wanderratten – Zeitgeschichtlicher Aspekt und dichterische Autonomie. In: WW 26 (1976). S. 122–32.

Karlheinz Fingerhut: Strukturale Interpretation und die Tätigkeit des Rezipienten. Untersuchungen zu Heinrich Heines »Das Sklavenschiff«. In: DD 8 (1977). S. 281–304.

Brian Murdoch: Poetry, Satire and Slave-Ships. Some Parallels to Heine's »Sklavenschiff«. In: Forum for Modern Language Studies 15 (1979). S. 323–35.

Walter Hinderer: Die Suppe der Nützlichkeit oder Mit Speck fängt man Ratten. In: Geschichte im Gedicht. Texte und Interpretationen, Protestlied, Bänkelsang, Ballade. Hrsgg. von Walter Hinck. Frankfurt am Main 1979. S. 118–27 (zu »Die Wanderratten«).

Luciano Zagari: »Das ausgesprochene Wort ist ohne Scham«. Der späte Heine und die Auflösung der dichterischen Sprache. In: Zu Heinrich Heine. S. 124–40.

Michael Werner: Noch einmal: Heines »Wanderratten«. Zur Interpretation einer Handschrift. In: Edition und Interpretation. Edition et Interprétation des Manuscrits Littéraires. Hrsgg. von Louis Hay und Winfried Woesler. (Jahrbuch für Internationale Germanistik, Reihe A, Band 11.) Bern u. a. 1981. S. 286–301.

Derselbe: Politische Lazarus-Rede. Heines Gedicht *Im Oktober 1849*. In: Gedichte und Interpretationen. Band 4: Vom Biedermeier zum Bürgerlichen Realismus. Hrsgg. von Günther Häntzschel. Stuttgart 1983. S. 288–99.

Michel Espagne: Die fabelhafte Irrfahrt. Heines späte Entwicklung im Spiegel der Handschriften zu »Bimini«. In: Hjb 23 (1984). S. 69–89 (zieht die textuelle Überlieferung des Gedichts stark in Zweifel).

Derselbe: Les fables de Heine: manuscrits et contrainte générique. In: Cahier Heine 3. S. 89–115.

Robert C. Holub: Heine and Utopia. In: Hjb 27 (1988). S. 86–112 (zu »Bimini«).

Dem eben erwähnten Gedicht (»Es träumte mir von einer Sommernacht«) gab Alfred Meißner den Titel »Für die Mouche«. »Die Mouche« (»Fliege«) nannte Heine, nach einem Siegelring, den sie trug, eine junge Frau, die im Sommer 1855 in sein Leben trat. Wie sie mit Geburtsnamen geheißen hat, wissen wir noch heute nicht genau, da sie sich gerne in die Schleier des Mysteriösen eingehüllt hat. Soweit wir es rekonstruieren können, ist sie um 1828 in Prag als natürliche Tochter eines österreichischen Grafen geboren und nachher von einer deutschen Familie namens Krinitz adoptiert worden; danach nannte sie sich Elise Krinitz. Vor ihrer Bekanntschaft mit Heine war sie mit Meißner liiert und wurde später einige Jahre lang Mätresse von Hippolyte Taine, der ihr zu einer schriftstellerischen Laufbahn unter dem Pseudonym »Camille Selden« verholfen hat. Unter diesem Namen hat sie 1884 ein Buch mit dem Titel »Les Derniers Jours de H. Heine« erscheinen lassen, das uns wichtige Auskunft über die letzten Monate seines Lebens gibt.

Diese Frau, die den Dichter maßlos bewunderte und ihm gerne als Vorleserin und Sekretärin diente, brachte unverhoffte Lichtstrahlen in die Matratzengruft. Unter der mehr oder weniger duldsamen Wachsamkeit seiner Frau ließ sich Heine mit ihr in ein Liebesspiel ein, das eben deswegen entspannt und gefahrlos war, weil sein körperlicher Zustand jeden Gedanken an geschlechtliche Intimität unmöglich machte, eine Ironie, auf die er mit vollendeter Liebenswürdigkeit in den charmanten, an sie gerichteten Gedichten anspielte. In den neun Monaten ihrer Beziehung schrieb er fünfundzwanzig Briefe an sie; die meisten flehen sie an, ihn bald wieder zu besuchen. Somit hat sie ihm geholfen, mit dem schneckenhaften Lauf der Zeit in seinem Krankenzimmer fertig zu werden. Durch sie hatte der oft glücklose Heine am Ende seines Lebens knappe aber echte Momente des relativen Glücks erfahren.

Zu Camille Selden:
J. Wright: Un Intermédiaire entre l'esprit germanique et l'esprit français sous le Second Empire. Camille Selden: Sa vie – son oeuvre. Paris 1931.
Friedrich Hirth: Heinrich Heines letzte Liebe. In: Das goldene Tor 2 (1947). S. 408–21.

Die Zeit dieser Beziehung war die einer grausamen Verschlimmerung von Heines Krankheitszustand. Nach vielen Leiden ist er am 17. Februar 1856 gestorben. Am 20. Februar wurde er, wie er angeordnet hatte, ohne Feierlichkeit im Friedhof von Montmartre begraben. Sein Leichenzug wurde von ungefähr hundert Leuten begleitet, darunter Camille Selden, den Schriftstellern Alexandre Dumas und Théophile Gautier, und dem Historiker François Mignet. Das schlichte Grabmal wurde in späteren Jahren von einer mannshohen Denkmalbüste ersetzt, die bis heute Pilger aus aller Welt anzieht.

4. Rezeptionsgeschichte

Die aus aller Welt kommenden Besucher an Heines Grab, die Blumen, die es oft, auch im Winter, bedecken, sind nur einige Zeichen einer für die deutsche Literaturgeschichte ungewöhnlich breiten und langandauernden Wirkung. Es ist eine Binsenwahrheit, daß in der Welt unter deutschsprachigen Dichtern der Bekanntheitsgrad Heines erst hinter dem Goethes rangiert. Aber ist es sehr die Frage, ob nicht wenigstens in der Vergangenheit – die heutige Situation ist schwerer zu beurteilen – die Bekanntheit Heines breiter als die Goethes gewesen ist, vor allem, wenn man nicht nur die Leser, sondern auch die Hörerschaft mit berücksichtigt. Denn bekanntlich wurden Heines Gedichte zu einem sehr großen Teil »auf Flügeln des Gesanges« (»Lyrisches Intermezzo«, 9) in die Welt getragen. Man hat sogar behauptet, daß unter den Dichtern der Weltliteratur nur der biblische Psalmist öfter als Heine vertont worden sei. Die Geschichte und Interpretation der Tausende von Liederkompositionen, sowie die Frage, inwieweit sie den Sinn der Heineschen Worte verändert und die Wahrnehmung Heines überhaupt verlagert und eingeengt hätten, machen ein Forschungsgebiet für sich aus.

Dazu (in knapper Auswahl):

Philip L. Miller: Heine. In: P. L. M.: The Ring of Words: An Anthology of Song Texts. 2. Ausgabe. Garden City / New York 1966. S. 96–124.

Jack M. Stein: Schubert's Heine Songs. In: Journal of Aesthetics und Art Criticism 24 (1965/66). S. 559–66. Stark revidiert in: J. M. S.: Poem and Music in the German Lied from Gluck to Hugo Wolf. Cambridge / Mass. 1971. S. 80–91.

Elaine Brody und *Robert A. Fowkes*: The German Lied and its Poetry. New York 1971.

Annemarie Eckhoff mit *Lutz Lesle*: Dichterliebe: Heinrich Heine im Lied. Ein Verzeichnis der Vertonungen von Gedichten Heinrich Heines zusammengestellt zum 175. Geburtstag des Dichters. Hamburg 1972.

Helga de la Motte-Haber: »Es flüstern und sprechen die Blumen...«: Zum Widerspruch zwischen Lied als romantischer Kategorie und musikalischer Gattung. In: LiLi 9, Nr. 34 (1979). S. 70–79.

Rufus E. Hallmark: The Genesis of Schumann's *Dichterliebe*. A Source Study. Ann Arbor / Mich. 1979.

Frank Schneider: Franz Schuberts Heine-Lieder. SuF 31 (1979). S. 1059–64.

Charles S. Brauner: Irony in the Heine Lieder of Schubert and Schumann. In: Musical Quarterly 67 (1981). S. 261–81.

Ida Porena. Schumann, Heine und die »Dichterliebe«. In: Zu Heinrich Heine. S. 74–78.

Als definitiver Katalog unentbehrlich:
Günter Metzner: Heine in der Musik. Bibliographie der Heine-Vertonungen. 12 Bde. Tübingen 1989 ff.

Vielfach wird angenommen, daß im allgemeinen Heine im Ausland hochgeschätzt, in Deutschland vor der gegenwärtigen Epoche der Umwertung entstellt und diffamiert worden sei. Obwohl es im großen und ganzen wahr ist, daß seine literarische Stellung im Ausland weniger umstritten war, liegen die Dinge natürlich so einfach nicht. In der ausländischen Rezeption gibt es nicht wenig Skepsis, Zurückhaltung, Kritik bis zur empörten Ablehnung. Die deutsche Rezeption dagegen ist äußerst kompliziert und differenziert, ändert sich beinahe von Jahrzehnt zu Jahrzehnt, kann auch synchron zwischen Bewunderung oder Verständnis einerseits und Gleichgültigkeit oder einer bis zum Haß gesteigerten Feindseligkeit andererseits schwingen.

Merkwürdigerweise ist in unserer Epoche nicht nur des intensiven Heine-Studiums sondern auch des gesteigerten literaturwissenschaftlichen Interesses an der Rezeption diese Geschichte bisher nicht in ihren vollen Dimensionen erforscht worden. Das erklärt sich aufgrund des der zeitgenössischen Epoche der Heine-Forschung zugrundeliegenden, historisch bedingten Erkenntnisinteresses, das es als erforderlich erscheinen läßt, den negativen Strang der deutschen Rezeption als Charakteristikum der in den Faschismus mündenden bürgerlichen Ideologie kenntlich zu machen und den davor geretteten Heine als Schlüsselfigur einer radikaldemokratischen bzw. protosozialistischen geistigen Tradition aufstellen zu können. Das Ergebnis ist, daß sich die Studien hauptsächlich auf die bürgerlich-normativen, konservativen oder reaktionären bis antisemitischen und protofaschistischen Momente der Rezeption konzentrieren. Andererseits wurden wenigstens bis vor kurzem die positiven Momente, die sich von der – bibliographisch erwiesenen – breiten Popularität Heines seit dem Vormärz bis in die wilhelminische Zeit erstrekken, mit wenigen Ausnahmen vernachlässigt.

Dazu:

Eberhard Galley: Heinrich Heine im Widerstreit der Meinungen 1825–1965. Düsseldorf 1967.

Helmut Hartwig: Ältere Erläuterungen zu Heines Gedicht »Deutschland«. In: Nationalismus in Germanistik und Dichtung. Hrsgg. von Benno von Wiese und Rudolf Henß. Berlin 1967. S. 229–47.

Helmut Koopmann: Heinrich Heine in Deutschland. Aspekte seiner Wirkung im 19. Jahrhundert. Ebenda S. 312–33. Neudruck in: Heinrich Heine. Hrsgg. von Koopmann. S. 257–87.

Fritz Mende: Heine und Ruge. Ein Kapitel Heine-Rezeption in der Zeit des Vormärz. In: WB 14 (1968). S. 797–827. Neudruck in: Mende, Studien, S. 148–71.

Jost Hermand: Heines frühe Kritiker. In: Der Dichter und seine Zeit. Politik im Spiegel der Literatur. Drittes Amherster Kolloquium zur modernen deutschen Literatur 1969. Hrsgg. von Wolfgang Paulsen. Heidelberg 1970. S. 113–33.

Egon Schmidt: Zur Rezeption von Heines Dichtung »Deutschland. Ein Wintermärchen« in der sozialdemokratischen Parteiliteratur der siebziger Jahre. In: Streitbarer Humanist. S. 396–403.

Ingrid Pepperle: Das Verhältnis der junghegelianischen Kritik zu Heine. Ebenda. S. 355–359. Erweitert als: Die junghegelianische Kritik und Heine. In: Heinrich Heine und die Zeitgenossen. S. 127–41.

Erhard Weidl: Die zeitgenössische Rezeption des »Buchs der Lieder«. In: Hjb 14 (1975). S. 3–23.

Karl Hotz: Heinrich Heine: Wirkungsgeschichte als Wirkungskritik. Materialien zur Rezeptions- und Wirkungsgeschichte Heines. Stuttgart 1975.

Karl Theodor Kleinknecht, Hrsg.: Heine in Deutschland. Dokumente seiner Rezeption 1834–1856. Tübingen 1976.

Werner Welzig: Heine in deutschen Balladenanthologien. In: GRM N.F. 27 (1977). S. 315–28.

Joachim Bark: Literaturgeschichtsschreibung über Heine. Zur Wirkungsgeschichte im 19. Jahrhundert. In: Heinrich Heine. Artistik und Engagement. S. 284–304.

Peter Hasubek: Ausbürgerung – Einbürgerung? Heinrich Heine als Schullektüre. Ein Beitrag zur Rezeptionsgeschichte. Ebenda. S. 305–32.

Manfred Windfuhr: Heinrich Heines deutsches Publikum (1820–1860). Vom Lieblingsautor des Adels zum Anreger der bürgerlichen Intelligenz. In: Literatur in der sozialen Bewegung. Aufsätze und Forschungsberichte zum 19. Jahrhundert. Hrsgg. von Alberto Martino, Günter Häntzschel und Georg Jäger. Tübingen 1977. S. 260–83.

Valentin Merkelbach: Heinrich Heine in lesebüchern der Bundesrepublik. In: DD 8 (1977). S. 317–32.

Peter Uwe Hohendahl: Erzwungene Harmonie. Bürgerliche Heine Feiern. In: Deutsche Feiern. Hrsgg. von Reinhold Grimm und Jost Hermand. Wiesbaden 1977. S. 123–42.

Jacques Grandjonc und *Michael Werner*: Wolfgang Strähls »Briefe eines
Schweizers aus Paris« 1835. Zur Geschichte des Bundes der Geächteten in der Schweiz und zur Rezeption Heines unter deutschen Handwerkern in Paris. Trier 1978.

Eberhard Galley: Dichtung als Provokation. Heine und seine Kritiker.
In: Hjb 18 (1979). S. 118–38.

Walter Reese: Zur Geschichte der sozialistischen Heine-Rezeption in
Deutschland. Frankfurt am Main u. a. 1979.

Michael Behal: Heines Wirkung in Deutschland: »Ein Pfahl in unserm
Fleische«. In: Heine. Epoche – Werk – Wirkung. S. 293–334.

Alfred Opitz und *Ernst-Ullrich Pinkert*: Heine und das neue Geschlecht
(I.) Von der »Poesie der Lüge« zur »politischen Satire«. Die Rezeption von Heines Lyrik in der Literaturkritik der Junghegelianer. Aal-
borg 1981.

Bernd Füllner: Heinrich Heine in deutschen Literaturgeschichten. Eine
Rezeptionsanalyse. Frankfurt am Main und Bern 1982.

Johannes Weber: Libertin und Charakter. Heinrich Heine und Ludwig
Börne im Werturteil deutscher Literaturgeschichtsschreibung 1840
bis 1918. Heidelberg 1984.

Gerhard Höhn: Adorno face à Heine ou le couteau dans la plaie. In: Revue d'esthétique N.F. Nr. 8 (1985). S. 137–44.

Jürgen Habermas: Heinrich Heine und die Rolle des Intellektuellen in
Deutschland. In: Merkur 40 (1986). S. 453–68. Neudruck in J. H.:
Eine Art Schadensabwicklung. Frankfurt 1987. S. 25–54. Als: Geist
und Macht – ein deutsches Thema. Heinrich Heine und die Rolle des
Intellektuellen in Deutschland. In: Das Junge Deutschland. Kollo-
quium zum 150. Jahrestag des Verbots vom 10. Dezember 1835.
Hrsgg. von Joseph A. Kruse und Bernd Kortländer. Hamburg 1987.
S. 15–38.

Volker Pirsich: Die Rezeption Goethes, Heines und Kleists in der Zeitschrift »Der Sturm«. Ein Beitrag zur Rezeption der Literatur des 18.
und 19. Jahrhunderts im Expressionismus. In: Hjb 27 (1988). S. 142–
61.

Ein neuer Anlauf ist der Versuch, sämtliche Wirkungssdoku-
mente zu Heines Lebzeiten zu sammeln:

Eberhard Galley und *Alfred Estermann*, Hrsg.: Heines Werk im Urteil
seiner Zeitgenossen. Hamburg 1981 ff.

Abgesehen von der Frage, ob diese Ausbreitung des Materials
den analytischen Zugang zur Rezeption nicht eher erschwert,
ist es zweifelhaft, ob die Unternehmung angesichts der Masse
der Dokumente überhaupt durchführbar ist. Wahrscheinlich
werden die meisten Interessierten den ausführlichen Überblick
über die zeitgenössische Rezeption eines jeweiligen Textes in
DHA bzw. B entschieden zweckdienlicher finden.

Ein besonderes Problem der Rezeptionsgeschichte stellt die Polemik von Karl Kraus, »Heine und die Folgen«, aus dem Jahre 1910 dar. Weil Kraus nicht anders als Heine zu einem mehr oder weniger unantastbaren Bestandteil des kulturellen Erbes geworden ist, besteht die Aufgabe darin, die Auseinandersetzung zu entschärfen und Kraus zu rechtfertigen, ohne eine Kritik an Heine zuzulassen. Allerdings ist dieses Kunststück nicht immer gelungen:

Dazu:
Mechthild Borries: Ein Angriff auf Heinrich Heine. Kritische Betrachtungen zu Karl Kraus. Stuttgart u. a. 1971.
Bernd Kämmerling: Die wahre Richtung des Angriffs. Über Karl Kraus' Heine und die Folgen. In: Hjb 11 (1971). S. 162–69.
Hannelore Ederer: Heinrich Heine. In: H. E.: Die literarische Mimesis entfremdeter Sprache. Zur sprachkritischen Literatur von Heinrich Heine bis Karl Kraus. Köln 1979. S. 12–115.
Uta Schaub: Liliencron und Heine im Urteil von Karl Kraus. Ein Beitrag zum Problem der literarischen Wertung. In: Hjb 18 (1979). S. 191–201.
Helmut Heißenbüttel: Karl Kraus und die Folgen. Heinrich Heine als Journalist. In: H. H.: Von fliegenden Fröschen, libidinösen Epen, vaterländischen Romanen, Sprechblasen und Ohrwürmern. Stuttgart 1982. S. 75–86.
Jay F. Bodine: Heinrich Heine, Karl Kraus and »die Folgen«. A Test Case of Literary Texts, Historical Reception and Receptive Aesthetics. In: CG 17 (1984). S. 14–59.
Paul Peters: Barbarei in der Kultur: Karl Kraus und die Folgen. In: P. P.: Heinrich Heine »Dichterjude«. Die Geschichte einer Schmähung. Frankfurt am Main 1990. S. 131–72.

Hier rächt sich die Unvollständigkeit der Rezeptionsforschung. Es dürfte sich herausstellen, daß sich die Polemik Kraus' am besten aus seiner Epoche verstehen läßt, nämlich als Symptom der allgemeinen Entwertung Heines in der Zeit des Modernismus, als seine frühe Lyrik, die seinen Ruhm immer noch begründete, den dichterischen Leistungen etwa eines Hofmannsthal, Rilke oder George anscheinend nicht mehr entsprach – eine Entwertung, die möglicherweise nach dem Zweiten Weltkrieg noch wirksam geblieben ist und zur Verzögerung der Rehabilitierung Heines im Westen mit beigetragen hat.

Ebenfalls zur Rezeptionsgeschichte gehört die innerliterarische Wirkung, d. h. der Einfluß Heines auf spätere Schriftsteller.

Dazu:

Alexander Schweikert: Heinrich Heines Einflüsse auf die deutsche Lyrik 1830–1900. Bonn 1969.

Derselbe: Notizen zu den Einflüssen Heinrich Heines auf die Lyrik von Kerr, Klabund, Tucholsky und Erich Kästner. In: Hjb 8 (1969). S. 69–107.

Heinz Fischer: Heinrich Heine und Georg Büchner. Zu Büchners Heine-Rezeption. In: Hjb 10 (1971). S. 43–51. Neudruck in: H. F.: Georg Büchner: Untersuchungen und Marginalien. Bonn 1972. S. 9–17.

Wilhelm Gössmann unter Mitwirkung von *Hans Peter Keller* und *Hedwig Walwei-Wiegelmann*, Hrsg.: Geständnisse. Heine im Bewußtsein heutiger Autoren. Düsseldorf 1972.

Lothar Prox: Wagner und Heine. In: DVLG 46 (1972). S. 684–98.

Galina Snamenskaja: Die Traditionen von Heinrich Heine im Schaffen Heinrich Manns. In: Streitbarer Humanist. S. 62–77.

Hanna Spencer: Heine und Nietzsche. In: Hjb 11 (1972). S. 126–61. Neudruck als Heine und Nietzsche in: Spencer, Dichter, Denker, Journalist. S. 65–100.

Volker Knüfermann: Jean Paul, Heine und Büchner. Ein Beitrag zur Rezeptionsgeschichte. In: Hjb 12 (1973). S. 200–07.

Volkmar Hansen: Thomas Manns Heine-Rezeption. Hamburg 1975.

Volker Knüfermann: Zweimal deutsche Kulturgeschichtsschreibung. Heinrich Heine und Hugo Ball. In: Hjb 15 (1976). S. 140–65.

Sander Gilman: Paradox and Parallel: Heine, Nietzsche, and the Classical World. In: Studies in Nietzsche and the Classical Tradition. Hrsgg. von James C. O'Flaherty, Timothy F. Sellner und Robert M. Helm. Chapel Hill 1976. S. 199–213. Revidiert in S. G.: Nietzschean Parody. An Introduction to Reading Nietzsche. Bonn 1976. S. 57–76.

Martin Stern: »Poetische Willkür«. Heine im Urteil Gottfried Kellers. In: Hjb 16 (1977). S. 49–70.

Maurice B. Benn: Büchner and Heine. In: Seminar 13 (1977). S. 215–26.

Karl Richter: Heinrich Heine in Richard Wagners autobiographischen Schriften und in den Tagebüchern von Cosima Wagner. In: Hjb 18 (1979). S. 209–17.

Hans Otto Horch: »Das Schlechte ... mit demselben Vergnügen wie das Gute«. Über Theodor Fontanes Beziehungen zu Heinrich Heine. In: Hjb 18 (1979). S. 139–76.

Henri Poschmann: Heine und Büchner. Zwei Strategien revolutionär-demokratischer Literatur um 1835. In: Heinrich Heine und die Zeitgenossen. S. 203–28.

Rainer Rosenberg: Die Wiederentdeckung des Lesers. Heine und Prutz. Ebenda. S. 178–202.

Dieter Arendt: Die Heine-Rezeption im Werk Wilhelm Raabes. In: Hjb 19 (1980). S. 188–221.

Christian Grawe: Crampas' Lieblingsdichter Heine und einige damit verbundene Motive in Fontanes »Effi Briest«. In: Jahrbuch der Raabe-Gesellschaft 1982. S. 148–70.

Frithjof Trapp: Realismus nach dem Modell Heines. Zur Genese der gesellschaftskritischen Konzeption der »Schönen Literatur« beim jungen Heinrich Mann. In: Heinrich Mann-Jahrbuch 1 (1983). S. 1–24.

Reinhold Grimm: Antiquity as Echo and Disguise. Nietzsche's »Lied eines theokritischen Ziegenhirten«, Heinrich Heine, and the Crucified Dionysus. In: Nietzsche-Studien 14 (1985). S. 201–49.

Derselbe: Heine und Nietzsche. Bemerkungen zu einer lyrischen Pastiche. In: Heinrich Heine und das neunzehnte Jahrhundert. S. 98–107.

Renate Müller-Buck: Heine oder Goethe? Zu Friedrich Nietzsches Auseinandersetzung mit der antisemitischen Literaturkritik der »Kunstwart«. In: Nietzsche-Studien 15 (1986). S. 265–88.

Siegfried Mews: Ein entpolitisierter Heine? Zur Rezeption Heines in Martin Walsers »Brandung«. In: Hjb 27 (1988). S. 162–69.

Eine weiteres, jedoch kaum erforschtes Gebiet wäre die wechselreiche, oft zeitbedingte deutsch-jüdische Rezeption. Erste Ansätze finden sich bei:

Julius H. Schoeps: Aron Bernstein über Heinrich Heine. Ein Kapitel Heine-Rezeption in der Zeit des Vormärz. In: Juden in Deutschland. Zur Geschichte einer Hoffnung. Historische Längsschnitte und Einzelstudien. Hrsgg. von Peter von der Osten-Sacken. Berlin 1980. S. 143–48.

Hans Otto Horch: Auf der Suche nach der jüdischen Erzählliteratur. Die Literaturkritik der »Allgemeinen Zeitung des Judentums« (1837–1922). Frankfurt am Main u. a. 1985.

Itta Shedletzky: Im Spannungsfeld Heine-Kafka. Deutsch-jüdische Belletristik und Literaturdiskussion zwischen Emanzipation, Assimilation und Zionismus. In: Akten des 7. Internationalen Germanisten-Kongresses Göttingen, 1985. Kontroversen, alte und neue. Band 5: Auseinandersetzungen um jiddische Sprache und Literatur; Jüdische Komponenten in der deutschen Literatur – die Assimilationskontroverse. Hrsgg. von Walter Röll und Hans-Peter Bayerdörfer. Tübingen 1986. S. 113–21.

Dieselbe: Zwischen Stolz und Abneigung. Heine-Rezeption in der deutsch-jüdischen Literaturkritik. In: Conditio Judaica. Judentum, Antisemitismus und deutschsprachige Literatur vom 18. Jahrhundert bis zum Ersten Weltkrieg, Band 1. Hrsgg. von Hans Otto Horch und Horst Denkler. Tübingen 1988. S. 200–13.

Eine Besonderheit der Heine-Rezeption ist der sogenannte Denkmalstreit, d. h. die wiederholt vereitelten oder rückgängig gemachten Ansätze, in verschiedenen Städten dem Dichter ein Monument zu errichten. In sehr vielen Schriften über Heine finden sich anekdotische Hinweise auf diese Auseinandersetzungen, merkwürdigerweise aber gibt es bisher keine wissenschaftliche Darstellung des berüchtigten Themas.

Dazu:

Dietrich Schubert: »Jetzt wohin?« Das »deutsche Gedächtnismal« für Heinrich Heine. In: Hjb 28 (1989). S. 43–71.

Ute Kröger: Der Streit um Heine in der deutschen Presse 1887–1914. Ein Beitrag zur Heine-Rezeption in Deutschland. Aachen 1989.

Die Problematik einer öffentlichen Ehrung Heines erstreckte sich bis in die Nachkriegszeit hinein. Im Jahre 1953 ließ sich die Stadt Düsseldorf eine Aktfigur des faschistenfreundlichen Bildhauers Aristide Maillol mit dem für Heine auffallend ungeeigneten Titel »Harmonie« schenken.

Dazu:

André François-Ponçet: Weihereden auf Heinrich Heine. In: Das Tor 19 (1953). S. 110–13.

Fritz Strich: Heinrich Heine und sein Denkmal in Düsseldorf. Eine Deutung. Ebenda S. 126–30.

Hans Harder Biermann-Ratjen: Festrede – Heine nach 100 Jahren. Gedenkfeier aus Anlaß des 100. Todestages von Heinrich Heine. Hamburg 1956. Neudruck in: H. H. B.-R.: Reden und Schriften aus den Jahren 1945–1959. Hamburg 1961. S. 107–20.

1981 ist in Düsseldorf ein überlebensgroßes Vexierbild des Bildhauers Bert Gerresheim errichtet worden, das wiederum recht kontrovers diskutiert wurde.

Dazu:

Wilhelm Gössmann: Das Heine-Denkmal von Bert Gerresheim. In: Hjb 19 (1980). S. 252–53.

Das Düsseldorfer Heine-Monument. Hrsgg. von Presseamt der Landeshauptstadt Düsseldorf. Düsseldorf [1981].

Die Auseinandersetzung um ein modernes Heine-Denkmal in Hamburg ist noch im Gang.

Dazu:

Herbert Clasen und *Swantje Naumann*: Heine und die hanseatische Kulturszene. Über den Heine-Denkmalsplan in Hamburg. In: Hjb 20 (1981). S. 176–79.

Ziemlich provozierend wirkte die 1983 gegen alle Proteste durchgesetzte Aufstellung einer Heine gewidmeten Plastik des früheren Vizepräsidenten der nazistischen Reichskunstkammer, Arno Breker.

Dazu:
Hildegard Peters: Ein Heine-Denkmal auf Norderney im Widerstreit. Heinrich Heine – ja! Arno Breker – nein! In: Hjb 23 (1984). S. 156–68.

Eine Fortsetzung des Denkmalstreits erwuchs aus dem Vorschlag, die Universität Düsseldorf nach Heine zu benennen, den um 1968 eine international unterstützte »Bürgerinitiative« eingebracht hatte und der erst Ende 1988 erfolgreich wurde.

Zur Bürgerinitiative:
Otto Schönfeldt, Hrsg.: Und alle lieben Heinrich Heine . . . Köln 1972.

Die Entwicklung des Heinrich-Heine-Instituts aus einer Bücher- und Manuskriptsammlung und einem Austellungsraum in der Düsseldorfer Landes- und Stadtbibliothek zu einem internationalen Forschungszentrum im eigenen Haus ist im Gegensatz zu den leidigen Denkmalquerelen dagegen ein erfreuliches Kapitel der zeitgenössischen Rezeptionsgeschichte.

Dazu:
Eberhard Galley: Das Düsseldorfer Heine-Archiv. Geschichte und Aufgabe. In: Hjb 7 (1968). S. 58–74.
Joseph A. Kruse: Die Überlieferung literarisch-kulturhistorischer Quellen. Goethe, Schiller und Heine als Bildner von Literaturarchiven. In: Hjb 17 (1978). S. 186–210.
Derselbe: Historische und kulturpolitische Aspekte der Heine-Ausstellungen. In: Hjb 19 (1980). S. 242–46.
Derselbe: Heine in der Bundesrepublik Deutschland 1972–1987. 15 Jahre Heine-Rezeption. In: Hjb 28 (1989). S. 13–30.

Die Heine-Rezeption in der DDR war ein Problem für sich. Wo die Begünstigung eines Schriftstellers und dessen Rezeption staatlich verordnet und gelenkt werden, bleibt ihre eigentliche Beschaffenheit recht zwielichtig. In der DDR ist auch kein ernsthafter Versuch unternommen worden, die Geschichte der Propagierung Heines von innen her darzustellen. Die Phasen, die offensichtlich der allgemeinen politischen Linie angepaßt waren, folgten stillschweigend aufeinander. Das Qualitätsgefälle von wissenschaftlichen Beiträgen, die sich international sehen lassen können, bis hinunter zur Pädagogik und Propaganda für den internen Gebrauch, hat man oftmals kaum wahrgenommen. Fragen, wie und warum es nach einer Periode, wo die Propagierung Heines die politische und moralische Überlegenheit der DDR verbürgen und als Parole gegen den westdeutschen Revanchismus und NATO-Imperialismus eingesetzt werden sollte, relativ still um ihn wurde, und wie das mit der Tatsache zusammenhängt, daß sich die Brennpunkte der Forschung nach Westen, nach Düsseldorf und Paris, verlagert haben, warum die einst feierlich angekündigte Säkularausgabe so glanz- und sorglos hergestellt wird, darüber läßt sich nur spekulieren. Ein erster Ansatz, die DDR-Rezeption von außen her geschichtlich zu erfassen, findet sich in der bereits erwähnten Monographie von Walter Reese über die sozialistische Heine-Rezeption, S. 223–375.

Zu berücksichtigen wären auch:
Fritz Mende: Heinrich Heine im Literaturunterricht. Berlin 1962.
Derselbe: Heinrich Heine und die Deutschen. In: EG 17 (1962). S. 251–58.
Eberhard Galley: Problematik der zwei historisch-kritischen Heineausgaben. In: ZfdPh 91 (1972), Sonderheft Heine und seine Zeit. S. 205–16.
Pierre Grappin: Comment seront éditées les oeuvres complètes de Henri Heine. In: Oxford German Studies 7 (1972/73). S. 34–43.
Peter Goldammer: Das Werk Heinrich Heines in den Verlagen der DDR. In: Streitbarer Humanist. S. 455–60.
Ronald H. D. Nabrotzky: Die DDR: Heinrich Heines verwirklichter Lebenstraum. In: MLN 92 (1977). S. 535–48.
Klaus Werner: Heine und die »Wasser des Lebens«. Zu Volker Brauns und Günter Kunerts Interesse für Heine. In: Selbsterfahrung als Welterfahrung. DDR-Literatur in den siebziger Jahren. Hrsgg. von Horst Nalewski und Klaus Schumann. Berlin und Weimar 1981. S. 118–35.

Eine Besonderheit der DDR-Rezeption ist die ungewöhnlich gelungene Nachahmung von Heines »Deutschland. Ein Wintermärchen« durch Wolf Biermann, 1972, die allerdings in West-Berlin erscheinen mußte.

Dazu:
Hedwig Walwei-Wiegelmann: Wolf Biermanns Versepos »Deutschland. Ein Wintermärchen« – in der Nachfolge Heinrich Heines? In: Hjb 14 (1975). S. 150–66.
D. P. Meier-Lenz: Heinrich Heine – Wolf Biermann: Deutschland. ZWEI Wintermärchen – ein Werkvergleich. Bonn 1977.

Die Rezeption im Ausland ist nicht weniger mannigfaltig. Die Skala reicht von einer mehr oder weniger vagen Präsenz Heines im kulturellen Gedächtnis als sentimental-witzigen Lyrikers bzw. literarischen Freiheitskämpfers bis zur manifesten Bedeutsamkeit in der Literaturgeschichte des jeweiligen Landes.

Ersteres ist im großen und ganzen für Frankreich charakteristisch, wo die Rezeption außerhalb der Literaturwissenschaft eher breit als tief gewesen ist und trotz erkennbarer Resonanzen bei nicht wenigen Schriftstellern der einzige, der nachhaltig von Heine beeinflußt wurde, Jules Laforge gewesen ist. Ähnliches gilt für verschiedene Länder Lateinamerikas. In Amerika bis zum Ersten Weltkrieg und in Rußland ist die Heine-Rezeption ein Aspekt des allgemeinen Prestiges der deutschen Literatur und Kultur. Die immer noch unvollständig erforschte amerikanische Rezeption läßt sich in drei Leserstränge einteilen: die deutschamerikanischen Einwanderer und ihre deutschsprachigen Nachkommen; die gebildeten, der deutschen Sprache mächtigen Amerikaner, besonders in der zweiten Hälfte des neunzehnten Jahrhunderts; und die, denen Heine in Übersetzung vermittelt werden muß. Die Übersetzungen in Dutzende von Sprachen bilden ein Thema für sich; allerdings ist wieder einmal die eigentliche Bedeutung der staatlich verordneten Verbreitung Heines in den Sprachen der kommunistisch beherrschten Ländern schwer zu beurteilen. Eine vollständige Bibliographie der ausländischen Rezeption würde wohl zu einer selbständigen Monographie auswachsen; die folgende Übersicht soll erste Hinweise geben:

In Frankreich:

Kurt Weinberg: Henri Heine. »Romantique défroqué«. Héraut du symbolisme français. New Haven und Paris 1954.

Daniel A. De Graaf: Quelques recontres avec Henri Heine dans la littérature française. In: Les Langues Modernes 50 (1956). S. 140–44.

Norma Rinsler: Gérard de Nerval und Heinrich Heine. In: RLC 33 (1959). S. 94–102.

Pierre Hessmann: Heinrich Heine und Gérard de Nerval. In: Suidia Germanica Gandensia 5 (1963). S. 185–206.

Fritz Mende: Heines *Französische Zustände* im Urteil der Zeit. (Eine wirkungsgeschichtliche Studie zur Heine-Rezeption in Deutschland und Frankreich). In: Philologica Pragensia 11 (1968). S. 77–85, 152–64. Neudruck in: Mende, Studien. S. 172–95.

Oliver Boeck: Heines Nachwirkung und Heine-Parallelen in der französischen Dichtung. Göppingen 1972.

Irène Tieder: Heine et Michelet. In: EG 29 (1974). S. 487–94.

Christian Angelet: Gide, Heine et le Roman Parodique. In: Les Lettres Romanes 31 (1977). S. 220–42.

Hans Hörling: Heinrich Heine im Spiegel der politischen Presse Frankreichs von 1831–1841. Ansatz zu einem Modell der qualitativen und quantitativen Rezeptionsforschung. Frankfurt am Main u. a. 1977.

Beatrix Müller: Die französische Heine-Forschung 1945–1975. Meisenheim am Glan 1977.

Haskell M. Block: Heine and the French Symbolists. In: Creative Encounter. Festschrift for Herman Salinger. Hrsgg. von Leland R. Phelps unter Mitwirkung von A. Tilo Alt. Chapel Hill 1978. S. 25–39.

Almuth Grésillon und *Michael Werner*: Dossier Heine. In: Romantisme Nr. 30 (1980). S. 83–99.

Gerhard R. Kaiser: Baudelaire pro Heine contra Janin. Text – Kommentar – Analyse. In: Hjb 22 (1983). S. 135–78.

Michael Werner: Heine-Forschung in Frankreich 1975–1982. In: Interferenzen: Deutschland und Frankreich. Literatur – Wissenschaft – Sprache. Hrsg. von Lothar Jordan, Bernd Kortländer und Fritz Nies. Düsseldorf 1983. S. 80–92.

Ursula Franklin: Exiles and Ironists. Essays on the Kinship of Heine and Laforgue. Bern u. a. 1988.

Fritz Mende: »Ein begeisterter und aufrichtiger Verteidiger der Menschenrechte«. Zu Heines früher Rezeption in Frankreich. In: Hjb 27 (1988). S. 113–41.

Im englischen Sprachgebiet:
H. B. Sachs: Heine in America. New York 1916.

Stanton L. Wormley: Heine in England. Chapel Hill 1943.

Sol Liptzin: The English Legend of Heinrich Heine. New York 1954.

Gerhard Weiß: Die Aufnahme Heinrich Heines in Großbritannien und den Vereinigten Staaten von America (1828–1856). Eine Studie zur Rezeption des Menschen und Prosakünstlers. Diss. Mainz 1955.

Elsie M. Butler: Heine in England and Matthew Arnold. In: GL&L N.F. 9 (1955/56). S. 157–65.

Aaron Kramer: The Link Between Heine and Emma Lazarus. In: Publication of the American Jewish Historical Society 45 (1955/56). S. 248–57.

Peter Demetz: Ezra Pound's German Studies. In: Gr 31 (1956). S. 279–92.

Walter Wadepuhl: Zur amerikanischen Gesamtausgabe von Heines Werken. In: W. W.: Heine-Studien. Weimar 1956. S. 174–80.

Armin Arnold: Heine in England and America. A Bibliographical Check-List. London 1959; New York 1959.

Ilse-Maria Tesdorpf: Die Auseinandersetzung Matthew Arnolds mit Heinrich Heine, des Kritikers mit dem Kritiker. Ein besonderer Fall von konstruktivem Mißverstehen und eigenwilliger Entlehnung. Frankfurt am Main 1971.

Michael Töteberg: Die Rezeption Heines in der neuschottischen Literatur. In: Hjb 14 (1975). S. 167–70.

F. L. Radford: Heinrich Heine, the Virgin, and the Hummingbird. *Fifth Business* – A Novel and its Subsconscious. In: English Studies in Canada 4 (1978). S. 95–110 (zu Robertson Davies).

161

Margaret Rose: Kenneth Slessors »Heine in Paris« – Anmerkungen zu Heine in Australien. In: Hjb 19 (1980). S. 234–41.

Robert E. Cazden: Heine and Börne in America. In: R.E.C.: A Social History of the German Book Trade in America to the Civil War. Columbia / South Carolina 1984. S. 308–15.

Robert C. Holub: Heine and the New World. In: CG 22 (1989). S. 101–15.

Im spanischen bzw. portugiesischen Sprachgebiet:

Udo Rukser: Heine in der hispanischen Welt. In: DVLG 30 (1956). S. 474–510.

Alberto Machado da Rosa: Heine in Spain (1856–67) – Relations with Rosalía de Castro. In: Monatshefte 49 (1957). S. 65–82.

José Zamudio: Heinrich Heine en la literatur chilena. Influencia y traducciones. [Santiago] 1958.

John E. Englekirk: Heine and Spanish-American Modernism. In: Comparative Literature. Proceedings of the Second Congress of the International Comparative Literature Association. Band 2. Hrsgg. von Werner P. Friedrich. Chapel Hill 1959. S. 488–500.

Marianne O. de Bopp: Heinrich Heine: Bibliografía en México. In: Anuario de Letras 1 (1961). S. 181–90.

Claude R. Owen: Ramiro de Maeztu über Heinrich Heine. In: Hjb 6 (1967). S. 90–98.

Derselbe: Heine im spanischen Sprachgebiet. Eine kritische Bibliographie. Münster 1968. Vgl. Derselbe: Heinrich Heine im spanischen Sprachgebiet. Eine kritische Bibliographie. Nachträge. In: Spanische Forschungen der Görresgesellschaft 27 (1973). 1–172.

Derselbe: Darío and Heine. In: Susquehanna University Studies 8 (1970). S. 329–49.

Derselbe: Ezequiel Martinez Estrada and Heine. In: Hjb 10 (1971). S. 52–75.

Hanna Geldrich: Heine und der spanisch-amerikanische Modernismo. Bern und Frankfurt am Main 1971.

Anne Freadman: Le Portrait de Heine par Suarès. In: La Revue des Lettres Modernes Nr. 484-490 (1976). S. 77–95.

M. Feiwel: Bécquer, Heine y la tradición poética. In: RLC 51 (1977). S. 395–416.

Maria Manuela Delille: Heine em Portugal. Heine na literatura portuguesa dos séculos XIX e XX. In: Biblos 54 (1978). S. 1–66.

Barbara Schuchard: Heinrich Heine in Peru. In: Aufstieg und Krise der Vernunft. Komparatistische Studien zur Literatur der Aufklärung und des Fin-de-siècle. Hrsgg. von Michael Rössner und Birgit Wagner. Wien, Köln und Graz 1984. S. 297–305.

Gustav Siebenmann: Heinrich Heine und der hispanoamerikanische »modernismo«. Eine Wiedererwägung. Ebenda. S. 289–95.

Rolf Nagel: Erico Verissimo, die Deutschen und Heinrich Heine. In: Hjb 23 (1984). S. 142–50.

162

David T. Haberly: Heine and Castro Alves. A Question of Influence. In: Romanische Forschungen 97 (1985). S. 239–48.

In Italien:

Anne Fiedler Nossing: Heine in Italia nel Secolo Decimonono. New York 1948.

Francesco Politi: Carducci zwischen Platen und Heine. In: Studien zur deutsch-italienischen Geistesgeschichte. Hrsgg. von Istituto Italiano di Cultura und Petrarca-Institut der Universität Köln. Köln und Graz 1959. S. 124–40. Neudruck in: F. P.: Carducci: Discorsi nel cinquantenario della morte. Bologna 1959. S. 525–46.

Derselbe: Heine und Carducci. In: F. P.: Studi di letteratura tedesca e marginalia. Bari 1963. S. 189–200.

Luciano Zagari: Ritorno di Heine. In: Nuova Antologia 489 (September–Dezember 1963). S. 513–30.

Derselbe: Heine in der italienischen Kritik. In: Hjb 4 (1965). S. 51–63. Übersetzt als: Heine nella critical italiana. In: L. Z.: Studi di letteratura tedesca dell'Ottocento. Rom 1965. S. 221–32.

Derselbe und *Paolo Chiarini*: Einleitung. In: Zu Heinrich Heine. S. 5–21.

Hartmut Wecker: Konvention und Aktualität. Überlegungen zu einer italienischen Opernfassung des »William Ratcliff«. In: Heinrich Heine und das neunzehnte Jahrhundert. S. 121–30.

In den Niederlanden:

D. Scheffener: Heine in Nederland. In: Levende Talen Nr. 185 (1956). S. 318–25.

In Skandinavien:

Walter A. Berendsohn: Der lebendige Heine im germanischen Norden. Kopenhagen 1935.

Harald Beyer: Striden omkring Heinrich Heine. In: Samtiden 65 (1956). S. 531–37.

Irja Malieniemi: Heinrich Heine in der Literatur Finnlands bis etwa 1920. In: Nerthus: Nordisch-deutsche Beiträge 1 (1964). S. 9–105.

Kristian Wåhlin: Verfasser unbekannt. En studie i receptionen av Heinrich Heine och ett inlägg i frågan om ett gemensamt litteraturarv. In: Svensklärarföreningens Årsskrift (1984). S. 151–70.

Klaus Bohnen, *Ernst-Ullrich Pinkert* und *Friedrich Schmöe*, Hrsg. Heinrich Heine – Werk und Wirkung in Dänemark. Kopenhagen und München 1985.

Sven H. Rossel: Heinrich Heine i Danmark – med særlig henblik på *Buch der Lieder*. In: Der Nahe Norden: Otto Oberholzer zum 65. Geburtstag. Eine Festschrift. Hrsg. von Wolfgang Butt und Bernhard Glienke. Frankfurt am Main u. a. 1985. S. 99–110.

Im slavischen Sprachgebiet:

Hugo Huppert: Heine im Pantheon der Sowjetkultur. In: Neue deutsche Literatur 4, Nr. 2 (Februar 1956). S. 30–40.

Alexander Dymschitz: Heinrich Heine in Rußland und in der Sowjetunion. In: WB 4 (1958). S. 535–44.

Reinhard Lauer: Heine in Serbien. Die Bedeutung Heinrich Heines für die Entwicklung der serbischen Literatur 1847–1918. Meisenheim am Glan 1961.

Paul Reimann: Heine und die tschechische Literatur. Zum 100. Todestag des Dichters. In: P. R.: Von Herder bis Kisch: Studien zur Geschichte der deutsch-österreichisch-tschechischen Literaturbeziehungen. Berlin 1961. S. 28–33.

W. Kubacki: Heinrich Heine und Polen. In: Hjb 5 (1966). S. 90–106.

Hugo Huppert: Eine Vorwegnahme modernen Menschtums. Zur Heine-Rezeption in Rußland. In: SuF 24 (1972). S. 1138–52.

N. Zisserman: Heinrich Heine and Russia. Random Notes on Heine and Pushkin. In: New Zealand Slavonic Journal 9 (Winter 1972). S. 73–100.

Alexander Deutsch: Heine in der UdSSR. In: Internationaler Heine-Kongreß. S. 405–12.

Alois Hofmann: Heine bei den Tschechen. In: Streitbarer Humanist. S. 434–42.

Maria Tronskaja: Heine in der russischen revolutionär-demokratischen Kritik. Ebenda. S. 403–13.

Maria Kabaktschiewa: Heinrich Heine in Bulgarien. Ebenda. S. 443–47.

Wilhelm Lewik: Heine und die russische Poesie. Ebenda. S. 414–24.

Clara Hollosi: Views on Heine in Russia in the Beginning of the 20th Century. In: Hjb 17 (1978). S. 175–85.

Andreas Guski: Übersetzung und semantische Verschiebung. Lermontovs Heine-Adaption *Na severe dikom*. In: Die Welt der Slaven 25 (1980). S. 109–34.

German Ritz: 150 Jahre russische Heine-Übersetzung. Bern u. a. 1981.

Jakov Il'ič Gordon: Heine in Rußland 1830–1860. Hamburg 1982.

G. P. Straschek: Stalin, Heinz Goldberg und Genrich Geine. In: Exilforschung 1 (1983). S. 147–58.

M[iron] Petrowski: Wladimir Majakowski in »Heines Manier« In: Kunst und Literatur 32 (1984). S. 194–208.

Erich Poynter: Heinrich Heines »Buch der Lieder« und A. Bloks Zykluskomposition. Einflüsse und Parallelen in einer Genrekonzeption. In: Sprachkunst 17 (1986). S. 62–86.

In Rumänien:

Hertha Perez: Das Heine-Bild in Rumänien. In: Arcadia 10 (1975). S. 72–76.

Dumitru Hincu: Heinrich Heine in Rumänien. Einige Anmerkungen. In: Hjb 27 (1988). S. 170–81.

In Ungarn:
György M. Vajda: Heine und Petöfi. In: Streitbarer Humanist. S. 425–33.

In jiddischer Sprache:
J. Raphael: Heinrich Heine in der jiddisch-literarischen Welt. In: Hjb 9 (1970). S. 140–47.

In Europa überhaupt:
Rolf Engelsing: Heinrich Heines ursprüngliche Wirkung auf die deutsche und europäische Gesellschaft. In: Francia 7 (1979). S. 271–84.

In hebräischer Sprache:
J. Raphael: Heinrich Heine – Eine hebräische Bibliographie. In: Hjb 7 (1968). S. 39–57.
Dafna Mach: Heines »Prinzessin Sabbat« – hebräisch verkleidet. In: Hjb 22 (1983). S. 96–120.

In Japan:
Shozo Inoue: Der Dichter Heine im fernen Osten. Tokio 1960.
Kazuko Suzuki: Heine in Japan. In: Streitbarer Humanist. S. 448–54.
Masayuki Mitsuno: Umriß einer Geschichte der Heine-Rezeption in Japan. In: Hjb 18 (1979). S. 218–32.
Yukihiko Usami: Heine-Rezeption in den 20er und 30er Jahren in Japan. In: Zeitschrift für Germanistik 9 (1988). S. 74–76.
Hiroshi Kiba: Forschung als Rezeption. Grundzüge der japanischen Heine-Forschung seit 1945. In: Hjb 28 (1989). S. 31–42.

In China:
Ernst Schumacher: Heinrich Heine und die Chinesen. In: E. S.: Lotosblüten und Turbinen. China zwischen gestern und morgen. Düsseldorf [1958]. S. 494–501.
Zheng Yushu: Heine in China. In: Hjb 29 (1990): 184–93.

Schlußwort

Die Leistung der Heine-Forschung während der letzten fünfundzwanzig bis dreißig Jahre ist ein Phänomen der Literaturwissenschaft. Im erstmals 1963 erschienenen Vorgänger dieses
Bandes hat Eberhard Galley noch bevorstehende Aufgaben der
Heine-Forschung aufgezählt, darunter eine neue Biographie;
Studien der Manuskriptvarianten, der Spätwerke, des Verhältnisses zu Marx und dem Sozialismus, des Verhältnisses zur
französischen Sprache; die Zuwendung zur Textinterpretation
und zur internationalen Rezeption, welche bisher weitgehend
der ausländischen Forschung überlassen wurde; und vor allem
die Erstellung einer historisch-kritischen Ausgabe. Selbstverständlich sind diese Aufgaben nicht restlos gelöst, wenn das
überhaupt möglich oder wünschenswert wäre, aber wie viele
Fortschritte auf diesen Gebieten schon gemacht worden sind,
davon kann der vorliegende Band Zeugnis ablegen.

Die Heine-Konjunktur florierte in einem besonders günstigen Klima. Wie gemacht war das Thema für eine »neue Germanistik«, die in den späten sechziger und siebziger Jahren geschaffen werden sollte. Nicht nur mußte Heine vor einer feind-
seligen, reaktionären, protofaschistischen, antisemitischen
bzw. bürgerlichen Rezeptionsgeschichte gerettet und in vollkommen neuer Sicht dargestellt werden; er konnte mit einiger
Anstrengung auch als ein Mittelglied zwischen Hegel und
Marx, ein Mitstreiter von Marx und den Frühsozialisten, ein revolutionärer Radikaldemokrat und utopischer Prophet der
sinnlichen Befreiung, ein Verkünder vom Ende der Literatur
und vom Primat des politischen und gesellschaftlichen Engage-
ments sowohl in der Kunst als in der geistigen Arbeit gelten.
Manchmal hat man den Eindruck, er sollte die Weimarer Klassiker als kulturelle Bezugs- und Autoritätsfigur verdrängen, wobei offensichtlich eine traditionelle Struktur der Germanistik
mit umgekehrtem Vorzeichen wirksam war.

Diese Energien haben gewaltige Leistungen ermöglicht. Der
Zuwachs an Wissen, an Einsicht, an Subtilität in der Wahrnehmung der Texte, an Verständnis der geschichtlichen bzw. ideologischen Zusammenhänge, und nicht zuletzt an Achtung für
Heines eigene Leistung – die Komplexität seines Denkens, die

Beharrlichkeit seiner Prinzipien, die Unermüdlichkeit seine eigene Zeit und deren Latenz zu begreifen –, sucht seinesgleichen in der internationalen Literaturwissenschaft. Aber das den meisten Arbeiten zugrundeliegende Erkenntnisinteresse hat einige Kosten verursacht. In der Reaktion gegen die Rezeptionsgreuel der Vergangenheit wurde Heine der kritischen Betrachtung enthoben. Oft scheint er eher Anlaß als Objekt der Untersuchung gewesen zu sein. Heine und seine Welt wurden oft ausschließlich mit seinen eigenen Augen betrachtet, seine eigenen Urteile übernommen, andere Perspektiven disqualifiziert. Das führt manchmal zu einer Art »Sprachregelung«, etwa wenn Heines nicht selten brutale Angriffe auf andere als »aristophanische Personalsatire« bezeichnet werden, während andererseits Kritik an ihm »diffamieren« heißt. Einige Text-Passagen sind so oft wiederholt und besprochen worden, daß der Fachkundige sie schon auswendig kennt; andere Texte und Passagen dagegen, die das inzwischen maßgebend gewordene Bild in Frage stellen könnten, kommen kaum vor. Eine gewisse Konventionalität hat sich in der Heine-Forschung, besonders in den Dissertationen etabliert. Manchmal konnte der Eindruck entstehen als würden keine Fragen mehr gestellt, die wissenschaftliche Arbeit diene einzig der Illustration des schon Erkannten. In einigen Bereichen der Forschung, und leider nicht nur an der Peripherie, entwickelte sich eine spitzfindige Hermeneutik, die Heines Selbstzensur und gelegentlich beklagte Unmöglichkeit, alles zu sagen, was er zu sagen hatte – Schwierigkeiten, die aus seinem Zweifrontenkrieg gegen die politische Macht der restaurativen Regierungen und den eher ideellen Druck der Radikalen und Republikaner erwachsen sind – zum Anlaß nimmt, ihm eine esoterische Geheimbotschaft anzudichten, dergestalt, daß der handgreifliche Sinn seiner Äußerungen oft absichtlich auf den Kopf gestellt wird.

Wie es denn nach langen Jahren intensivster Beschäftigung zu erwarten ist, gibt es trotz der unaufhaltsam weiter wachsenden Sekundärliteratur doch Zeichen einer gewissen Erschöpfung, während sich immerhin Anzeichen einer Neubesinnung bemerkbar machen. Manchmal kommen frische Perspektiven von außerhalb der Zunft. Beim 1989 in Düsseldorf veranstalteten Heine-Symposium, zu dem Vertreter verschiedener Fächer eingeladen wurden, scheint z. B. der Verfassungshistoriker Hans Boldt etwas erstaunt darüber gewesen zu sein, wie man Heine je als Radikaldemokraten und Protosozialisten hätte ansehen können, während der Philosoph Wolfram Hogrebe ihn sogar für den Postmodernismus reklamieren möchte (Heinrich Heine im Spannungsfeld von Literatur und Wissenschaft, S. 65–80, 53–64). In diesem Band wie anderswo gibt es eine zögernde Anerkennung von der zentralen Funktion der dichterischen Einbildungskraft sowohl in Heines Selbstverständnis wie auch in seinen Vorstellungsgewohnheiten. Diese Einsicht könnte wiederum zu einer neuen Würdigung von Heines Lyrik führen, die in einer Reaktion gegen das einseitige, verharmloste Heine-Bild der Vergangenheit etwas vernachlässigt, gelegentlich sogar entwertet worden ist. Damit verbunden wäre ein Verständnis zu begrüßen von Heines Witz nicht nur als strafender Satire, von seiner Ironie nicht nur als einer seine wirkliche Meinung maskierenden Sklavensprache, sondern als Komponente einer dichterischen Geistesverfassung, die in eher dualistischer als dialektischer Weise Kongruenz mit einer widerspruchsvollen modernen Wirklichkeit anstrebt. Kurz, es wäre vielleicht an der Zeit, es wieder einmal mit der akribischen, Nuancen und Untertöne beobachtenden Textinterpretation zu versuchen. Hier hat der genetische Strukturalismus der Franzosen schon etwas geleistet, nur führt er in manchmal bedenklicher Weise zu einer Priorität der Varianten und Entstehungsstufen gegenüber dem endgültigen Text.

Eine Revision der inzwischen wieder konventionell gewordenen Auffassung von Heines politischer Stellung und seinem historischem Standort wäre ebenfalls denkbar. Was Deutschland angeht, wäre es zunächst empfehlenswert, ihn in einem dialogischen Verhältnis mit seinen Zeitgenossen zu betrachten, statt sie ausschließlich aus Heines Sicht zu beurteilen und ihn in seinen Auseinandersetzungen und Polemiken unentwegt zu rechtfertigen. Eine derartige Neubesinnung scheint sich schon für das Verhältnis mit Börne abzuzeichnen, sie ließe sich aber auf viele andere Fragen erweitern. Darüber hinaus ist die deutsche Rezeptionsgeschichte nur partiell erfaßt worden. Die deutsch-jüdische Rezeption kommt erst allmählich in den Blick; die akademische, d. h. die überaus wichtige Phase der Philologie, Biographie und Interpretation in der wilhelminischen Zeit, ist noch kaum berührt worden. Auch hier wäre es ergiebiger, die Antworten aufzuheben, bis die Fragen gestellt und untersucht worden sind.

Dagegen leidet unser Verständnis von Heines Verhältnis zu Frankreich etwas darunter, daß die bis zu einem deprimierenden Grad großbürgerliche Julimonarchie kein beliebtes Thema der Geschichtsschreibung unserer Zeit gewesen ist. Somit hat

Heine das erste und letzte Wort. Es ist merkwürdig, wie sehr das Frankreich der Heine-Forschung das Frankreich Heines geblieben ist; korrigierende Untersuchungen, etwa von Lucienne Netter, Hans Hörling oder Michael Werner, scheinen in dieser Hinsicht wenig Wirkung gehabt zu haben. Hier müßten die Kommentare der DHA zu »Französische Zustände« und »Lutezia«, wohl der größte Fortschritt im Heine-Studium der letzten Jahre, ganz neue Felder der Forschung zugänglich machen. Es ist nicht unmöglich, daß dadurch das überlieferte Bild Heines beträchtlich verändert wird.

Voraussichtlich also bedeutet eine Wandlung des Erkenntnisinteresses, vielleicht sogar ein quantitativer Rückgang in der wissenschaftlichen Produktion keineswegs, daß das Thema Heine an sein Ende gekommen ist. Dafür ist seine Stellung nicht nur in der deutschen sondern auch in der internationalen Literatur- und Kulturgeschichte durch die Bemühungen der letzten Jahrzehnte zu sehr gefestigt worden. Wahrscheinlicher ist, daß uns eine Epoche des Umdenkens, der Neuentdeckungen, der vertieften und präzisierten Einsicht bevorsteht.

Namenregister

Werkregister

Sammlung Metzler

Printed in the United States
By Bookmasters